Winkler

Staatsrecht I

Staatsrecht I

Staatsorganisationsrecht

von

Dr. Daniela Winkler
o. Professorin
an der Universität zu Köln

3. Auflage 2016

C.H.BECK

www.beck.de

ISBN 978 3 406 69798 2

Wilhelmstraße 9, 80801 München
Druck: Druckhaus Nomos
In den Lissen 12, 76547 Sinzheim

Satz: DTP-Vorlagen der Autorin

Gedruckt auf säurefreiem, alterungsbeständigem Papier
(hergestellt aus chlorfrei gebleichtem Zellstoff)

Vorwort

Prüfungssituationen im juristischen Studium lassen oftmals das Bedürfnis entstehen, das bereits erlernte Wissen in kurzer Zeit noch einmal aufzufrischen. Überblicksdarstellungen, die eine geraffte und dennoch detailgenaue Wissensvermittlung ermöglichen, sind hingegen selten. Für das Staatsorganisationsrecht möchte das vorliegende Buch diese Lücke schließen. Es bietet daher in Form eines „Kompendiums" das notwendige Basiswissen sowie die erforderlichen Kenntnisse für dessen erfolgreiche Anwendung in der Falllösung.

Die didaktische Darstellung will es dem Studenten ermöglich, innerhalb kürzester Zeit die in Wissenschaft und Judikatur diskutierten – klausurrelevanten – Probleme zu wiederholen. Konkrete Fragestellungen werden im Prüfungskontext erörtert. Anstelle einer abstrakten wird eine weitestgehend fallbezogene Darstellung gewählt, die durch zahlreiche Klausurtipps (→ ✍) das Augenmerk auf häufige Fallstricke richtet. Abgerundet wird dieser didaktische Ansatz durch 20 Fälle und 20 Prüfungsschemata.

Die 3. Auflage enthält zahlreiche Aktualisierungen und Ergänzungen, die durch gegenwärtige Entwicklungen – insbesondere im Wahlrecht – notwendig geworden sind. Für hilfreiche Unterstützung danke ich Frau *stud. iur.* Sarah Gölzer.

Köln, im März 2016 *Daniela Winkler*

Inhaltsverzeichnis

Abkürzungsverzeichnis

a.A.	andere Ansicht
AbgG	Abgeordnetengesetz (Sartorius I, Nr. 48)
abl.	ablehnend
Alt.	Alternative
AöR	Archiv des öffentlichen Rechts
AtG	Atomgesetz (Sartorius I, Nr. 835)
AufenthG	Aufenthaltsgesetz (Sartorius I, Nr. 565)
Bbg	Brandenburg
BGBl	Bundesgesetzblatt
BeckOK-VwVfG	Beck'scher Online-Kommentar zum VwVfG
BK	Bonner Kommentar
BKanzler	Bundeskanzler
BMin	Bundesminister
BMinG	Bundesministergesetz (Sartorius I, Nr. 45)
BPräs.	Bundespräsident
BRat	Bundesrat
BReg	Bundesregierung
bspw.	beispielsweise
BT	Bundestag
BVerfG	Bundesverfassungsgericht
BVerfGE	Bundesverfassungsgerichtsentscheidung
BVerfGG	Bundesverfassungsgerichtsgesetz
BVersammlung	Bundesversammlung
BVerwGE	Bundesverwaltungsgerichtsentscheidung
BWahlG	Bundeswahlgesetz (Textbuch Nr. 30)
bzw .	beziehungsweise
Def.	Definition
ders	derselbe
d.h.	das heißt
DÖV	Die öffentliche Verwaltung
e.A.	eine Ansicht
ESchG	Embryonenschutzgesetz (BGBl. I 2001, S. 2702)
EStG	Einkommensteuergesetz (BGBl. I 2002, S. 4210, berichtigt 2003, S. 179)
f(f).	folgende(n) (Seite/Randnummer)
Fn.	Fußnote
FödRef.	Föderalismusreform
GO BW	Gemeindeordnung Baden-Württemberg (Dürig, Nr. 56)

GO NRW	Gemeindeordnung Nordrhein-Westfalen (v. Hippel/Rehborn, Nr. 20)
GG	Grundgesetz (Textbuch Nr. 1)
ggü.	gegenüber
GO BRat	Geschäftsordnung des Bundesrats (Sartorius I, Nr. 37)
GO BReg	Geschäftsordnung der Bundesregierung (Sartorius I, Nr. 38)
GO BT	Geschäftsordnung des Bundestags (Textbuch Nr. 2)
GO VermA	Geschäftsordnung des Vermittlungsausschusses (Sartorius I, Nr. 36)
grds.	grundsätzlich
h.M.	herrschende Meinung
HStR	Handbuch des Staatsrechts
insbes.	insbesondere
iVm	in Verbindung mit
JA	Juristische Arbeitsblätter
JURA	Juristische Ausbildung
JuS	Juristische Schulung
Kap.	Kapitel
krit.	kritisch
LParlamente	Landesparlamente
LReg	Landesregierung
LuftSiG	Luftsicherheitsgesetz (Sartorius I Ergänzungsband, Nr. 922)
LVerf	Landesverfassung
mind.	mindestens
M.M.	Mindermeinung
m.w.N.	mit weiteren Nachweisen
ParlStG	Gesetz über die Rechtsverhältnisse der Parlamentarischen Staatssekretäre (Sartorius I, Nr. 47)
PartG	Parteiengesetz (Sartorius I, Nr. 58)
PUAG	Untersuchungsausschussgesetz (Sartorius I, Nr. 6)
Rn.	Randnummer
Rspr.	Rechtsprechung
RVO	Rechtsverordnung
s.	siehe
S.	Seite/Satz
StAG	Staatsangehörigkeitsgesetz (Sartorius I, Nr. 15)
str.	strittig
subj.	subjektiv
tlw	teilweise
umstr.	umstritten
VereinsG	Vereinsgesetz (Textbuch Nr. 85)
VersG	Versammlungsgesetz (Textbuch Nr. 80)
VerfR	Verfassungsrecht
VerfProzessR	Verfassungsprozessrecht
vgl.	vergleiche
VwVfG	Verwaltungsverfahrensgesetz (Textbuch Nr. 40)

WRV .... Weimarer Reichsverfassung
z.B. .... zum Beispiel
ZuwanderungsG .... Zuwanderungsgesetz (BGBl. I 2004, S. 1950)

Literaturauswahl

Lehrbücher

Berg, Staatsrecht, 6. Aufl. 2011.
Degenhart, Staatsrecht I – Staatsorganisationsrecht –, 31. Aufl. 2015.
Dietlein, Examinatorium Staatsrecht, 2. Aufl. 2005.
Ehlers/Schoch (Hrsg.), Rechtsschutz im Öffentlichen Recht, 2009.
Fleury, Verfassungsprozessrecht, 10. Aufl. 2015.
Frenz, Öffentliches Recht, 6. Aufl. 2013.
Gersdorf, Verfassungsprozessrecht, 4. Aufl. 2014
Gröpl, Staatsrecht I, 7. Aufl. 2015.
Hebeler, 40 Probleme aus dem Staatsrecht, 3. Aufl. 2011.
Heimann/Kirchhof/Waldhoff, Verfassungsrecht und Verfassungsprozessrecht, 2. Aufl. 2010.
Hesse, Grundzüge des Verfassungsrechts der Bundesrepublik Deutschland, 20. Aufl. 1999.
Ipsen, Staatsrecht I – Staatsorganisationsrecht, 27. Aufl. 2015.
Katz, Staatsrecht – Grundkurs im öffentlichen Recht, 18. Aufl. 2010.
Kloepfer, Verfassungsrecht, Band 1, 2011.
Kloepfer, Staatsrecht kompakt, 2012.
Maurer, Staatsrecht I, Grundlagen Verfassungsorgane Staatsfunktionen, 6. Aufl. 2010.
Pestalozza, Verfassungsprozeßrecht, 3. Aufl. 1991.
Sachs, Verfassungsprozessrecht, 3. Aufl. 2010.
Schlaich/Korioth, Das Bundesverfassungsgericht, 10. Aufl. 2015.
Schoch, Übungen im Öffentlichen Recht I – Verfassungsrecht und Verfassungsprozessrecht, 2000.
Schmitt Glaeser, Der freiheitliche Staat des Grundgesetzes, 2. Aufl. 2012.
Sodan/Ziekow, Grundkurs Öffentliches Recht, 6. Aufl. 2014.
Starck/Schmidt, Staatsrecht, 2. Aufl. 2008.
Stein/Frank, Staatsrecht, 21. Aufl. 2010.

Klausurtechnik

Augsberg/Augsberg/Schwabenbauer, Klausurtraining Verfassungsrecht, 2. Aufl. 2016.
Degenhart, Klausurenkurs im Staatsrecht I,– Ein Fall- und Repetitionsbuch für Anfänger, 3. Aufl. 2013.
Degenhart, Klausurenkurs im Staatsrecht II,– Ein Fall- und Repetitionsbuch für Examenskandidaten, 7. Aufl. 2015.
Reffken/Thiele, Standardfälle Staatsrecht I, 10. Aufl. 2016.
Höfling, Fälle zum Staatsorganisationsrecht, 5. Aufl. 2014.
Otto, Klausuren aus dem Staatsorganisationsrecht, 2012.

Kommentare

Dolzer/Vogel/Graßhoff (Hrsg.), Bonner Kommentar, 175. Lfg. 2015.
Dreier (Hrsg.), Grundgesetz, Band I, 3. Aufl. 2013; Band II, 3. Aufl. 2015; Band III, 2. Aufl. 2008.
Jarass/Pieroth (Hrsg.), GG, 13. Aufl. 2014.
Von Mangoldt/Klein/Starck (Hrsg.), Kommentar zum Grundgesetz, Band I–III, 6. Aufl. 2010.
Maunz/Dürig, Grundgesetz: Kommentar, 75. Lfg. 2015.
von Münch/Kunig (Hrsg.), Grundgesetz-Kommentar, Band I-III, 6. Aufl. 2012.
Sachs, Kommentar zum GG, 7. Aufl. 2014.

Handbücher

Badura, Staatsrecht, 6. Aufl. 2015.
Isensee/Kirchhof (Hrsg.), Handbuch des Staatsrechts, Band I–IX, 3. Aufl. 2003-2011.
Benda/Maihofer/Vogel (Hrsg.), Handbuch des Verfassungsrechts der Bundesrepublik Deutschland, Bd. I und II, 2. Aufl. 1995.
Schneider/Zeh (Hrsg.), Parlamentsrecht und Parlamentspraxis in der Bundesrepublik Deutschland, 1989.
Stern, Das Staatsrecht der Bundesrepublik Deutschland, Bd. I (2. Aufl. 1984), Bd. II–V (1980-2011).

Kapitel 1. Einleitung

Die Lösung einer staatsorganisationsrechtlichen Klausur bedarf zunächst einiger Vorkenntnisse, welche teils die allgemeine Falllösungstechnik, teils die Standortbestimmung der juristischen Materie betreffen.

A. Technik der juristischen Falllösung

📖 *Schoch*, Übungen, S. 75 ff. **1**

Im Hinblick auf die Technik der Falllösung ist zunächst auf das allgemeine juristische „Handwerkszeug", insbesondere die Kenntnis der Subsumtionstechnik, zu verweisen. Einen guten Überblick vermittelt hierzu *Schwacke*, Juristische Methodik, 5. Aufl. 2011.

Das **Ziel** Ihrer Falllösung (= vergleichende Unterordnung eines (konkreten) Sachverhalts unter den Tatbestand einer (abstrakten) Norm) erfolgt dabei in folgenden Schritten:

1. Schritt: Auffinden der anwendbaren Norm:

In einem ersten Schritt bedarf es des Auffindens einer Norm, welche eine ausreichende Nähe zum beschriebenen Sachverhalt aufweist und im konkreten Fall auch anwendbar ist (vgl. hierzu die Kollisionsregeln unter B. sowie Fall 1).

2. Schritt: Erfassung der Normstruktur (vgl. Fall 2 → Rn. 8)

Die Erfassung der Struktur einer Norm – im zweiten Schritt – bedeutet die Trennung von Tatbestand und Rechtsfolge, die Aufgliederung des Tatbestandes in einzelne Merkmale, die Bestimmung des Verhältnisses der Merkmale zueinander (kumulativ oder alternativ?) sowie die weitere Bestimmung der Merkmale daraufhin, ob sie positiv oder negativ sind.

3. Schritt: Subsumtion (jeweils nur für ein Tatbestandsmerkmal!); hierbei Anwendung des sog. Gutachtenstils.

Erst im dritten Schritt erfolgt die eigentliche Subsumtion. Sie erfordert die Bildung eines **Obersatzes**, d.h.: a) Benennung des zu prüfenden Tatbestandsmerkmals; b) Konkretisierung des Tatbestandsmerkmals durch eine (Legal-)Definition; hierbei ggf. Anwendung von Auslegungsregeln (hierzu → Rn. 3). Danach folgt die Bildung eines **Untersatzes**, d.h.: die Feststellung des maßgeblichen Sachverhaltsausschnittes sowie dessen Abgleich mit der Definition. Der Schlusssatz fasst das Ergebnis zusammen. Schließlich ist diese Subsumtion für sämtliche Tatbestandsmerkmale zu wiederholen.

Da diese Lösungstechnik immer von der konkreten Norm ausgeht, erscheint ein kurzer Überblick über die zur Verfügung stehenden Rechtsquellen sowie ihr Verhältnis zueinander interessant.

B. Rechtsquellen und Normkollisionen

2 Als **Rechtsquelle** bezeichnet man all jene normativen Regelungen, aus denen sich das geltende Recht ergibt (*Katz*, StaatsR, Rn. 4). Für das Staatsorganisationsrecht sind insbesondere das Grundgesetz[1] sowie das BWahlG, das PartG, das BVerfGG und die Geschäftsordnungen der obersten Bundesorgane beachtlich.

Einschränkend (wegen Art. 79 I 1 GG) wird auch **Verfassungsgewohnheitsrecht** anerkannt. Voraussetzung ist eine ständige Praxis, die nach der Überzeugung der Beteiligten rechtlich geboten ist und den Rang und die Bindungswirkung von Verfassungsrecht hat. Unter anderem sind dies: der Grundsatz der Bundestreue (→ Kap. 2 Rn. 74), das Erfordernis sachlicher Diskontinuität von Bundestagsvorlagen (→ Kap. 2 Rn. 32), die Einberufung des neuen Bundestags nach Art. 39 II GG durch den bisherigen Bundestagspräsidenten sowie das Recht der stärksten Parlamentsfraktion, den Bundestagspräsidenten zu stellen (a.A. *Maurer*, StaatsR I, § 1 Rn. 45). Weiterführend hierzu *Wolff*, Ungeschriebenes Verfassungsrecht, 2000.

3 Diese Rechtsnormen sind der **Auslegung** zugänglich und unterfallen dabei den **allgemeinen** Auslegungsmethoden:

🕮 *Bleckmann*, JuS 2002, 942 ff.; *Schäfers*, JuS 2015, 875 ff.; *Staake*, Jura 2011, 177 ff.; insbesondere zur Begriffsbildung *Frenzel*, ZJS 2009, 487 ff.

Grammatikalische Auslegung: *Wortlaut* (stets Grenze der Auslegung; andernfalls Möglichkeit der Rechtsfortbildung).

Historische Auslegung: *Entstehungsgeschichte*, d.h. subj. Einschätzungen des Gesetzgebers, und objektive Zeitumstände. Aber: Zurückhaltende Anwendung, da Sinn der Verfassung vom Willen des historischen Verfassungsgebers im Zeitablauf entkoppelt werden kann; sog. „objektivierter Wille“ des Gesetzgebers.

Systematische Auslegung: *Kontext der Kodifikation*

---

[1] Als Verfassungsnorm ist das Grundgesetz weitgehend änderungsresistent. Die letzte grundlegende Änderung hat es durch die Föderalismusreform II im Jahre 2006 erhalten; einen guten Überblick über die hier enthaltenen Änderungen findet man bei *Stöbener*, Jura 2008, 327 ff.

Teleologische Auslegung: *Sinn und Zweck*

Verfassungskonforme Auslegung [betrifft nur das einfache Gesetzesrecht]: bei mehreren möglichen Auslegungen, ist diejenige zu wählen, die mit der Verfassung in Einklang steht.

Europarechtskonforme Auslegung: Bei mehreren möglichen Auslegungen, ist diejenige zu wählen, die mit europäischem Recht in Einklang steht (*Beispiel:* Deutschengrundrechte; dies betrifft – wie die folgende Normenhierarchie zeigt – auch das Verfassungsrecht).

Rechts-/Verfassungsvergleich: Rückgriff auf Parallelvorschriften aus anderen Rechtssystemen.

Daneben existieren jedoch auch **besondere** Methoden der Verfassungsauslegung:

🕮 *Katz*, StaatsR, Rn. 118 ff.; *Maurer*, StaatsR I, § 1 Rn. 60 ff.; *Schoch*, Übungen, S. 68 ff.; *Stern*, StaatsR I, S. 107 ff.

Grundsatz der Einheit der Verfassung: Ziel der widerspruchsfreien Auslegung.

Grundsatz der praktischen Konkordanz: Dennoch widerstreitende Prinzipien der Gesamtrechtsordnung sind im Wege der Abwägung zu harmonisieren resp. optimieren.

Grundsatz der größtmöglichen Effektivität aller GG-Normen: Dabei darf kein Rechtsgut einseitig zu Lasten eines anderen als vorrangig betrachtet werden.

Prinzip der funktionellen Richtigkeit: Keine Funktionsverschiebung.

Prinzip der integrierenden Wirkung: Vorrang der Einheitsstiftung, woraus insbesondere Abstimmungs-, Koordinations-, Rücksichtnahmepflichten erwachsen (vgl. auch den Bezug zum „Grundsatz der Einheit der Verfassung").

Prinzip der normativen Kraft der Verfassung: Verfassungsbestimmungen ist eine möglichst optimale juristische Wirkkraft zu verleihen.

Normative Regelungen können sich im Einzelfall widersprechen. **4**
Solche **Normkollisionen** werden durch Normkollisionsregeln gelöst:

Hierzu gehört zunächst der Grundsatz der **Normenhierarchie**, wo- **5**
nach die einzelnen Normen entsprechend ihres *Urhebers* in einem Verhältnis der Über- und Unterordnung zueinander stehen; siehe auch den Überblick bei *Hölscheidt/Menzenbach*, Jura 2008, 574 ff.

Im Einzelnen stellt sich dies wie im folgenden Schaubild dar:

Europäisches Primär- und Sekundärrecht (Verträge, [unmittelbar geltende] Richtlinien, Verordnungen; nach BVerfG aufgrund der Übertragung von Hoheitsgewalt über Art. 23 I GG) ⇓ **Grundgesetz** (Art. 1 III, 20 III GG) ⇓ **Allgemeine Regeln des Völkerrechts** (Art. 25 S. 2 GG; str. vgl. Sachs/*Streinz*, Art. 25 Rn. 85 ff.) ⇓ **Einfaches Bundesrecht** (innerhalb dessen: Vorrang des formellen Gesetzes vor den materiellen Rechtsakten der Exekutive! – Demokratieprinzip) Auch: Völkerrechtliche Verträge (Art. 32 III, 59 II 1 GG), die jedoch zur direkten innerstaatlichen Geltung noch der Umsetzung bedürfen. ⇓ Art. 31 GG ⇓ **Landesrecht** (Verfassung, einfaches Recht, d.h. formelle und materielle Gesetze) ⇓ **Autonomes (Satzungs-)Recht**

6 Soweit Kollisionen zwischen Normen **verschiedener Ebenen** vorliegen, genießt die hierarchisch höhere Norm grundsätzlich ***Geltungs*vorrang** (→ Fall 3 sowie Klausurhinweis Nr. 1). Spezialfall: Art. 72 III 3 GG; Art. 84 I 2 GG (*Anwendungs*vorrang des später erlassenen Landesrechts; lex posterior-Regel [hierzu unten] gilt also ausnahmsweise in Bezug auf Recht unterschiedlicher Normebenen).

Dieser Geltungsvorrang führt grundsätzlich zur **Nichtigkeit** der nachrangigen Norm (formelle Gesetze, Rechtsverordnungen, Satzungen). Diese Nichtigkeit muss dennoch im Falle formeller Gesetze vom BVerfG ausgesprochen werden; bis dahin bleiben die Normen uneingeschränkt anwendbar (grds. keine Normverwerfungskompetenz von Exekutive oder unterverfassungsgerichtlicher Judikative; anders: Rechtsverordnungen und Satzungen [vgl. § 47 VwGO]). Hingegen führt die Nichtigkeit einer Norm grundsätzlich nicht zur Unanwendbarkeit auf dieser beruhender, nachrangiger einzelfallbezogener (exekutiver oder judikativer) Akte; d.h. Verwaltungsakte und gerichtliche Entscheidungen bleiben im Regelfall dennoch wirksam (vgl. § 79 BVerfGG).

Hingegen genießen vorrangige europäische Normen nur ***Anwendungs*vorrang**, keinen Geltungsvorrang. Auf Sachverhalte ohne grenzüberschreitenden Bezug sind die nationalen Normen weiterhin uneingeschränkt anwendbar.

Soweit Normkollisionen auf **derselben Normebene** vorliegen, stehen weitere Normkollisionsregeln zur Verfügung; vgl. hierzu folgenden Fall: 7

Fall 1: Das Gesetz zur Besteuerung der Hundehaltung regelt in § 2, dass alle Hunde einer Steuerpflicht in Höhe von 1,51 % des steuerpflichtigen Einkommens unterliegen. § 3 regelt hiervon abweichend die Steuerpflicht für sog. (in § 1a näher definierte) Kampfhunde, welcher 3 % des steuerpflichtigen Einkommens beträgt. Später wird ein „Gesetz zur Absenkung der Kampfhundesteuer“ erlassen, welches den allgemeinen Steuersatz für Kampfhunde auf 2,5 % des steuerpflichtigen Einkommens absenkt. a) Wie hoch ist der Steuersatz für Kampfhunde nach der Ausgangsregelung? b) Wie hoch ist der Steuersatz für Kampfhunde nach Erlass des „Gesetzes zur Absenkung der Kampfhundesteuer“?

Lösung: a) Da §§ 2 und 3 unterschiedliche Steuersätze für „Hunde“ und „Kampfhunde“ festlegen, bedarf es einer Normkollisionsregelung. Hier liegt der Rückgriff auf das Prinzip des **Vorrangs des spezielleren Gesetzes („lex specialis derogat legi generali“)** nahe. Für Kampfhunde ist § 3 die speziellere Regelung. Für Kampfhunde sind daher Steuern in Höhe von 3 % zu zahlen.

b) Nach Erlass des „Gesetzes zur Absenkung der Kampfhundesteuer“ widersprechen sich die Anordnungen zur Höhe der Kampfhundesteuer. Hier gilt das Prinzip des **Vorrangs des späteren Gesetzes („lex posterior derogat legi priori“)**. Gültiger Steuersatz für Kampfhunde ist daher 2,5 %.

C. Standortbestimmung: Das Staats(organisations)recht

Zur historischen Entwicklung des modernen Staates *Engi*, Jura 2008, 8 ff.

I. Der Staatsbegriff

Um die folgende behandelte Materie (= Staatsorganisationsrecht) greifbarer zu machen, dient folgender Fall zum Staatsbegriff. Er bietet zugleich Gelegenheit die oben (→ Rn. 1) erörterte Falllösungstechnik zu wiederholen.

8 **Fall 2 (nach VG Köln DVBl. 1978, 510 ff.):** F ruft auf einer unbewohnten Bohrinsel im Südostpazifik den Staat „Oil-Land“ aus. Nach der Verfassung dieses neu gegründeten Staates sind die Staatsangehörigen keiner Steuerpflicht unterworfen. Aus diesem Grund wählen mehr und mehr Steuerflüchtige aus verschiedenen Ländern „Oil-Land“ als ihren „Heimatstaat“. Zu diesen gehört auch der deutsche B. Die beantragte „Staatsangehörigkeit“ von Oil-Land wird ihm von F bewilligt, der als „Vorsitzender Minister“ des Landes zugleich den gesamten Staatsapparat darstellt. Ist B noch Inhaber der deutschen Staatsangehörigkeit?

Lösung: Gemäß § 17 Nr. 2 iVm § 25 StAG verliert ein Deutscher seine Staatsangehörigkeit (1) mit dem Erwerb einer ausländischen Staatsangehörigkeit, die (2) nicht unter § 25 I 2 StAG fällt, wenn (3) dieser Erwerb auf seinen Antrag erfolgt und (4) nicht vor dem Erwerb der ausländischen Staatsangehörigkeit auf seinen Antrag die schriftliche Genehmigung der zuständigen Behörde zur Beibehaltung seiner Staatsangehörigkeit erfolgt ist.

Gedankliche Vorüberlegung: Normstrukturierung

	Tatbestand	Rechtsfolge
kumulativ	1. Erwerb einer ausländischen Staatsangehörigkeit 2. die nicht unter § 25 I 2 StAG fällt 3. auf eigenen Antrag 4. keine schriftliche Genehmigung zur Beibehaltung der deutschen Staatsangehörigkeit	Verlust der deutschen Staatsangehörigkeit

Lösung (Fortsetzung): Zunächst müsste B eine **ausländische Staatsangehörigkeit** erworben haben. Dies setzt voraus, dass Oil-Land einen Staat darstellt. Nach allgemeiner Ansicht bedarf ein Staat eines Staatsgebiets, eines Staatsvolks sowie der Staatsgewalt (sog. Drei-Elementen-Lehre). Oil-Land müsste also ein **Staatsgebiet** innehaben. Staatsgebiet ist jeder in seinem Kernbestand gesicherte, beherrschbare und zum dauernden Aufenthalt von Menschen geeignete natürliche Teil der Erdoberfläche (s. *Graf Vitzthum*, HStR II, § 18). Da die Bohrinsel mutmaßlich nur über künstliche Pfeiler mit dem Boden verbunden ist, stellt sie **keinen**, jedenfalls keinen **natürlichen** Teil der Erdoberfläche dar.

✍ Da die Merkmale Staatsgebiet, Staatsvolk sowie Staatsgewalt **kumulative** Voraussetzungen zur Bejahung eines Staates sind, ist im Prinzip eine weitere Prüfung nicht notwendig, da bereits an dieser Stelle die Staatsqualität von Oil-Land verneint werden kann. Hilfsweise können dennoch die weiteren Voraussetzungen geprüft werden. Dies macht – zur Untermauerung der Argumentation – insbesondere dann Sinn, wenn – wie hier – auch diese zweifelhaft sind.

Des Weiteren müsste Oil-Land ein **Staatsvolk** haben. Staatsvolk ist die Gesamtheit der Personen, die einem Staat kraft seines Rechts zugeordnet sind und von Völkerrechts wegen zugeordnet werden dürfen (vgl. *Grawert*, HStR II, § 16). Der Zusammenschluss muss sich auf alle Teilbereiche des gesellschaftlichen Lebens erstrecken; es muss eine Art „Schicksalgemeinschaft" entstehen. **Keine „Schicksalsgemeinschaft"** stellt ein Zusammenschluss zum gemeinsamen Zweck der Steuerflucht dar.

Schließlich müsste Oil-Land **Staatsgewalt (= staatliche Herrschaftsmacht)** innehaben. Staatsgewalt ist die originäre Herrschaftsmacht des Staates über sein Gebiet und die auf ihm befindlichen Personen (ausf. *Randelzhofer*, HStR II, § 17). Staatsgewalt bedeutet auch, dass der Staat unter Ausübung körperlichen Zwangs seine Anordnungen und Gesetze durchsetzen kann. Es erscheint zweifelhaft, dass F als „Ein-Mann-Unternehmen" umfassende hoheitliche Staatsgewalt ausüben und durchsetzen kann.

Ergebnis: Oil-Land stellt also keinen Staat dar. F kann daher nicht die Staatsangehörigkeit von Oil-Land erworben haben. Die erste zwingende Voraussetzung des § 17 Nr. 2 iVm § 25 StAG ist nicht gegeben. B hat daher die deutsche Staatsangehörigkeit nicht verloren.

II. Das Staatsorganisationsrecht

9 Das **Staatsorganisationsrecht** stellt ein Teilgebiet des **Staatsrechts** und allgemeiner des **öffentlichen Rechts** dar. Hierunter wiederum versteht man die Rechtsbeziehungen der Hoheitssubjekte untereinander sowie deren Rechtsbeziehungen zu den Bürgern.

🕮 Zur Abgrenzung des öffentlichen Rechts vom Privatrecht vgl. instruktiv *Maurer*, Allg. VerwR, 18. Aufl. 2011, § 3 Rn. 7 ff.

Geregelt ist das **Staatsrecht** in der Verfassung (sog. Verfassungsrecht) sowie in begleitenden einfachen Gesetzen (z.B. PartG, BWahlG, BVerfGG usw.). Es setzt sich aus dem **Staatsorganisationsrecht** und den Grundrechten zusammen. Gegenstand der vorliegenden Abhandlung ist nur der erste Bereich; konkret sind dies die Regelungen über Staatsstrukturen sowie über Kreation, Organisation und Zuständigkeit der obersten Staatsorgane.

10 Dabei folgt die Darstellung folgender Gliederung: In Kapitel 2 und 3 werden die Legislativ- und Exekutivgewalt darstellt. Die Judikativgewalt erfährt nur Erwähnung, soweit dies für eine erfolgreiche Falllösung erforderlich ist. In diesem Sinne werden den einzelnen Kapiteln im Rahmen eines „prozessualen Rahmens" die jeweils einschlägigen Verfahren vor dem BVerfG vorangestellt. Kapitel 4 widmet sich dann dem föderalen Aufbau der Bundesrepublik und insbesondere den hieraus resultierenden Problemen im Hinblick auf den Verwaltungsvollzug. Die einzelnen Staats- und Verfassungsorgane sowie das Wahlrecht zum Deutschen Bundestag sind Gegenstand der Kapitel 5 und 6. Abschließend werden einzelne europarechtliche (→ Kapitel 7) und völkerrechtliche (→ Kapitel 8) Bezüge des Staatsorganisationsrechts erörtert.

Kapitel 2. Legislative

Die **prinzipale** Überprüfung von Gesetzen auf ihre Verfassungsmä- 1
ßigkeit ist auf die Verfahren der abstrakten sowie der konkreten Normenkontrolle beschränkt. Dies bedeutet jedoch nicht, dass die Frage der Verfassungsmäßigkeit von Gesetzen in den übrigen prozessualen Verfahren keine Rolle spielt. Inzident wird die Verfassungsmäßigkeit eines Gesetzes etwa auch im Rahmen einer Verfassungsbeschwerde bei der Frage der Tauglichkeit eines Gesetzes als Schranke geprüft.

A. Der prozessuale Rahmen I: Die abstrakte Normenkontrolle

📖 *Brunner*, JA 2014, 838 ff.; *Geis/Schmidt*, JuS 2012, 121 ff.; *Mückl*, Jura 2005, 463 ff.; *Renck*, JuS 2004, 770 ff.

2

Im Rahmen der **abstrakten Normenkontrolle** wird ein Rechtssatz unabhängig von einem sonst anhängigen Rechtsstreit, also unabhängig von seiner konkreten Entscheidungserheblichkeit, auf seine Verfassungsmäßigkeit überprüft.

Prinzipiell wird eine abstrakte Normenkontrolle mit dem Ziel einer umfassenden verfassungsrechtlichen Überprüfung eingeleitet. Eine **Ausnahme** stellt das Verfahren nach Art. 93 I Nr. 2a GG dar, welches die Prüfung auf die Frage beschränkt, ob ein Gesetz den Voraussetzungen des Art. 72 II GG entspricht. Dieses Verfahren ist ausschließlich zugunsten der Länder eingerichtet und daher im Einzelnen in seinen Voraussetzungen angepasst. Aufgrund seiner geringen Klausurrelevanz und der zusätzlichen Entwertung im Zuge der Föderalismusreform (→ Rn. 26) wird es im Folgenden nur bei Gelegenheit erwähnt.

Der Antrag auf Durchführung einer abstrakten Normenkontrolle nach Art. 93 I Nr. 2 GG (Art. 93 I Nr. 2a GG), §§ 13 Nr. 6, 76 ff. BVerfGG (mit dem Ziel, eine Entscheidung des BVerfG über die Gültigkeit einer Norm herbeizuführen) hat Erfolg, wenn er zulässig und begründet ist.

3 **Prüfungsschema 1: Abstrakte Normenkontrolle**

I. Zulässigkeit

1. Antragsberechtigung (Art. 93 I Nr. 2 GG, § 76 I BVerfGG): BReg, LReg, 1/4 der BT-Mitglieder

   Sonderfall: Art. 93 I Nr. 2a GG, § 76 II BVerfGG (BRat, LReg, LParlamente).
2. Prüfungsgegenstand (§ 76 I BVerfGG)
   a) (Formelles und materielles) Bundes- und Landesrecht, einschließlich des vorkonstitutionellen Rechts;

      d.h. Verfassungsnormen, Parlamentsgesetze, Rechtsverordnungen, Satzungen

      Sonderfall Art. 93 I Nr. 2a GG, § 76 II BVerfGG (nur „formelles Bundesgesetz")
   b) Existente Norm: grds. bereits verkündet (nicht unbedingt: in Kraft getreten), noch nicht außer Kraft getreten.
3. Antragsgrund (§ 76 I BVerfGG)
   a) Fürnichtig Halten des Gesetzes (Nr. 1)
   b) Für gültig Halten des Gesetzes (Nr. 2)
   c) (P!) Bloße Zweifel an der Verfassungsmäßigkeit des Gesetzes; vgl. Art. 93 I Nr. 2 GG?
4. Objektives Klarstellungsinteresse

   Grds. durch 3. indiziert; mögliche Ausnahme: vorhergehende verfassungsgerichtliche Entscheidung.
5. Form (§ 23 I 1, 2 Hs. 1 BVerfGG)

II. Begründetheit

1. Verfahren nach Art. 93 I Nr. 2 GG
   a) Prüfungsgegenstand: Verfassungsänderndes Gesetz
      aa) Formelle Verfassungsmäßigkeit (Art. 79 I, II GG)
      bb) Materielle Verfassungsmäßigkeit (Art. 79 III GG)
   b) Prüfungsgegenstand: Formelles (Bundes-)Gesetz
      aa) Formelle Verfassungsmäßigkeit
         (1) Gesetzgebungskompetenz (Art. 71 ff. GG)
         (2) Ordnungsgemäße Durchführung des Gesetzgebungsverfahrens (→ Prüfungsschema 3)
      bb) Materielle Verfassungsmäßigkeit

c) Prüfungsgegenstand: Materielles (Bundes-) Gesetz (hier: RVO; vgl. im Einzelnen → Prüfungsschema 5)
   aa) Ordnungsgemäße Delegation gemäß Art. 80 I 1, 2 GG
   bb) Rechtmäßigkeit der RVO
d) Prüfungsgegenstand: Landesrecht
   aa) Formelle Rechtsmäßigkeit (nur Gesetzgebungskompetenz!)
   bb) Materielle Rechtmäßigkeit
      (1) Vereinbarkeit mit Bundesrecht (Art. 31 GG)
      (2) Vereinbarkeit mit GG

2. Sonderfall: Verfahren nach Art. 93 I Nr. 2a GG
   Prüfung beschränkt sich auf Vereinbarkeit des Gesetzes mit Art. 72 II GG.

III. Entscheidungsmöglichkeiten

1. Grundsatz: Nichtigerklärung (§ 78 BVerfGG)
2. Ausnahme: „Unvereinbarerklärung“
   a) Gesetzgeberischer Gestaltungsspielraum
   b) „Gleichheitswidriger Begünstigungsausschluss“
   c) Nichtigerklärung würde Verfassungswidrigkeit noch verstärken

I. Zulässigkeit

Der Antrag ist zulässig, wenn sämtliche Sachentscheidungsvoraussetzungen vorliegen. **4**

1. Antragsberechtigung (Art. 93 I Nr. 2 GG, § 76 I BVerfGG)

Abschließende Aufzählung der Antragsberechtigten in § 76 I BVerfGG: Bundesregierung; Landesregierung; ein Viertel[2] der Mitglieder des Bundestages. **5**

---

[2] Änderung durch das Gesetz zur Umsetzung der Grundgesetzänderungen für die Ratifizierung des Vertrags von Lissabon vom 1.12.2009 (BGBl. I, S. 3822) sowie parallel Änderung des Art. 93 durch GGÄndG 2008 (BGBl. I, S. 1926): Der Vertrag von Lissabon räumt den nationalen Parlamenten in EU-Angelegenheiten neue Rechte ein. Die Verfassungs-/Gesetzesänderung schafft die innerstaatlichen Voraussetzungen zur Wahrnehmung dieser Rechte, insbesondere durch Einlegung der Subsidiaritätsklage (Art. 8 I des Protokolls über die Anwendung der Grundsätze der Subsidiarität und der Verhältnismäßigkeit).

Im Verfahren des Art. 93 I Nr. 2a GG, § 13 Nr. 6a BVerfGG sind aufgrund der andersartigen Zielrichtung (Verteidigung der Länderinteressen) stattdessen der Bundesrat, die Landesregierungen oder die Volksvertretungen der Länder antragsberechtigt.

✍ Als objektives Beanstandungsverfahren kennt die abstrakte Normenkontrolle **keinen** Antragsgegner.

2. Prüfungsgegenstand

6 aa) Statthafter Prüfungsgegenstand ist **(formelles und materielles) Bundes- oder Landesrecht**, einschließlich des vorkonstitutionellen Rechts. Hierunter fallen Verfassungsnormen, Parlamentsgesetze, Rechtsverordnungen, Satzungen; **nicht**: Verwaltungsvorschriften (BVerfGE 12, 180 [199]).

Im Verfahren des Art. 93 I Nr. 2a GG ist hingegen **nur** förmliches Bundesrecht statthafter Prüfungsgegenstand, da nur dieses den Voraussetzungen des Art. 72 II GG entsprechen muss.

bb) Es muss sich weiterhin um eine „**existente**" Norm handeln.

- Diese muss bereits **verkündet**, aber noch nicht in Kraft getreten sein. Eine Ausnahme stellen „Vertragsgesetze" (Art. 59 II GG) dar, da das BVerfG den bereits geschlossenen Vertrag nicht mehr rückwirkend aufheben kann (BVerfGE 24, 33 [53 f.]). Ausnahmen sind auch im Übrigen denkbar, wenn „effektiver Grundrechtsschutz andernfalls nicht gewährleistet werden könnte" (BVerfGE 131, 47 für die Einführung einer Preisansagepflicht bei Call-by-Call-Gesprächen).
- Die Norm darf noch **nicht außer Kraft getreten** sein. Ausnahme: rechtliche „Nachwirkungen" (z.B. BVerfGE 5, 25 [28]: „schwebende Verwaltungsstreitverfahren").

  Kann auch im Rahmen des „objektiven Klarstellungsinteresses" geprüft werden; vgl. BVerfGE 100, 249 (257).
- Kein statthafter Prüfungsgegenstand ist gesetzgeberisches Unterlassen. Der Entscheidung des BVerfG kann also keine verpflichtende Wirkung innewohnen; anders verhält es sich nur im Falle der „Unvereinbarerklärung", welche die Verpflichtung des Gesetzgebers enthält, die beanstandete Norm in einer angemessenen Zeitspanne abzuändern.

3. Antragsgrund

7 Der Antragsgrund ist gegeben, wenn der Antragssteller eine Norm

- für **nichtig** hält (§ 76 I Nr. 1 BVerfGG) oder
- für **gültig** hält, nachdem diese durch ein staatliches Organ als verfassungswidrig oder bundesrechtswidrig eingestuft und nicht angewendet wurde (§ 76 I Nr. 2 BVerfGG).

(P) Genügen bloße Zweifel an der Verfassungsmäßigkeit des Gesetzes? Zu diesem „Standardproblem" juristischer Klausuren vgl. die folgende Falllösung.

Fall 3: Der deutsche Bundestag beschließt ein Gesetz zur Neuordnung des Embryonenschutzes. Die Regierung des Freistaats Bayern äußert Zweifel an der Verfassungsmäßigkeit des Gesetzes in formeller und materieller Hinsicht und beantragt vor dem BVerfG die Überprüfung des Gesetzes im Wege der abstrakten Normenkontrolle. Liegt ein Antragsgrund vor?

Lösung: Hier wäre zunächst festzustellen, dass das Äußern eines Zweifels kein „Fürnichtighalten" iSd § 76 I Nr. 1 BVerfGG darstellt. Andererseits verlangt Art. 93 I Nr. 2 GG lediglich „Zweifel" an der Verfassungsmäßigkeit. Der Vergleich mit Art. 100 I 1 GG zeigt, dass das Grundgesetz zwischen „für verfassungswidrig (d.h. nichtig) halten" und „Zweifeln" unterscheidet. Dies spricht dafür, Art. 93 I Nr. 2 GG wörtlich zu nehmen. Eine einschränkende Auslegung des Art. 93 I Nr. 2 GG scheidet demnach aus (a.A. Konkretisierung durch § 76 I Nr. 1, 2 BVerfGG; BVerfGE 96, 133 [136]). Die Lösung ist daher entweder eine verfassungskonforme **weite** Auslegung des § 76 I BVerfGG (so BVerfGE 12, 205 [221]) oder (Teil-)**Nichtigkeit** (weil: Verfassungswidrigkeit) der einengenden Voraussetzungen des § 76 I BVerfGG (so v. Mangoldt/Klein/*Starck-Voßkuhle*, Art. 93 Rn. 123). Aufgrund des klaren Wortlaut des § 76 I Nr. 1 BVerfGG, der eine weite Auslegung auszuschließen scheint (zum Wortlaut als Grenze der Auslegung → Kap. 1 Rn. 3), ist die zweite Lösung vorzugswürdig.

Ergebnis: Ein Antragsgrund ist gegeben.

✍ **Klausurhinweis Nr. 1: Widerspruch zwischen GG und einfachem Gesetzesrecht**

Das Grundgesetz wird insbesondere im Bereich des Verfassungsprozessrechts durch einfaches Gesetzesrechts (v.a. BVerfGG) konkretisiert. Wie im Fall des Art. 93 I Nr. 2 GG – § 76 I BVerfGG treten auch an anderer Stelle Widersprüchlichkeiten zwischen Grundgesetz und einfachem Gesetzesrecht auf (vgl. hierzu

→ Kap. 4 Rn. 2 [Bund-Länder-Streit] und → Kap. 5 Rn. 3 [Organstreitverfahren]!). Hier ist zu fragen, ob das Grundgesetz eine Regelung im Einzelfall der Konkretisierung durch den einfachen Gesetzgeber überlassen wollte (s. dazu auch Art. 94 II 1 GG). In diesem Fall ist dessen Entscheidung allein erheblich. Ist hingegen durch den Verfassungsgeber bereits eine abschließende Entscheidung getroffen worden, so ist allein diese relevant und eine entgegenstehende einfach-gesetzliche Regelung verfassungsgemäß auszulegen oder (teil-) nichtig (so im obigen Beispielsfall).

4. Objektives Klarstellungsinteresse

8 Zudem muss ein (objektives) Klarstellungsinteresse bestehen. Dieses ist prinzipiell durch die Bejahung des Antragsgrundes indiziert.

✍ Eine eigenständige Bedeutung erhält dieser Prüfungspunkt nur in besonderen Ausnahmefällen. Daher werden die Prüfungspunkte „Antragsgrund" und „objektives Klarstellungsinteresse" tlw. auch zusammen geprüft, vgl. z.B. *Gersdorf*, VerfProzessR, Rn. 154, der allerdings verwirrenderweise von „Antragsbefugnis" spricht. Soweit keine Anhaltspunkte für Zweifel ersichtlich sind, ist das objektive Klarstellungsinteresse in der Klausur daher nur kurz zu bejahen. Lange Ausführungen sind hier eher schädlich.

Zweifel bestehen jedoch in folgenden Fällen:

- Es existiert eine **vorhergehende verfassungsgerichtliche Entscheidung** in der Sache (vgl. insbesondere § 31 I, II 1 BVerfGG). Nicht hierunter zählen Entscheidungen anderer gerichtlicher Instanzen (vgl. BVerfGE 7, 305 [311]: vorhergehende Kommunalverfassungsbeschwerde; BVerfGE 9, 268 [278]: vorhergehendes Verfahren vor Landesverfassungsgericht). Unerheblich ist die vorhergehende verfassungsgerichtliche Entscheidung, wenn ein anderer *Prüfungsgegenstand* zu Grunde gelegt wurde (hierzu *Schoch*, Übungen, Fall 7). Zudem können veränderte Tatsachen oder Begleitumstände das Klarstellungsinteresse „wiedererwachen" lassen.
- Ein Land macht ein Klarstellungsinteresse in Bezug auf **„fremdes" Landesrecht** geltend (Klarstellungsinteresse bejahend BVerfGE 83, 37 [49]; in diesem Sinne auch *Pestalozza*, VerfProzessR, § 8 Rn. 6 Fn. 14).

Unerheblich sind Verfahrenskonkurrenzen (d.h. die Entscheidung könnte auch in einem anderen Verfahren eingeholt werden). Die abstrakte Normenkontrolle ist im Hinblick auf andere Verfahrensarten nicht subsidiär (BVerfGE 8, 104 [110]; 20, 56 [95]).

5. Form (und Frist) (§ 23 I 1, 2 Hs. 1 BVerfGG)

Der Antrag auf Durchführung einer objektiven Normenkontrolle ist schriftlich beim BVerfG einzureichen und zu begründen. Eine Frist ist **nicht** einzuhalten. 9

II. Begründetheit

Der Antrag ist begründet, wenn der Prüfungsgegenstand mit dem als Prüfungsmaßstab heranzuziehenden Recht nicht vereinbar ist. Der jeweilige Prüfungsmaßstab richtet sich wiederum nach dem Prüfungsgegenstand, was die folgende Übersicht zu verdeutlichen vermag:

1. Verfahren nach Art. 93 I Nr. 2 GG

Im Verfahren nach Art. 93 I Nr. 2 GG kommen als Prüfungsgegenstand verfassungsändernde Gesetze, formelle Bundesgesetze, materielle Bundesgesetze (in erster Linie: Rechtsverordnungen) sowie Landesgesetze in Betracht. Diese sind jeweils auf ihre formelle und materielle Verfassungs- bzw. Rechtmäßigkeit zu untersuchen. 10

a) Prüfungsgegenstand: Verfassungsänderndes Gesetz

Die formelle Verfassungsmäßigkeit richtet sich nach Art. 79 I, II GG, die materielle Verfassungsmäßigkeit nach Art. 79 III GG. **Formell** fordert Art. 79 I 1 GG eine ausdrückliche Verfassungstextänderung. Das verfassungsändernde Gesetz bedarf nach Art. 79 II GG einer 2/3-Mehrheit in Bundestag und Bundesrat. **Materiell** sind die Vorgaben der sog. „Ewigkeitsgarantie" in Art. 79 III GG zu berücksichtigen (vgl. hierzu → Rn. 56). 11

b) Prüfungsgegenstand: Formelles Bundesgesetz

Die **formelle** Verfassungsmäßigkeit richtet sich nach Art. 71 ff. GG sowie Art. 76 ff. GG (→ Rn. 20 ff., 31 ff.); die **materielle** Verfassungsmäßigkeit ist gegeben, wenn das Gesetz mit dem materiellen Verfassungsrecht (insbesondere Grundrechte, Staatszielbestimmungen, Staatsstrukturprinzipien) vereinbar ist (→ Rn. 55 ff.). 12

c) Prüfungsgegenstand: Materielles Bundesgesetz (konkret: RVO)

Die Rechtmäßigkeit einer **Rechtsverordnung** ist gegeben, wenn diese auf einer **ordnungsgemäßen Delegation** gemäß Art. 80 I 1, 2 GG beruht und selbst **formell** und **materiell rechtmäßig** ist (vgl. hierzu im Einzelnen → Prüfungsschema 5). Die materielle Rechtmäßigkeit beschränkt sich dabei auf die Frage der Vereinbarkeit der 13

Rechtsverordnung mit ihrer Ermächtigungsnorm sowie mit Verfassungsrecht.

✍ **Nicht** zu prüfen ist ihre Vereinbarkeit mit (sonstigem) Bundesrecht. Prüfungsmaßstab ist nach h.M. nur die Verfassung (s. Wortlaut des Art. 93 I Nr. 2 GG), die (in Form des Art. 80 GG) allerdings auch betroffen ist, wenn die Rechtsverordnung gegen das Ermächtigungsgesetz verstößt (vgl. *Mückl*, Jura 2005, 463 [467]). § 76 I Nr. 1 BVerfGG („Unvereinbarkeit mit […] sonstigem Bundesrecht") ist insoweit missverständlich.

Auch eine **Satzung** ist auf ihre **formelle** und **materielle** Rechtsmäßigkeit zu prüfen. Die **formellen** Rechtmäßigkeitsvoraussetzungen können dabei im Einzelnen differieren. Insbesondere bedarf die Satzung einer Ermächtigungsgrundlage. Hier ist insbesondere die allgemeine kommunale Satzungsbefugnis zu beachten, die allerdings aufgrund ihrer mangelnden Bestimmtheit nicht Grundlage von Grundrechtseingriffen sein kann (→ 3. Kap Rn. 8).
Im Rahmen der **materiellen** Rechtmäßigkeit ist insbesondere die Vereinbarkeit mit der Ermächtigungsgrundlage sowie mit sonstigem höherrangigem Recht zu prüfen.

d) Prüfungsgegenstand: Formelles Landesgesetz

14 Die Prüfung der **formellen Rechtmäßigkeit** eines Landesgesetzes beschränkt sich auf die Gesetzgebungskompetenz! Es erfolgt **keine Verfahrensprüfung**, da das Gesetzgebungsverfahren auf der Grundlage der Landesverfassung erfolgt, die kein Prüfungsmaßstab iSd Art. 93 I Nr. 2 GG ist. Sofern allerdings gravierende Fehler im Gesetzgebungsverfahren zu erkennen sind, ist die Frage aufzuwerfen, ob hierin zugleich Verstöße gegen das Rechtsstaats- und Demokratieprinzip (vgl. Art. 28 I 1 GG) zu sehen sind, welche wiederum Prüfungsgegenstand im Normenkontrollverfahren sein können.

Im Rahmen der **materiellen Rechtmäßigkeit** wird die Vereinbarkeit mit Bundesrecht (vgl. Art. 31 GG) sowie die Vereinbarkeit mit dem Grundgesetz geprüft.

2. Sonderfall: Verfahren nach Art. 93 I Nr. 2a GG

15 Das Verfahren nach Art. 93 I Nr. 2a GG beschränkt die Begründetheitsprüfung auf die Vereinbarkeit des Prüfungsgegenstandes mit Art. 72 II GG.

III. Entscheidungsmöglichkeiten

1. Grundsatz: Nichtigerklärung (§ 78 S. 1 BVerfGG)

Sofern der Antrag im Verfahren der abstrakten Normenkontrolle zulässig und begründet ist, erklärt das Gericht grundsätzlich die Nichtigkeit (§ 78 S. 1 BVerfGG), bei Nichtanwendung einer verfassungsgemäßen Norm deren Gültigkeit. Die Nichtigkeitsanordnung wirkt ex tunc. Inwieweit die Nichtigerklärung einer Norm Auswirkungen auf den Bestand der auf ihrer Grundlage ergangenen Einzelakte hat, beantwortet § 79 BVerfGG. 16

2. Ausnahme: „Unvereinbarerklärung"

In Ausnahmefällen wird die Nichtigerklärung durch eine „Unvereinbarerklärung" – mit vorübergehender Weitergeltung des verfassungswidrigen Rechts – ersetzt (siehe ausf. zu möglichen Entscheidungswirkungen *Bethge*, Jura 2009, 18 ff.): 17

– **Gesetzgeberischer Gestaltungsspielraum**
  Es bleiben verschiedene Möglichkeiten zur Beseitigung der Verfassungswidrigkeit (vgl. hierzu BVerfGE 72, 330 [333]; 79, 311 [312]; siehe allerdings auch die Entscheidung BVerfGE 131, 216 ff. zur fortbestehenden Verfassungswidrigkeit und (Teil-)Nichtigkeit(!) des BWahlG).
– **„Gleichheitswidriger Begünstigungsausschluss"**
  Einem Personenkreis wird eine Begünstigung gewährt, einem anderen hingegen vorenthalten. Die Nichtigerklärung würde dem bislang benachteiligten Personenkreis die Begünstigung weiterhin vorenthalten.
– **Nichtigerklärung würde Verfassungswidrigkeit noch verstärken**

Beispiel: Die Nichtigerklärung einer Studienzulassungsordnung würde der Ordnung des Zulassungswesens die gesamte Grundlage entziehen und künftige Regelungen auf eine Notkompetenz der Universität beschränken (BVerfGE 33, 303 [347] – Numerus clausus).

B. Der prozessuale Rahmen II: Die konkrete Normenkontrolle

📖 *Geis/Schmidt*, JuS 2012, 121, 123 ff.; *Wernsmann*, Jura 2005, 328 ff.; Fallbeispiel: *Kment u.a.*, JA 2015, 916 ff.

Im Gegensatz zur abstrakten Normenkontrolle gewährt die **konkrete Normenkontrolle** nur in Fällen der einzelfallbezogenen Ent- 18 scheidungserheblichkeit der Norm, also aus Anlass eines **konkreten** Prozessstreits, ein Verwerfungsmonopol.

Der Antrag auf Durchführung einer konkreten Normenkontrolle nach Art. 100 I 1 Alt. 2, I 2 GG, §§ 13 Nr. 11, 80 ff. BVerfGG [mit dem Ziel, eine Entscheidung des BVerfG über die Gültigkeit einer Norm herbeizuführen] hat Erfolg, wenn er zulässig und begründet ist.

19 **Prüfungsschema 2: Konkrete Normenkontrolle**

I. Zulässigkeit

1. Vorlageberechtigung (Art. 100 I 1 Alt. 2, I 2 GG): Staatliche Gerichte jeder Instanz
2. Vorlagegegenstand (Art. 100 I 1 Alt. 2, I 2 GG):
   a) (Bundes- oder Landes-)Gesetze, die dem Verwerfungsmonopol des BVerfG unterliegen (also nur **formelle, nachkonstitutionelle** Gesetze) und
   b) im konkreten Fall **Entscheidungserheblichkeit** erlangen

   Unerheblich ist, ob die Rechtsnorm bereits wegen entgegenstehenden europäischen Rechts unanwendbar ist. In diesem Fall besteht Wahlfreiheit des Gerichts, ob es zunächst dem BVerfG oder dem EuGH vorlegt.
3. Überzeugung des vorlegenden Gerichts von Verfassungswidrigkeit des Prüfungsgegenstandes (Art. 100 I 1 Alt. 2, I 2 GG)

   Insbes. darf keine Möglichkeit verfassungskonformer Auslegung bestehen; hierzu: *Lüdemann*, JuS 2004, 27 ff.
4. Rechtsschutzbedürfnis (fehlt etwa bei vorangegangener Entscheidung in der Sache; vgl. Rn. 8)
5. Form (§§ 23 I 1, 2 Hs. 1, 80 II BVerfGG); **kein** Fristerfordernis

II. Begründetheit

1. Prüfungsgegenstand: **Bundesrecht**
   a) Formelle Verfassungsmäßigkeit
      aa) Gesetzgebungskompetenz (Art. 71 ff. GG)
      bb) Ordnungsgemäße Durchführung des Gesetzgebungsverfahrens (→ Prüfungsschema 3)
   b) Materielle Verfassungsmäßigkeit: Verstoß gegen GG
2. Prüfungsgegenstand: **Landesrecht**
   a) Formelle Verfassungsmäßigkeit: Gesetzgebungskompetenz

b) Materielle Verfassungsmäßigkeit: Verstoß gegen Bundesrecht oder GG

III. Entscheidungsmöglichkeiten

Ggf. Nichtigerklärung, § 82 I iVm § 78 S. 1 BVerfGG.

„Nur materielle" Gesetze (Rechtsverordnungen, Satzungen) unterfallen nicht der Normverwerfungskompetenz des BVerfG. Werden sie im Falle ihrer (vermeintlichen) Verfassungs- oder Bundesrechtswidrigkeit durch Gerichte, Verwaltungsbehörden usw. nicht angewendet, können die Antragsberechtigten im Verfahren der abstrakten Normenkontrolle **durch** das BVerfG die Gültigkeit der Norm feststellen lassen (sog. Normbestätigungsverfahren).

C. Die Gesetzgebungskompetenz

📖 *Degenhart*, NVwZ 2006, 1209 ff.; *Frenz*, Jura 2007, 165 ff.; *Hebeler*, JA 2010, 688 ff.; *Mammen*, DÖV 2007, 376 ff.; *Fallbeispiel*: *Prehn*, JuS 2014, 905 ff.

I. Überblick

Die föderale Ordnung des Grundgesetzes nimmt hinsichtlich der **20**
einzelnen Gewalten (Gesetzgebung, Verwaltung und Rechtsprechung) jeweils eine bindende Kompetenzverteilung an Bund und Länder vor. Dies wirft im Rahmen der Gesetzgebung im Einzelfall die Frage der Zuständigkeit (von Bund oder Ländern) auf.

Für die Gesetzgebung stellt Art. 70 I GG den **Grundsatz** auf, dass die Zuständigkeit dem Landesgesetzgeber zukommt, soweit nicht im Grundgesetz etwas anderes geregelt ist. Die Gesetzgebungskompetenz des Bundes ist daher nach der gesetzlichen Konzeption als **Ausnahme** ausgestaltet. Die einzelnen Bundeskompetenzen sind im GG, insbesondere (aber nicht abschließend!) in Art. 71 ff. GG, aufgezählt. In diesen Vorschriften werden die beiden Konzeptionen der ausschließlichen oder konkurrierenden Gesetzgebung des Bundes entwickelt (s. Art. 70 II GG). Die früher zudem bestehende Rahmenkompetenz wurde im Rahmen der Föderalismusreform gestrichen. Daneben besteht die sog. Grundsatzgesetzgebung des Bundes (s. Art. 109 IV GG).

Die konkurrierende Kompetenz zur Gesetzgebung erfordert – im Gegensatz zur ausschließlichen Kompetenz –, dass der Bund die Kompetenz (durch Ausübung) ausdrücklich an sich zieht. Solange und soweit er dies nicht getan hat, verbleibt die Kompetenz beim Landesgesetzgeber; wenn er dies tut, wird die Kompetenz zu einer solchen des Bundesgesetzgebers (daher kein Fall des Art. 31 GG, der zwei *nebeneinander* bestehende Kompetenzen voraussetzt!). **Ausschließliche Kompetenz** liegt immer vor beim Tätigwerden in den Sachbereichen des Katalogs des Art. 73 GG, kraft Sonderzuweisung (*relevante Beispiele:* Art. 21 III, Art. 38 III GG) oder kraft ungeschriebener Zuständigkeit. **Konkurrierende Kompetenz** liegt vor im Falle eines Tätigwerdens in den Sachbereichen des Katalogs des Art. 74 GG **unter** Erfüllung der Voraussetzungen des Art. 72 II GG (= Erforderlichkeit bundesgesetzlicher Regelung).

21 Dementsprechend verbleibt die Gesetzgebungskompetenz beim **Landesgesetzgeber erstens** (soweit ausschließliche Gesetzgebungskompetenz des Bundes gegeben ist) im Falle besonderer Ermächtigung durch Bundesgesetz gem. Art. 71 Hs. 2 GG; **zweitens** (soweit konkurrierende Gesetzgebungskompetenz des Bundes gegeben ist), wenn kein Erfordernis bundeseinheitlicher Regelung gesetzlich fingiert ist oder im Einzelfall besteht (Art. 72 II GG), *andernfalls* soweit der Bund von seiner Gesetzgebungskompetenz (noch) keinen Gebrauch gemacht hat (Art. 72 I GG) *oder* eine Abweichungskompetenz nach Art. 72 III GG besteht; **drittens**, soweit dem Bund weder ausschließliche noch konkurrierende Gesetzgebungskompetenz zusteht.

	Im Bereich ausschließlicher Gesetzgebungskompetenz des Bundes	**Im Bereich konkurrierender Gesetzgebungskompetenz des Bundes**	**Im Übrigen**
Kompetenz des Bundesgesetzgebers	Immer (Art. 71 Hs. 2 GG stellt nur eine Form der Delegation dar!)	Soweit ein besonderes Bedürfnis bundeseinheitlicher Regelung gesetzlich angeordnet oder im Einzelfall zu bejahen ist (vgl. Art. 72 II GG)	Nie

Kompetenz des Landesgesetzgebers	Im Fall ausdrücklicher bundesgesetzlicher Regelung nach Art. 71 Hs. 2 GG	Soweit keine erschöpfende bundesgesetzliche Regelung vorliegt. Dies ist der Fall, wenn der Regelungsgegenstand bereits Gegenstand einer bundesrechtlichen Normierung ist oder der Bund in einem Bereich nur bestimmte Fragen regelt, er aber erkennbar den gesamten Regelungsbereich abschließend regeln wollte (sog. „absichtsvoller Regelungsverzicht", BVerfGE 98, 265 [300]) **Oder** Soweit eine Abweichungskompetenz nach Art. 72 III GG besteht.	Immer

II. Die ausschließliche Gesetzgebungskompetenz des Bundes

Betrifft eine Regelung die Sachbereiche des **Art. 73 I GG**, so steht **22** dem Bund die ausschließliche Gesetzgebungskompetenz hieran zu. Die Gesetzgebung eines Landes zu derselben Thematik ist hierdurch grds. (vgl. noch unten) umfassend gesperrt. Es handelt sich hierbei insbesondere um Regelungsbereiche, die nur **bundeseinheitlich** sinnvoll geregelt werden können (z.B. Verteidigung [Nr. 1], Staatsangehörigkeit [Nr. 2], Währungswesen [Nr. 4]) oder deren **erhöhtes Gefahrenpotenzial** ein bundeseinheitliches Vorgehen sinnvoll erscheinen lässt (z.B. Luftverkehr [Nr. 6], Abwehr von länderübergreifenden Gefahren des internationalen Terrorismus [Nr. 9a], Waffen- und Sprengstoffrecht [Nr. 12], Erzeugung und Nutzung der Kernenergie [Nr. 14]).

Weitere ausschließliche Bundeskompetenzen kraft Sonderzuweisung finden sich im GG verstreut. Das Grundgesetz spricht dann etwa davon, dass das Nähere ein *Bundes*gesetz „regelt" (z.B. Art. 4 III 2 GG; Art. 21 III GG) oder „bestimmt" (Art. 38 III GG). Weitere Beispiele sind Art. 23 I 2 GG, Art. 93 III GG, Art. 105 I GG.

Darüber hinaus bestehen sog. **ungeschriebene Bundeszuständigkeiten**: **23**

Eine Bundeskompetenz **kraft Natur der Sache** besteht bei Sachgebieten, die logisch zwingend nur durch den Bund oder bundeseinheitlich erfolgen können.

Beispiel: Regelung der Hauptstadt, der Nationalhymne, der Flagge, der Nationalfeiertage.

Eine Bundeskompetenz **kraft Sachzusammenhang** besteht, „wenn eine dem Bund ausdrücklich zugewiesene Materie verständlicherweise nicht geregelt werden kann, ohne daß zugleich eine nicht ausdrücklich zugewiesene Materie mitgeregelt wird, wenn also ein Übergreifen in nicht zugewiesene Materien unerlässliche Voraussetzung für die Regelung einer der Bundesgesetzgebung ausdrücklich zugewiesenen Materie“ ist (BVerfGE 3, 407 [421]; 98, 265 [299]).

Beispiel: Einführung einer Beratungslösung für Schwangerschaftsabbrüche auf der Grundlage des Kompetenztitels für das Strafrecht (Art. 74 I Nr. 1 GG).

Die **Annexkompetenz** verbleibt innerhalb des durch den ausdrücklichen Kompetenztitel bezeichneten Sachbereichs und erweitert diesen durch Einbeziehung von Stadien der Vorbereitung und Durchführung.

Str. ist, ob es sich bei der Annexkompoetenz um eine eigenständige Kategorie oder um einen Unterfall der Kompetenz kraft Sachzusammenhangs handelt. Im Hinblick darauf, dass die Abgrenzung zur „Kompetenz kraft Sachzusammenhangs“ darin liegt, dass die Ausdehnung nicht in die **Breite**, sondern in die **Tiefe** geht, scheint die Einordnung als eigenständige Kategorie nahe liegend; für die Falllösung ist diese begriffliche Differenzierung jedoch im Ergebnis nicht erheblich.

III. Die konkurrierende Gesetzgebungskompetenz des Bundes

24 Eine konkurrierende Gesetzgebungskompetenz des Bundes verlangt neben der Berührung eines der Sachbereiche des Art. 74 I GG das Erfordernis bundeseinheitlicher Regelung gemäß Art. 72 II GG (zweistufige Prüfung!).

1. Art. 74 I GG

25 **Wichtige Sachbereiche** des Art. 74 I GG stellen das Recht der Wirtschaft (Nr. 11), der Straßenverkehr (Nr. 22) und die Raumordnung (Nr. 31) dar.

Dabei betrifft Nr. 11 den bislang praktisch relevantesten Kompetenztitel. Das „Recht der **Wirtschaft**" wird weit (!) ausgelegt, unter Einbeziehung aller „das wirtschaftliche Leben und die wirtschaftliche Betätigung als solche regelnde(n) Normen" (BVerfGE 55, 274 [308]). Allerdings wird diese Regelung um eine negative Auflistung ergänzt. Aus dem Recht der Wirtschaft bleiben das Ladenschlussrecht, das Recht der Gaststätten, der Schaustellung von Personen, der Messen sowie der Ausstellungen und Märkte ausgenommen.

Auch das zuvor der Bundeskompetenz unterstehende **Versammlungsrecht** wurde durch die Föderalismusreform den Ländern zugeordnet. Für das auf Grundlage der früheren Kompetenz ergangene VersG kommen **Übergangsvorschriften** zur Anwendung. Danach besteht das bisher erlassene Bundesrecht, welches heute nicht mehr erlassen werden könnte, weiter fort, solange es nicht durch Landesrecht ersetzt wird (Art. 125a I GG). In einigen Bundesländern (Bayern, Niedersachsen, Sachsen, Sachsen-Anhalt und Schleswig-Holstein) sind bereits Landesversammlungsgesetze in Kraft getreten. Im Übrigen gilt das BVersG fort.[3]

2. Art. 72 II GG

Die wechselvolle Entwicklung des Art. 72 II GG wurde mit der letzten Föderalismusreform vorläufig abgeschlossen: **26**

Vor 1994 verlangte Art. 72 II GG ein „Bedürfnis" nach bundeseinheitlicher Regelung. Aus dem weiten Wortlaut wurde von Seiten des BVerfG ein gerichtsfreier Beurteilungsspielraum des Gesetzgebers geschlossen. Die Prüfung der Einhaltung der Voraussetzungen des Art. 72 II GG war praktisch nicht möglich.

1994 wurde daraufhin die Erforderlichkeitsklausel in Art. 72 II GG integriert, um von Seiten des Verfassungsgebers klarzustellen, dass Art. 72 II GG **keinen** gerichtsfreien Beurteilungsspielraum des Gesetzgebers normiert. Auch das BVerfG ging nunmehr davon aus, dass eine gerichtliche Kontrolle des Art. 72 II GG umfassend ist und über eine bloße Vertretbarkeitskontrolle hinausgeht (BVerfGE 106, 62 [148 f.]). Im Zuge der Reform wurde zudem das eigenständige Verfahren gemäß Art. 93 I Nr. 2a GG eingeführt.

Mit der **Föderalismusreform 2006** wurde der Anwendungsbereich der Erforderlichkeitsklausel beschränkt und eine Rückübertragungspflicht nach Art. 72 IV GG sowie ein Abweichungsrecht der Länder nach Art. 72 III GG statuiert.

---

[3] Das VersG Bln (GVBl. 2013, S. 103) ersetzt lediglich § 19a des BVersG.

a) Anwendbarkeit des 72 II GG

27 Art. 72 II GG differenziert zwischen sog. **Kernkompetenzen**, bei denen die Erforderlichkeit bundesgesetzlicher Regelung unwiderlegbar vermutet wird (insbes. bürgerliches Recht [Nr. 1], Vereinsrecht [Nr. 3], Arbeitsrechts [Nr. 12]) sowie sog. **Bedarfskompetenzen**, bei denen eine Erforderlichkeitsprüfung weiterhin notwendig bleibt (insbesondere Aufenthalts- und Niederlassungsrecht der Ausländer [Nr. 4], öffentliche Fürsorge [Nr. 7], Recht der Wirtschaft [Nr. 11], Recht der Lebensmittel [Nr. 20], Straßenverkehr, Kraftfahrwesen usw. [Nr. 22], Staatshaftung [Nr. 25], Gentechnik [Nr. 26]). Folglich ist in einem ersten Prüfungsschritt die Anwendbarkeit des Art. 72 II GG zu erörtern. Erst wenn diese bejaht wird, sind dessen Voraussetzungen zu prüfen.

b) Voraussetzungen des Art. 72 II GG

28 Art. 72 II GG enthält drei gleichwertige und alternative Zielvorgaben: Herstellung gleichwertiger Lebensverhältnisse (Var. 1), Wahrung der Rechtseinheit (Var. 2) und Wahrung der Wirtschaftseinheit (Var. 3). Dient eine bundeseinheitliche Regelung *einem* der Schutzgüter, so ist diese zugleich erforderlich iSd Art. 72 II GG.

„Zur Herstellung gleichwertiger Lebensverhältnisse" dient ein Gesetz nach Auffassung des BVerfG, wenn es darum geht, eine bereits eingetretene oder konkret drohende erhebliche Auseinanderentwicklung der Lebensverhältnisse in den Bundesländern umzukehren oder zu verhindern, die das bundesstaatliche Sozialgefüge beeinträchtigt (BVerfGE 106, 62 [143 f.]; BVerfG NJW 2015, 2399 [2400] – Betreuungsgeld).

Gleichwertige Lebensverhältnisse bedeuten **nicht** *einheitliche* Lebensverhältnisse. Daher keine Befugnis zu völliger „Gleichschaltung". Diese Alternative gewinnt aber Bedeutung, wenn Lebensverhältnisse derart voneinander abweichen, dass von „Nord-Süd-Gefälle" oder „Ost-West-Gefälle" gesprochen werden kann.

Ein Gesetz dient der **„Wahrung der Rechtseinheit im gesamtstaatlichen Interesse"**, wenn die unterschiedliche Behandlung desselben Lebenssachverhalts in den verschiedenen Ländern unter Umständen erhebliche Rechtsunsicherheiten und damit unzumutbare Behinderungen für den länderübergreifenden Rechtsverkehr ergeben kann.

Der **„Wahrung der Wirtschaftseinheit im gesamtstaatlichen Interesse"** dient ein Gesetz dann, wenn es um die Erhaltung der Funktionseinheit des Wirtschaftsraums durch bundeseinheitliche Rechtssetzung geht.

Während die Wahrung der Rechtseinheit in erster Linie auf die Vermeidung einer Rechtszersplitterung zielt, geht es bei der Wahrung der Wirtschaftseinheit im Schwerpunkt darum, Schranken und Hindernisse für den wirtschaftlichen Verkehr im Bundesgebiet zu beseitigen (BVerfGE 106, 62 [145 ff.]).

Ob die Voraussetzungen des Art. 72 II GG gegeben sind, **prüft** das BVerfG, wobei dem Gesetzgeber im Hinblick auf die zulässigen Zwecke einer bundesgesetzlichen Regelung und deren Erforderlichkeit im gesamtstaatlichen Interesse eine **Einschätzungsprärogative** zusteht (so u.a. jüngst BVerfGE 138, 136 [2. Ls.]).

Fall 4: Der Deutsche Bundestag beschließt ein Gesetz zur Einführung der sog. embryonalen Stammzellenforschung. Es handelt sich dabei um ein Verfahren, bei welchem in menschlichen Embryonen Stammzellen isoliert und sodann vermehrt werden; mit Hilfe dieser Zellen können in Zukunft möglicherweise Krankheiten wie etwa Parkinson und Alzheimer behandelt werden. Hierzu sollen extrakorporal erzeugte Embryonen, sog. Laborembryonen, zur Stammzellenforschung aus Drittländern importiert werden. Hiermit verbunden ist zugleich die Aufhebung des derzeit geltenden § 2 I des Gesetzes zum Schutz von Embryonen (ESchG), wonach sich in Deutschland strafbar macht, wer einen extrakorporal erzeugten Embryo „zu einem nicht seiner Erhaltung dienenden Zweck abgibt, erwirbt oder verwendet". Hat der Bund die Kompetenz zur Gesetzgebung?

Lösung: Die Bundesgesetzgebungskompetenz könnte sich aus Art. 74 I Nr. 26 iVm Art. 72 II GG ergeben. Hierfür müsste sich die zu regelnde Materie im Sachbereich des Art. 74 I Nr. 26 GG bewegen und zudem ein Erfordernis bundeseinheitlicher Regelung bestehen. Der Kompetenztitel umfasst die „medizinisch unterstützte Erzeugung menschlichen Lebens", die „Untersuchung und die künstliche Veränderung von Erbinformationen" sowie „Regelungen zur Transplantation von Organen, Geweben und Zellen". Unter die erste Fallgruppe fällt auch der Embryonenschutz; die zweite Fallgruppe meint die Gentechnik. Soweit der Gesetzentwurf § 2 I ESchG aufhebt, fällt er unter Art. 74 I Nr. 26 **Alt. 1 GG**; soweit er die Stammzellenforschung für grundsätzlich zulässig erklärt und deren Voraussetzungen regelt, fällt er unter Art. 74 I Nr. 26 **Alt. 2 GG**. Die Anwendbarkeit des Art. 72 II GG wird bezüglich des in Art. 74 I Nr. 26 GG genannten Sachbereichs ausdrücklich festgestellt. Es sind daher im Folgenden die Voraussetzungen des Art. 72 II GG zu prüfen. Das Gesetz müsste entweder zur Herstellung gleichwertiger Lebensverhältnisse oder zur Wahrung der Rechts- oder Wirtschaftseinheit im gesamtstaatlichen Interesse dienen. Der erste Aspekt findet vorliegend keine Anwendung, da der Regelung der wirtschaftliche Bezugspunkt fehlt. Jedoch ist die unterschiedliche Regelung der Abgabe und des Erwerbs von Embryonen betroffen. Es handelt sich hierbei um eine Behinderung des länderübergreifenden Rechtsverkehrs. Zu berücksichtigen ist zudem die Nähe zum Strafrecht nach Art. 74 I Nr. 1 GG, welches dem Rechtfertigungserfordernis des Art. 72 II GG enthoben ist. Zudem wäre die Wirtschaftseinheit betroffen, da die Rechtsmaterie auch den Handel mit Embryonen erfasst.

Ergebnis: Die Gesetzgebungskompetenz des Bundes ist vorliegend gegeben.

c) Entfallen der Erforderlichkeit

29 Entfällt die Erforderlichkeit (nachträglich), so „kann" gem. Art. 72 IV GG ein Bundesgesetz die Ersetzung der betroffenen Bundesregelung durch Landesrecht ermöglichen. Eine entsprechende Feststellung des BVerfG nach Art. 93 II 2 GG ersetzt das Bundesgesetz nach Art. 72 IV GG.

3. Die verbleibende Landeskompetenz

30 Im Bereich der konkurrierenden Gesetzgebung besteht weiterhin Kompetenz des Landesgesetzgebers, wenn kein Erfordernis bundeseinheitlicher Regelung nach 72 II GG oder keine abschließende Regelung durch den Bundesgesetzgeber vorliegt oder ein Abweichungsrecht nach Art. 72 III GG besteht.

Die letzte – durch die Föderalismusreform 2006 neu eingefügte – Option stellt den Rechtsanwender vor die Herausforderung, welche inhaltlichen Anforderungen für die Abweichungsgesetzgebung gelten. *Zum einen* stellt sich die Frage, ob der Landesgesetzgeber ermächtigt ist, lediglich punktuelle Regelungen vorzunehmen. Dies würde die Problematik einer unübersichtlichen Gemengelage von Bundes- und Landesrecht aufwerfen. Mit Blick auf die Entscheidung des verändernden Gesetzgebers, der diese Problematik vorhersehen musste, wird eine solche Ermächtigung dennoch ganz überwiegend bejaht.

Umstritten ist *zum anderen*, ob auch eine bloße *Negativ*regelung (d.h. das bloße Außerkraftsetzen der Bundesregelung) erlaubt ist. Argumentativ dreht sich die Diskussion um die Frage, ob auch einer Negativregelung ein derart *gestaltendes* Element innewohnt, dass diese unter den Begriff des „Abweichens" zu fassen ist.

🕮 Zu beiden Fragenkreisen *Hebeler*, Probleme aus dem StaatsR, 32. Problem; *ders.*, JA 2010, 688, 691.

Zu beachten ist, dass die abweichende Landesregelung nur *Anwendungsvorrang*, keinen Geltungsvorrang genießt (hierzu *Hebeler*, JA

2010, 688, 691). Seltener Fall der nebeneinander bestehenden Kompetenz von Bund und Land, daher eigentlich Fall des Art. 31 GG, der durch Art. 72 III 3 GG als lex specialis verdrängt wird.

D. Das Gesetzgebungsverfahren

🕮 *Elicker*, JA 2005, 513 ff.; *Frenzel*, JuS 2010, 27 ff., 119 ff.; *Nolte/Tams*, Jura 2000, 158 ff.; *Meermagen/Schultzky*, VerwArch 2010, 539 ff.; *Fallbeispiel*: *Kment u.a.*, JA 2015, 916 ff.; *Prehn*, JuS 2014, 905 ff.

Prüfungsschema 3: Gesetzgebungsverfahren **31**

I. Einleitungsverfahren: Gesetzesinitiative (Art. 76 I GG)

Bundesregierung (vgl. Art. 76 II 1 GG), Bundesrat (vgl. Art. 76 III 1 GG), „aus der Mitte des Bundestages"; (P!) Bedeutung des § 76 I GO BT?

II. Hauptverfahren (Art. 77, 78 GG)

1. Beratung in drei Lesungen (Art. 42 I 1 GG, § 78 I 1 GO BT)
2. Beschluss durch Bundestag (Art. 77 I 1 GG)
   a) (Formelle und materielle) Beschlussfähigkeit
   b) Beschlussmehrheit (Art. 42 II 1 GG); regelmäßig einfache Mehrheit, im Falle des verfassungsändernden Gesetzes: qualifizierte Mehrheit (2/3)
3. Unverzügliche Weiterleitung an Bundesrat (Art. 77 I 2 GG)
4. Beteiligung des Bundesrates (Art. 77 II, III GG)
   a) Einspruchsgesetz: Keine Zustimmungsbedürftigkeit
      → BRat darf keinen beachtlichen Einspruch einlegen (Art. 77 II, III GG).
   b) Zustimmungsgesetz: Zustimmungsbedürftigkeit (vgl. hierzu → Rn. 46 ff.)
      → BRat muss wirksame Zustimmung erteilen.

III. Abschlussverfahren (Art. 82 GG)

1. Gegenzeichnung und Ausfertigung durch BPräs
2. Verkündung im BGBl.

Der Ablauf des Gesetzgebungsverfahrens gliedert sich in drei Teile: **32**
das Einleitungsverfahren, das Hauptverfahren sowie das Abschlussver-

fahren. Diese drei Phasen müssen innerhalb einer Wahlperiode liegen. Der (verfassungsgewohnheitsrechtliche) **Grundsatz der Diskontinuität** hat zur Folge, dass am Ende der Wahlperiode die beim alten Bundestag eingebrachten Gesetzentwürfe, Anträge, Anfragen etc. als erledigt gelten (§ 125 GOBT). Die Wahlperiode endet allerdings erst mit dem Zusammentritt des neuen Bundestags, nicht mit einer etwaigen vorhergehenden Auflösung.

I. Einleitungsverfahren: Gesetzesinitiative (Art. 76 I GG)

33 Gemäß Art. 76 I GG werden Gesetzesvorlagen durch die Bundesregierung (Art. 62 GG), aus der Mitte des Bundestages (§ 76 I GO BT) oder durch den Bundesrat *eingebracht.*

Die Ausarbeitung erfolgt gegebenenfalls auf anderer Ebene. In jüngerer Zeit wird das ‚Gesetzgebungsoutsourcing' (sprich: die Ausarbeitung eines Gesetzgebungsentwurfs durch Anwaltskanzleien) als Problem des Demokratieprinzips diskutiert; hierzu *Meßerschmidt*, Ad Legendum 2012, 98 ff. sowie die Fallbearbeitung bei *Otto/Saurer*, JuS 2011, 235 ff.

1. Im Speziellen: Bundesregierung

34 Gem. Art. 76 II 1 GG sind Gesetzesvorlagen der Bundesregierung dem Bundesrat in einem „ersten Durchgang" zur Stellungnahme vorzulegen, bevor der Bundestag über sie beschließt. Tatsächlich wird dieses Erfordernis zur Herbeiführung einer „Verfahrensbeschleunigung" jedoch oftmals umgangen.

(P) Welche Rechtsfolge hat ein Verstoß gegen Art. 76 II 1 GG?

Nach **e.A.** führt der Verstoß zur Verfassungswidrigkeit, da Art. 76 II 1 GG eine **zwingende Verfahrensvorschrift** ist. Zur Begründung wird auf den Wortlaut verwiesen („*sind* … zuzuleiten"; so *Nolte/Tams*, Jura 2000, 159 f.).

Nach **a.A.** ist eine Verfassungswidrigkeit zu verneinen, da nur ein Verstoß gegen eine **Ordnungsvorschrift** vorliege. Zur Untermauerung wird auf die Funktion des Art. 76 II 1 GG verwiesen, der lediglich eine beratende Stellungnahme des Bundesrats sicherstellen wolle. Die Beteiligung des Bundesrates werde durch das Hauptverfahren nach Art. 77 GG noch hinreichend gewährleistet (*Kloepfer*, Jura 1991, 169, 171).

Klausurhinweis Nr. 2: Verstoß gegen verfassungsrechtliche Verfahrensvorschriften ✍

Verstöße gegen Verfahrensbestimmungen des Grundgesetzes führen nicht stets zur Nichtigkeit des Gesetzes. Vielmehr ist zwischen zwingenden Verfahrensvorschriften (Folge: Verfassungswidrigkeit) und bloßen Ordnungsvorschriften (Folge: keine Verfassungswidrigkeit) zu differenzieren. Die Abgrenzung erfolgt über zwei Aspekte:

1. Dient die Verfahrensvorschrift der Sicherung der Rechte eines am Gesetzgebungsverfahren beteiligten Organs?
2. Kann die Mitwirkung des verfahrensbeteiligten Organs noch nachgeholt werden?

(P) Besteht die Vorlagepflicht auch im Falle der Einbringung einer Regierungsvorlage durch die Regierungs*fraktion*? 35

Um die beschriebene Beschleunigungswirkung dennoch sicherzustellen, werden Vorlagen der Regierung oftmals an die Regierungs*fraktion* weitergeleitet, welche diese dann in ihrem Namen, also „aus der Mitte des Bundestages", einbringt. Das Unterlassen der Vorlage könnte zu einem **Verstoß gegen Art. 76 II 1 GG** führen.

Nach **e.A.** ist ein Verstoß gegen Art. 76 II 1 GG gegeben, da ein materieller Begriff des „Vorlegens" anzuwenden ist. Da die Vorlage von der Regierung ausgearbeitet wurde, kommt dieser „materielle Urheberschaft" zu. **Begründung: a)** Andernfalls würde die Gefahr der dauerhaften Umgehung des Art. 76 II 1 GG bestehen. Art. 76 II 1 GG würde im Ergebnis funktionslos. **b)** Verfahrensvorschriften sind „nicht auf der Basis eines nackten Formalismus" anzuwenden, will man sie nicht „zu sinnentleerten Worthülsen verkümmern" (von Mangoldt/Klein/Starck/*Masing*, Art. 76 Rn. 100) lassen.

D.h. weiter bei vorhergehendem **(P)**! → Rechtsfolge des Verstoßes?

Nach **a.A.** ist ein Verstoß gegen Art. 76 II 1 GG zu verneinen, da eine formelle Betrachtungsweise zugrunde zu legen ist. **Begründung: a) Wortlaut:** Es besteht keine begriffliche Identität von „Vorlegen" einerseits und „Erarbeiten" bzw. „Verfassen" andererseits. **b)** Gedanke der **Praktikabilität** und Rechtsklarheit. **c)** Abgeordnete, die sich einen Entwurf der Regierung zueigen machen, übernehmen hierfür die Verantwortung, so dass die Initiative letztendlich „aus der Mitte des Bundestages" kommt. **d)** Schließlich wird auf die Beschleunigungswirkung einer solchen Vorgehensweise verwiesen. **Aber:** Beschleunigung unter Umgehung des Art. 76 II 1 GG liegt nicht im Sinne des Grundgesetzes.

Das Unterlassen der Vorlage könnte des Weiteren gegen den **Grundsatz der Organtreue** verstoßen. Nach diesem Grundsatz sind Staatsorgane untereinander zu rücksichtsvollem Umgang und einem Mindestmaß an Kooperation verpflichtet. Durch die bewusste Umgehung des Art. 76 II 1 GG verstößt die Bundesregierung gegen diesen Grundsatz; dieser führt jedoch nicht zwingend zur Verfassungswidrigkeit (*Schenke*, Verfassungsorgantreue, 1977, S. 138 f.).

2. Im Speziellen: „aus der Mitte des Bundestages"

36 Die Bezeichnung „aus der Mitte des Bundestages" wird durch § 76 I GO BT näher konkretisiert. Hiernach muss es sich um eine Fraktion oder mindestens 5% der Bundestagsabgeordneten handeln. *Zweck*: Sicherstellung der Funktionsfähigkeit des BT.

(P) Ist auch eine Gesetzesinitiative durch einen einzelnen Abgeordneten möglich?

Ein Verstoß gegen **Art. 76 I GG** wird von der h.M. abgelehnt, da sich diese Mindestzahl nicht aus dem Wortlaut der Regelung („Mitte") ableiten lässt.

Hingegen liegt hierin ein Verstoß gegen **§ 76 I GO BT**, dessen Rechtsfolge allerdings streitig ist. Entsprechend Art. 82 GG muss ein Gesetz nach den Vorschriften „*dieses* Grundgesetzes" ergehen. Ein Verstoß gegen die Geschäftsordnung hat daher nur in Ausnahmefällen die Verfassungswidrigkeit zur Folge; nämlich dann, wenn die entsprechende Norm einen „verfassungsrelevanten" Inhalt hat, indem sie eine Bestimmung des Grundgesetzes wiederholt oder konkretisiert (vgl. *Nolte/Tams*, Jura 2000, 158, 159).

e.A.: Art. 76 I GO BT ist eine solche Konkretisierungsfunktion zuzusprechen. **Begründung:** Die Vorschrift dient dem Schutz vor von vornherein aussichtslosen Gesetzentwürfen und damit letztlich der Funktionsfähigkeit des Parlaments.

a.A.: Art. 76 I GO BT stellt eine unzulässige Verengung des Art. 76 I GG dar. **Begründung:** Initiativrecht hat gerade für Minderheiten eine wichtige Artikulationsfunktion inne.

Auch wenn man davon ausgeht, dass § 76 GO BT den Begriff „Mitte des Bundestages" konkretisiert, ist jedenfalls dann von einer **Heilung** auszugehen, wenn der Bundestag die Gesetzesinitiative weiterverfolgt und sie sich somit zu Eigen macht.

II. Hauptverfahren (Art. 77, 78 GG)

Das Hauptverfahren setzt sich aus der Beratung und der Beschlussfassung im Bundestag sowie der Beschlussfassung im Bundesrat zusammen. **37**

1. Beratung in drei Lesungen

Vor der Beschlussfassung ist eine Beratung des Gesetzesentwurfs (trotz fehlender Erwähnung in Art. 77 GG) nötig (vgl. Art. 42 I 1 GG: „verhandelt"). Diese muss gemäß § 78 I 1 GO BT in drei Lesungen erfolgen. **38**

(P) Welche Rechtsfolge resultiert aus einer Beratung der Gesetzesnovelle in *weniger als drei* Lesungen?

Hierin liegt grundsätzlich ein Verstoß gegen § 78 I 1 GO BT (Ausnahme: § 126 GO BT). Nach h.M. ist dieser Verstoß jedoch nicht verfassungswidrig, da § 78 I 1 GO BT als bloße Ordnungsvorschrift zu qualifizieren ist (→ Klausurhinweis Nr. 2).

2. Beschluss durch Bundestag (Art. 77 I 1 GG)

Nach ordnungsgemäßer Durchführung der Beratung erfolgt die Beschlussfassung durch den Bundestag (Art. 77 I 1 GG). Ein wirksamer Gesetzesbeschluss kommt mit der Mehrheit der Abgeordneten (Art. 42 II 1 GG) zustande. **39**

a) Beschlussfähigkeit

Die **Beschlussfähigkeit** erfordert die Anwesenheit von mehr als der Hälfte der Bundestagsabgeordneten (§ 45 I GO BT). Allerdings ist der Bundestag erst dann **formell** beschlussunfähig, wenn die Beschlussunfähigkeit auf Antrag von mindestens 5 % der Abgeordneten oder einer Fraktion (zur Verfassungsmäßigkeit dieser Einschränkung *Kahl/Benner*, Jura 2005, 869 [873]) festgestellt wurde (§ 45 II 1 GO BT). **40**

Die ***materielle*** **Beschlussunfähigkeit**, deren Grenzen von Art. 20 II, 38 I 1 GG bestimmt werden, ist gegeben, wenn eine Feststellung nach § 45 II 1 GO BT nicht möglich ist, da weniger als 5% der BT-Mitglieder anwesend sind. Ausnahme (dieses weiten Verständnisses): Plenarbeschluss wird nur von einer **geringen Zahl anwesender Abgeordneter** getragen und es fehlt **gleichzeitig** an Vorbereitungs- sowie Mitwirkungsmöglichkeiten für alle Parlamentarier im Vorfeld der Bundestagssitzung. In diesem Fall ist nicht mehr gewährleistet, dass auch die Auffassungen der einer Schlussabstimmung im Plenum ferngebliebenen Mitglieder in die parlamentarische Willensbildung eingeflossen sind. Hieraus resultieren Friktionen mit dem Demokratieprinzip (BVerfGE 44, 308 [320]).

b) Beschlussmehrheit

🕮 *Höfling/Burkiczak*, Jura 2007, 561 ff.

41 Beschlussmehrheit ist grundsätzlich gegeben, wenn eine **einfache** Mehrheit zustande kommt (Art. 42 II 1 GG iVm § 48 II 1 GO BT). Ausnahmsweise ist eine **qualifizierte** Mehrheit erforderlich (z.B. Art. 79 II GG).

Daneben wird weiterhin differenziert zwischen der relativen und der absoluten Mehrheit. Die **absolute** Mehrheit meint *Mitgliedermehrheit*, also die Mehrheit der gesetzlich vorgeschriebenen Zahl der Gremiumsmitglieder (vgl. Art. 121 GG). Nur in Ausnahmefällen; vgl. Art. 52 III 1 GG – Abstimmung im BRat; Art. 54 VI 1 GG – Wahl des BPräs; Art. 63 II 1 GG – Wahl des BKanzlers; Art. 79 II GG – Verfassungsänderung. Die **relative** Mehrheit (Grundsatz) meint nach der **h.M.** *Abstimmungsmehrheit*, d.h. die Mehrheit der am Abstimmungsvorgang teilnehmenden Abgeordneten, so dass Stimmenthaltungen und ungültige Stimmen unberücksichtigt bleiben; **Begründung: a)** „Mehrheit der abgegebenen Stimmen" nach Art. 42 II 1 GG; **b)** Umkehrschluss aus Sonderfall des § 45 III 4 GOBT; nach **a.A.** *Anwesenheitsmehrheit*, d.h. die Mehrheit der während der Entscheidung anwesenden Personen, im Ergebnis also Mehrheit der Ja-stimmenden Abgeordneten, so dass Enthaltungen negativ zählen. **Begründung:** § 45 III 4 GO BT.

3. „Unverzügliche" Weiterleitung an BRat (Art. 77 I 2 GG)

42 Nach der Beschlussfassung ist der Gesetzesentwurf unverzüglich an den Bundesrat weiterzuleiten. „Unverzüglich" ist im Sinne des § 121 BGB als Handeln ohne schuldhaftes Zögern zu verstehen.

(P) Welche Rechtsfolge resultiert aus einer verzögerten Weiterleitung des Gesetzes?

e.A.: Hieraus resultiert die Verfassungswidrigkeit des Gesetzes, da ein Verstoß gegen zwingende Verfahrensvorschriften vorliegt (Wortlaut: „*sind* … zuzuleiten").

a.A.: In der verzögerten Weiterleitung liegt lediglich ein Verstoß gegen eine bloße Ordnungsvorschrift. **Begründung:** Die Vorschrift soll allein eine zeitliche Verzögerung des Gesetzgebungsverfahrens verhindern, während die grundsätzliche Beteiligung des Bundesrates unberührt bleibt (→ Klausurhinweis Nr. 2).

4. Beteiligung des Bundesrates (Art. 77 II, III GG)

Die Beteiligung des Bundesrates ist maßgeblich davon abhängig, ob der eingebrachte Gesetzesentwurf zustimmungsbedürftig ist oder nur dem Einspruch des Bundesrates unterliegt. Dementsprechend kommen Bundesgesetze nach Art. 78 GG wie folgt zustande: **43**

Im Falle eines **Zustimmungsgesetzes** durch Zustimmung des Bundesrates nach Art. 78 Var. 1 GG. Im Falle eines **Einspruchsgesetzes**, sofern kein Antrag auf Einberufung des Vermittlungsausschusses innerhalb der Frist des Art. 77 II GG gestellt wird (Art. 78 Var. 2 GG), nach Durchführung des Vermittlungsausschussverfahrens nicht innerhalb der Frist des Art. 77 III GG ausdrücklich Einspruch erhoben wird (Art. 78 Var. 3, Var. 4 GG), (nach Einspruchserhebung) durch Zurückweisung des Einspruchs (Art. 78 Var. 5 GG, Art. 77 IV GG).

a) Einspruchsgesetz

Nach der gesetzlichen Systematik sind Gesetze *grundsätzlich* Einspruchsgesetze (d.h. Gesetze, die ohne Zustimmung des Bundesrates zustande kommen). *Ausnahmsweise*, wenn das Grundgesetz dies ausdrücklich anordnet, sind Gesetze Zustimmungsgesetze (d.h. solche, die einen Zustimmungsakt des Bundesrates erfordern). Hierzu Näheres unter Rn. 46 ff. **44**

Ein Einspruch des Bundesrates setzt die Anrufung des **Vermittlungsausschusses** voraus (s. Art. 77 II GG). Überblicksartig zu Vermittlungsausschuss und Vermittlungsverfahren *Möllers*, Jura 2010, 401 ff.

Exkurs: Der Vermittlungsausschuss setzt sich hälftig aus Mitgliedern des Bundesrats und hälftig aus Mitgliedern des Bundestags zusammen (jeweils 16 Mitglieder; Zusammensetzung und Verfahren des Ausschusses sind gem. Art. 77 II 2 GG in der GO VermA geregelt). Der Bundesrat besetzt die ihm zustehenden Sitze unabhängig vom unterschiedlichen Stimmgewicht der Länder mit je einem Vertreter jedes Landes. Der BT bleibt hingegen an den „Grundsatz der Spiegelbildlichkeit“ gebunden. Die Besetzung der ihm zustehenden Sitze muss das Stärkeverhältnis der Fraktionen im BT widerspiegeln; vgl. BVerfGE 11, 118 ff.; hierzu *Burghart*, DÖV 2005, 815 ff. Der Grundsatz der Spiegelbildlichkeit gilt jedoch – aus Überlegungen der Effizienz der Gesetzgebung – nicht für Arbeitsgruppen eines Vermittlungsausschusses (BVerfG, NVwZ 2015, 1751 [1754]; hierzu *Putzer*, DÖV 2016, 168 ff.).

Der Vermittlungsausschuss ist nicht mit dem Gemeinsamen Ausschuss (Art. 53a GG) zu verwechseln!

Aufgabe des Vermittlungsausschusses ist es, eine Beschlussempfehlung für das weitere Gesetzgebungsverfahren zu erarbeiten. Dabei muss sich der Vermittlungsausschuss jedoch innerhalb des Inhalts des Anrufungsbegehrens bewegen. Der Ausschuss darf nicht von sich aus auf Sachverhalte eingehen, die keinen unmittelbaren inneren Bezug zum Anrufungsthema haben. Andernfalls würde er sich ein Gesetzesinitiativrecht anmaßen, das ihm nicht zusteht; zur Problematik BVerfGE 101, 297 [306 ff.]; 120, 56 [73 ff.]; 125, 104 ff.

45 Im Einzelnen kann unklar sein, ob es sich bei einem Gesetz um ein Zustimmungs- oder Einspruchsgesetz handelt.

(P) Kann dann eine Zustimmungsverweigerung als Einspruch (resp. Antrag auf Einleitung des Vermittlungsausschussverfahrens) umgedeutet werden?

Nach **e.A.** kann der Beschluss über eine Zustimmungsverweigerung als Einspruch gedeutet werden.

Nach **h.M.** ist eine solche Umdeutung hingegen mit dem Grundsatz der Formstrenge, dem der Bundesrat gem. § 30 I GO BRat unterliegt, unvereinbar. Eine Umdeutung scheidet daher aus.

✍ In der (Klausur-)Praxis wird dieses Problem jedoch selten relevant, da zumeist (hilfsweise) auch Einspruch eingelegt wird.

b) Zustimmungsgesetz

46 Hingegen ist zum Wirksamwerden eines Zustimmungsgesetzes die explizite Zustimmung des Bundesrates erforderlich. Zustimmungspflichtige Gesetze sind im Grundgesetz enumerativ aufgezählt. Insbesondere sind folgende Zustimmungstatbestände zu nennen: Art. 23 I 2 GG (Übertragung von Hoheitsgewalt); Art. 29 VII GG (Gebietsänderungen); Art. 72 III 2 GG, Art. 73 I Nr. 9a, II GG; Art. 74 I Nr. 25, 27, II GG; Art. 79 II GG (verfassungsändernde Gesetze); Art. 84 I 5, 6 GG (Regelung des Verwaltungsverfahrens); Art. 85 I 1 GG (Übertragung von Verwaltungskompetenzen), Art. 104a IV GG.

Nur die klausurrelevantesten erfahren im Folgenden eine nähere Betrachtung:

aa) Art. 84 I 6 GG

47 Art. 84 I 6 GG kommt zur Anwendung, wenn (a) Bundesgesetze durch die Länder als eigene Angelegenheiten ausgeführt werden (hierzu unter Kap. 4 Rn. 4 ff.) und ein Bundesgesetz (b) eine „Regelung des Verwaltungsverfahrens“ (d.h. gesetzliche Bestimmung über das *Wie* des Gesetzesvollzugs) (c) ohne Abweichungsrecht der Länder vorsieht.

Art. 84 I GG wurde durch die Föderalismusreform erheblich „entschärft“. Zuvor waren alle Gesetze zustimmungspflichtig, welche die Einrichtung der Behörden und das Verwaltungsverfahren der Länder regelten.

Die Vorschrift des Art. 84 I GG verleiht dem Bund das Recht, die Einrichtung der Behörden und das Verwaltungsverfahren der Länder zu regeln. Da dies aber aufgrund der Staatsqualität der Länder eigentlich Ländersache ist, führen entsprechende Bundesregelungen zu einem Übergriff des Bundes in die Organisationshoheit der Länder. Dieser Übergriff wurde in der Vergangenheit durch das Zustimmungserfordernis bei der Gesetzgebung ausgeglichen. Da hierdurch die Zahl der zustimmungsbedürftigen Gesetze zunehmend anstieg, wurde im Rahmen der Föderalismusreform Art. 84 I GG grundlegend geändert.

Nach jetzt geltender Regelung kann der Bund die Behördeneinrichtung und das Verwaltungsverfahren der Länder regeln, ohne dass die Zustimmung des Bundsrats erforderlich wäre. Als Ausgleich für die weggefallene Zustimmungsbedürftigkeit können die Länder hiervon abweichende Regelungen treffen. Nur soweit dieses Abweichungsrecht ausgeschlossen ist, tritt die Zustimmungspflichtigkeit des Gesetzes wieder in Kraft (Art. 84 I 5, 6 GG).

bb) Art. 85 I 1 GG

Art. 85 I 1 GG kommt zur Anwendung, wenn (a) Bundesgesetze in **48** Bundesauftragsverwaltung ausgeführt werden (hierzu unter Kap. 4 Rn. 8 ff.) und ein Bundesgesetz (b) eine „Einrichtung der Behörden“ (= Errichtung [d.h. Gründung] und Einrichtung [d.h. Ausgestaltung, innere Organisation, Aufgabenübertragung]) vorsieht.

Die Nichterwähnung des **Verwaltungsverfahrens** in Art. 85 I 1 GG wird als **Redaktionsversehen** gewertet, das im Wege eines Erst-recht-Schlusses mit Blick auf Art. 84 I GG und Art. 85 II GG teleologisch korrigiert wird: daher auch Bundeskompetenz zur Regelung des Verwaltungsverfahrens (tlw. mit anderer **Begründung:** ungeschriebene Bundeskompetenz). Andernfalls würde die Kompetenz des Bundes für die Regelung des Verwaltungsverfahrens im Rahmen der „bundesnäheren“ Bundesauftragsverwaltung weniger weit gehen als bei der Ausführung von Bundesgesetzen durch die Länder als eigene Angelegenheiten.

Str. ist allerdings, ob die Regelung des Verwaltungsverfahrens durch den Bundesgesetzgeber im Rahmen des Art. 85 I GG die Zustimmungspflichtigkeit des Gesetzes begründet (verneinend von Münch/Kunig/*Broß/Mayer*, Art. 85 Rn. 11; bejahend *Jarass/Pieroth*, Art. 85 GG Rn. 3). Erster Meinung hat sich nunmehr auch das BVerfG angeschlossen (BVerfGE 126, 77). **Begründung: a)** Wortlaut der Norm; **b)** Enumerationsprinzip der Zustimmungsgesetze – insbesondere vor dem Hintergrund, dass der verfassungsändernde Gesetzgeber bei der vergangenen Föderalismusreform die Gelegenheit zur Klarstellung nicht genutzt hat; **c)** Strukturelle Unterschiede zwischen den Vollzugstypen der Landeseigenverwaltung und der Auftragsverwaltung legt einen Gleichlauf von Art. 84 und Art. 85 in der Frage der Zustimmungsbedürftigkeit nicht nahe. Kritisch zur Urteilsbegründung Sachs/*Dittmann*, Art. 85 Rn. 11.

cc) Art. 104a IV GG

49 Nach Art. 104a IV GG besteht eine Zustimmungspflicht auch dann, wenn die Bundesgesetze als eigene Angelegenheiten oder nach Art. 104a III 2 GG im Auftrag des Bundes durchgeführt werden, sofern diese Bundesgesetze Pflichten der Länder zur Erbringung von **Geldleistungen** oder **geldwerten Sachleistungen** oder **vergleichbaren Dienstleistungen** gegenüber Dritten begründen und diese Ausgaben von den Ländern zu tragen sind. Betroffen sind hiervon insbesondere Gesetzesvorhaben im **Gesundheits-** oder **Sozialbereich**. Nicht erfasst werden von der Vorschrift reine Genehmigungen, Erlaubnisse oder sonstige Verwaltungsakte, die nur die Vereinbarkeit mit materiellen Vorschriften feststellen und keine darüber hinausgehenden Leistungen bestimmen.

Im Einzelfall ist dann folgende Konstellation denkbar: In einem Bundesgesetz, welches von den Ländern als eigene Angelegenheit auszuführen ist, bürdet der Bund den Ländern finanzielle Belastungen auf. Ein Bedürfnis für eine einheitliche Regelung des Verwaltungsverfahrens ist jedoch nicht nachzuweisen (in der Folge dürfte das Abweichungsrecht der Länder nicht ausgeschlossen sein).

(P) Haben nun die Länder trotz der erteilten Zustimmung das Recht, von den einheitlichen Bundesregelungen des Verwaltungsverfahrens abzuweichen?

Problematisch erscheint hier der vom BVerfG angenommene Grundsatz der „gesetzestechnischen Einheit“ (hierzu unten Rn. 50), nach welchem sich die Zustimmungspflicht auf das gesamte Gesetz und nicht lediglich auf die finanzwirksamen Regelungen des Gesetzes bezieht.

e.A.: Ein solches Recht besteht nicht (*Rühlicke*, Jura 2006, 234 [236]). **Begründung:** Die Abweichungskompetenz ist als Kompensation für die geringere Beteiligung der Länder gedacht. Eine solche Kompensation ist aufgrund der durch Art. 104a IV GG begründeten Zustimmungspflichtigkeit nicht erforderlich.

a.A.: Ein Abweichungsrecht der Länder besteht weiterhin (*Thiele*, JA 2006, 714 [719]). **Begründung:** Die Abweichungskompetenz der Länder ist an das Bedürfnis bundeseinheitlicher Regelung gebunden. Mangels einer solchen kann der Bund das Abweichungsverbot auch nicht im Gesetz verankern.

dd) Umfang der Zustimmung

Fraglich ist, wieweit der **Umfang** der Zustimmung reichen muss. Nach **früher h.M.** (BVerfGE 8, 274 [294 f.]; zuletzt offen BVerfGE 105, 313 [339]) erstreckt sich die Zustimmung auf das Gesetz als Ganzes (**Grundsatz der gesetzestechnischen Einheit**; vgl. Art. 78, 84 I, 85 I GG). Dem ließe sich bereits der gesetzliche Wortlaut des Art. 84 I GG a.F. entgegenhalten. Die Verfassungsänderung im Rahmen der Föderalismusreform 2006 hat zugleich die Zielrichtung deutlich gemacht, einer übermäßigen Ausweitung des Zustimmungsrechts entgegenzuwirken. Daher stößt **jene Meinung** zunehmend auf Bestätigung, die davon ausgeht, dass die Zustimmung nur mit Blick auf diejenigen Vorschriften des Gesetzes verweigert werden kann, die den Grund der Zustimmungsbedürftigkeit darstellen. (in diesem Sinne *Maurer*, StaatsR I, § 17 Rn. 73; *ders.*, JuS 2010, 945 [948]). 50

Mit den Änderungen durch die Föderalismusreform (und insbesondere der Begrenzung des Art. 84 I 6 GG) wurde der praktische Anwendungsbereich des Streits deutlich reduziert.

ee) Änderung von zustimmungspflichtigen Gesetzen

(P) Zustimmungsbedürftigkeit von Änderungsgesetzen zu Zustimmungsgesetzen? 51

Nach **h.M. und BVerfG** sind Änderungsgesetze zu Zustimmungsgesetzen nur dann zustimmungspflichtig, wenn

(1) das Änderungsgesetz **selbst zustimmungsbedürftige Teile** enthält,

(2) wenn es Vorschriften ändert, die die **Zustimmungsbedürftigkeit** des zu ändernden Gesetzes **ausgelöst** haben, oder

(3) wenn die Änderung dazu führt, dass die zustimmungsbedürftigen Vorschriften eine **wesentlich andere Bedeutung** und

Tragweite erhalten („**Systemverschiebung**" des ursprünglichen Gesetzes) (so vor allem BVerfG; tlw. a.A. in Lit.).

Begründung: Im Fall (1) und (2) ergibt sich die Zustimmungsbedürftigkeit unmittelbar aus dem Änderungstatbestand, nicht aus der Zustimmungsbedürftigkeit der Ausgangsnorm. Trotz Zugrundelegung des Grundsatzes der gesetzestechnischen Einheit (vgl. unter Rn. 50) lehnt die h.M. im Übrigen die Zustimmungsbedürftigkeit der Änderung eines ursprünglich zustimmungsbedürftigen Gesetzes in seinen nicht zustimmungsbedürftigen Teilen ab. Einzige Ausnahme stellt (3) dar. Hierdurch soll eine nachträgliche Sinnveränderung des ursprünglich mit Zustimmung des Bundesrats ergangenen Gesetzes verhindert werden.

Nach **a.A.** ist die Änderung eines ursprünglich zustimmungsbedürftigen Gesetzes auch in seinen nicht zustimmungsbedürftigen Teilen zustimmungsbedürftig. **Begründung: a)** Der Bundesrat hat für das gesamte Ursprungsgesetz Mitverantwortung übernommen. **b)** Actus-Contrarius-Theorie: Ein Zustimmungsgesetz kann nur durch ein Zustimmungsgesetz geändert werden.

ff) Wirksame Zustimmung

52 Nach Art. 78 Alt. 1 GG kommt ein sog. Zustimmungsgesetz nur zustande, wenn der Bundesrat zustimmt. Die Abgesandten der Länder im Bundesrat sind weisungsgebunden (hierzu → Kap. 5 Rn. 26). Hierdurch soll insbesondere ein einheitliches Abstimmungsverhalten der einzelnen Länder sichergestellt werden.

Allerdings gelten die Weisungen der Landesregierung nur im Innenverhältnis (d.h. in dem Verhältnis zwischen Landesregierung und ihren Mitgliedern im Bundesrat). Auch eine weisungswidrige Abstimmung ist daher gültig.

53 Gemäß Art. 51 III 2 GG können die Stimmen eines Landes im Bundesrat nur einheitlich abgegeben werden. Nach ganz h.M. resultiert aus einer uneinheitlichen Stimmabgabe deren Unwirksamkeit. Da der Bundesrat gemäß Art. 52 III 1 GG seine Beschlüsse stets mit mindestens der Mehrheit seiner Mitglieder fasst, wirken sich ungültige Stimmen wie Nein-Stimmen aus. Fraglich ist jedoch, wann im Einzelfall eine uneinheitliche Stimmabgabe vorliegt.

(P) Kann eine einheitliche Stimmabgabe der Bundesratsmitglieder eines Bundeslandes durch Nachfrage des Bundesratspräsidenten noch nachträglich hergestellt werden? Vgl. hierzu die Falllösung.

📖 *Becker*, NVwZ 2002, 569 ff.; *Kramer*, JuS 2003, 645 ff.; *Odendahl*, JuS 2002, 1049 ff.; *Palme*, Jura 2003, 272 ff. *Pünder*, Jura 2003, 622 ff.; *Schenke*, NJW 2002, 1318 ff.

Fall 5 (nach BVerfGE 106, 310 ff.): Am 01.10.2006 wird vom Bundestag das zustimmungspflichtige Gesetz zur Steuerung und Begrenzung der Zuwanderung und der Integration von Unionsbürgern und Ausländern (Zuwanderungsgesetz) vom 10.11.2006 (BGBl. I, S. 1946) verabschiedet. Über die materiell-rechtlichen Regelungen des Gesetzes herrscht parteipolitischer Streit. Während die Regierungsfraktionen den Inhalt des Gesetzes unterstützen, wird dieses von der Opposition abgelehnt. Daher ist für den weiteren Verlauf des Gesetzgebungsverfahrens die Abstimmung im Bundesrat entscheidend, bei der es vor allem auf das Stimmverhalten des Landes Brandenburg ankommt. Der Verlauf der Bundesratssitzung am 20.11.2006, in welcher über die Zustimmung zum Zuwanderungsgesetz durch Aufruf der Länder abgestimmt wird, gestaltet sich wie folgt:

Für Brandenburg antwortet Sozialminister Ziel (SPD) mit „Ja", dann Innenminister Schönbohm (CDU) mit „Nein". Darauf „stellt" der Regierende Bürgermeister von Berlin Wowereit als amtierender Bundesratspräsident „fest", dass „das Land Brandenburg nicht einheitlich abgestimmt" habe. Nach Verweis auf Art. 51 III 2 GG richtet er nunmehr an den Ministerpräsidenten Stolpe die Frage, „wie das Land Brandenburg abstimmt". Dieser antwortet: „Als Ministerpräsident des Landes Brandenburg erkläre ich hiermit JA." Daraufhin Innenminister Schönbohm: „Sie kennen meine Auffassung, Herr Präsident". Als Ergebnis der Diskussion stellt der Bundesratspräsident Wowereit fest, „dass das Land Brandenburg mit JA abgestimmt hat". Infolge zahlreicher Zwischenrufe („Verfassungsbruch") befragt er nochmals den Ministerpräsidenten, ob das Land weiteren Klärungsbedarf habe, woraufhin dieser seine Aussage wiederholt. Nach Wowereit ist damit das Abstimmungsergebnis festgestellt. Er lässt in der Abstimmung fortfahren und stellt nach den erwartungsgemäß ausfallenden weiteren Stimmabgaben fest, dass der Bundesrat dem Gesetz zugestimmt habe. Wurde die Zustimmung des Bundesrates ordnungsgemäß erteilt?

Lösung: Gemäß Art. 52 III 1 GG fasst der Bundesrat seine Beschlüsse mit mindestens der Mehrheit seiner Stimmen. An dieser Mehrheit fehlt es bei der Abstimmung über das Zuwanderungsgesetz, wenn die Stimmabgabe des Landes Brandenburg nicht als Zustimmung zu werten ist. Dagegen könnte Art. 51 III 2 GG sprechen, wonach die Stimmen eines Landes nur einheitlich abgegeben werden dürfen. Indem Ziel mit „Ja" und Schönbohm mit „Nein" gestimmt hatten, lag eine uneinheitliche Abstimmung vor. Fraglich ist, ob die uneinheitliche Stimmabgabe des Landes Brandenburg durch den Ministerpräsidenten Stolpe korrigiert und in ein einheitliches zustimmendes Votum umgewandelt wurde. Dies kann nur der Fall sein, wenn der Bundesratspräsident zulässigerweise noch einmal nachgefragt hat. Die Wiederholung der Befragung durch den Bundesratspräsidenten erfordert nach Auffassung des BVerfG eine besondere Rechtfertigung. Der Bundesratspräsident hat „als unparteiischer Sitzungsleiter (die Aufgabe), den Willen des Bundesrats im Gesetzgebungsverfahren klar festzustellen." Erforderlich für die Rückfrage ist grundsätzlich eine Unklarheit, welche hier nicht vorgelegen hat. Hier hingegen war der Wille der Landesvertreter (zur uneinheitlichen Stimmabgabe) eindeutig erkennbar. Die Nachfrage wäre allerdings auch zulässig, wenn die uneinheitlichen Stimmen nicht wirksam geworden wären. Nach **e.A.** (Sondervotum des BVerfG) sind die Stimmen Brandenburgs im ersten Durchgang wegen ihrer Uneinheitlichkeit „im Rechtssinne gar nicht abgegeben" worden. Zur Begründung wird auf den Wortlaut des Art. 51 III 2 GG verwiesen, der von „können", nicht von „dürfen" spricht sowie die systematische Stellung des Art. 51 III 2 GG, der in einer Reihe mit dem Erfordernis der Anwesenheit der abstimmenden Bundesratsmitglieder steht. **Allerdings** verwischt diese Auffassung die Grenze zwischen Tatbestand und Rechtsfolge. Mit der Antwort auf die Abstimmungsfrage ist der Tatbestand der Stimmabgabe erfüllt. Die Einheitlichkeit der Stimmabgabe ist allein entscheidend für die Rechtsfolge (nämlich keine Berücksichtigungsfähigkeit). Eine Ausnahme vom „Nachfrageverbot" wäre außerdem denkbar, wenn der Ministerpräsident sich über die Stimmabgabe der anderen Landesvertreter hinwegsetzen darf. Zwar kommt ihm nach der Landesverfassung regelmäßig eine Richtlinienkompetenz zu (vgl. Art. 65 S. 1 GG; für Bbg Art. 89 S. 1 LVerf). Dies ist jedoch im Rahmen des Art. 51 III 2 GG unerheblich. Die uneinheitliche Stimmabgabe stellt auch keinen Verfassungsverstoß dar, dem der Ministerpräsident entgegenwirken müsste.

Nach Auffassung des **Sondervotums** des BVerfG ergibt sich hingegen das Recht zur Korrektur aus „anerkannten und verfassungsrechtlich fundierten geschäftsordnungsrechtlichen Grundsätzen". Der Sitzungsleiter müsse die berechtigten Verfahrensanliegen der Sitzungsteilnehmer erkennen und berücksichtigen. § 32 I GO BRat sei nicht anzuwenden. Von der Abstimmung iSd Vorschrift sei die Stimmabgabe eines einzelnen Landes im Rahmen einer Abstimmung zu unterscheiden. Hierin liegt vielmehr eine „unechte Wiederholung".

Eine Korrekturbefugnis wird hingegen vom BVerfG verneint. Ein Nachfragerecht des Bundesratspräsidenten bestand daher nicht. Aber selbst wenn man dieses bejahen würde, hätte er als neutraler Sitzungspräsident die Nachfrage an alle anwesenden stimmberechtigten Landesvertreter richten müssen, da der Ministerpräsident gerade kein „Stimmführer" ist. Hierfür spricht § 29 I 2 GO BRat, wonach durch „Aufruf der Länder", nicht durch Aufruf von Personen abgestimmt wird.

Schließlich ist selbst nach der (verfassungswidrigen) Nachfrage keine Korrektur des Ergebnisses durch einheitliche Abstimmung festzustellen. Auf Grund des Zwischenrufs von Schönbohm besteht zumindest die Vermutung, dass dieser an seinem abweichenden Abstimmungsverhalten festhält. Dies wäre durch eine direkte Nachfrage des Bundesratspräsidenten zu klären; vgl. hierzu § 30 I 1 GO BRat, wonach Abstimmungsfragen so zu fassen sind, dass sich das Ergebnis aus der Abstimmung „zweifelsfrei" ergibt.

Ergebnis: Das Land Brandenburg hat mit der uneinheitlichen Stimmabgabe gegen Art. 51 III 2 GG verstoßen. Die Stimmen dieses Landes können nicht mitgezählt werden. Das Abstimmungsergebnis im Bundesrat findet keine Mehrheit für das Zuwanderungsgesetz.

III. Abschlussverfahren (Art. 82 GG)

Das Gesetzgebungsverfahren wird durch die Ausfertigung des Ge- **54**
setzes durch den Bundespräsidenten (zur Problematik des Prüfungsrechts des BPräs vgl. → Kap. 5 Rn. 32) und dessen Verkündung im Bundesgesetzblatt abgeschlossen.

Klausurhinweis Nr. 3: Prüfungsaufbau ✍

1. Zuständigkeit (Verbandskompetenz; Organkompetenz; Verfügbarkeit der Handlungsform)
2. Beachtung der Verfahrens- und Formvorschriften
3. Beachtung der materiellen Vorgaben (Grundrechte, Staatszielbestimmungen, sonstige Vorgaben)

E. Inhaltliche Vorgaben

55 Die inhaltlichen Vorgaben, an denen ein Gesetz zu messen ist, sind Legion. Im Folgenden seien daher nur einige besonders klausurrelevante Bereiche herausgegriffen. Vom Sonderfall des verfassungsändernden Gesetzes (→ Rn. 56) abgesehen handelt es sich hierbei um die Vereinbarkeit einfachen Gesetzesrechts mit den Grundrechten (→ Rn. 57 f.) sowie dem Demokratie- (→ Rn. 59 ff.), Rechtsstaats- (→ Rn. 62 ff.), Sozialstaats- (→ Rn. 71) und dem Bundesstaatsprinzip (→ Rn. 72 ff.).

I. Spezialfall: Verfassungsändernde Gesetze (Art. 79 III GG)

56 Inhaltlich sind die verfassungsändernden Gesetze an Art. 79 III GG gebunden. Verfassungsändernde Gesetze können nach den Vorgaben des Art. 79 I 1 GG nur solche sein, die den Text der Verfassung explizit ändern (im Gegensatz hierzu konnte die WRV auch durch der Form nach einfache Gesetze ihrem Inhalt nach verändert werden).

Von der Ewigkeitsgarantie nach Art. 79 III GG umfasst sind
- die **„Gliederung des Bundes in Länder"** (d.h. die föderale Struktur der BRD, **nicht**: die Existenz einzelner Länder! Vgl. Art. 29 GG),
- die **„grundsätzliche Mitwirkung der Länder bei der Gesetzgebung"** und
- **„die in den Art. 1 und 20 niedergelegten Grundsätze".** Hierunter fällt allerdings nach ganz h.M. nicht das Widerstandsrecht nach Art. 20 IV GG, da diese Vorschrift erst nachträglich durch den verfassungsändernden Gesetzgeber eingefügt wurde.

Die in den Art. 2 ff. GG festgelegten Grundsätze sind von der Ewigkeitsgarantie nur mit ihrem Menschenwürdegehalt erfasst.

Nach **ganz h.M.** ist auch eine Verfassungsänderung des Art. 79 III GG ausgeschlossen. **Begründung:** Andernfalls wäre die Ewigkeitsklausel „wertlos", da erst diese geändert und in einem zweiten Schritt dann jede Vorgabe der Verfassung geändert werden könnte.

II. Vereinbarkeit mit den Grundrechten

🕮 *Winkler*, Grundrechte in der Fallprüfung, 2010.

57 **Prüfungsschema 4a: Grundrechte (Freiheitsrechte):**

I. Schutzbereich

1. Persönlicher Schutzbereich

2. Sachlicher Schutzbereich

II. Eingriff

III. Verfassungsrechtliche Rechtfertigung

1. Einschränkbarkeit des Grundrechts
2. Verfassungsmäßige Konkretisierung durch Gesetz
   a) Formelle Verfassungsmäßigkeit (s. auch Art. 19 I 2 GG)
   b) Materielle Verfassungsmäßigkeit
      aa) bei qualifiziertem Schrankenvorbehalt: Vereinbarkeit des Gesetzes mit Vorgaben des Grundrechts
      bb) Vereinbarkeit mit sonstigem Verfassungsrecht
         (1) Rückwirkungsverbot
         (2) Bestimmtheitsgrundsatz
         (3) Verbot des einschränkenden Einzelfallgesetzes (Art. 19 I 1 GG)
         (4) Wesensgehaltsgarantie (Art. 19 II GG)
         (5) Spezielle Schranken-Schranken
         (6) Ggf. sonstige Verstöße gegen materielles Verfassungsrecht
         (7) Verhältnismäßigkeitsgrundsatz (Legitimes Ziel, Geeignetheit, Erforderlichkeit, Angemessenheit)
3. (Ggf.) Übereinstimmung von Schranke und konkretisierender Einzelmaßnahme
   a) Vereinbarkeit der Maßnahme mit den gesetzlichen Vorgaben
   b) Keine Ermessensfehler (insbes. Verhältnismäßigkeit der Einzelmaßnahme)

Prüfungsschema 4b: Grundrechte (Gleichheitsrechte): 58

I. Ungleichbehandlung von wesentlich Gleichem

II. Keine verfassungsrechtliche Rechtfertigung

III. Demokratieprinzip

📖 *Pieroth*, JuS 2010, 473 ff.; *Fallbeispiel: Grosche*, JuS 2016, 239 ff.

Daneben kommt insbesondere ein Verstoß gegen Staatsstrukturprinzipien (unter III.–VI.) in Betracht. Die Staatsstrukturprinzipien erweisen sich bei näherer Betrachtung als vielschichtig und schwer fassbar. 59

Um sie in eine Falllösung zu integrieren, bietet es sich daher – wie im Folgenden geschehen – an, diese auf ihre wesentlichen Elemente hin zu untersuchen und am Einzelfall zu konkretisieren (hierzu auch mit Formulierungsbeispielen *Kees*, JA 2008, 795 ff.).

Wesentliche **Elemente des Demokratieprinzips** nach dem Grundgesetz sind:

- **Prinzip der Volkssouveränität**
  Beispiel: Wahlrechtsgrundsätze (→ Kap. 6 Rn. 7)
  Beispiel: Demokratische Legitimation (→ Rn. 60)
- **Prinzip der repräsentativen Demokratie** (→ Kap. 6 Rn. 3)
- **Prinzip der Periodizität,**
  Beispiel: Grundsatz der Diskontinuität (→ Kap. 2 Rn. 32)
- **Prinzip der politischen Pluralität**
  Beispiel: Mehrparteienprinzip; Chancengleichheit der Parteien
  Beispiel: innerparteiliche Demokratie (Art. 21 I 3 GG)
  Beispiel: Oppositionsrechte
  Beispiel: Gesellschaftlicher Pluralismus (Art. 5 I GG, Art. 8 I GG)
- **Mehrheitsprinzip und Minderheitenschutz** (→ Rn. 61).

1. Insbesondere: Demokratische Legitimation

📖 *Voßkuhle/Kaiser*, JuS 2009, 803 ff.; *Zacharias*, Jura 2001, 446 ff.

60 Die **Ausübung von Staatsgewalt** (= nach BVerfG jedenfalls jedes amtliche Handeln mit Entscheidungscharakter) ist demokratisch legitimiert, wenn sich die Bestellung der Amtsträger auf das *Staatsvolk* zurückführen lässt *(personell-organisatorische Legitimation)* und das Handeln der Amtsträger selbst eine *ausreichend sachlich-inhaltliche Legitimation* (d.h. Bindung an das vom Parlament beschlossene Gesetz und grundsätzliche Weisungsgebundenheit der Verwaltung gegenüber der Regierung sowie deren Verantwortlichkeit ggü. dem Parlament) erfährt.

Gedanklich fußt dieses Legitimationsmodell auf der hierarchisch strukturierten Ministerialverwaltung: Gemäß Art. 38 I 1 GG wählt das Volk den Bundestag; gemäß Art. 77 I GG beschließt dieser die Gesetze und wählt gemäß Art. 63 I GG den Bundeskanzler. Auf dessen Vorschlag werden gemäß Art. 64 I GG die Minister ernannt; diese führen nach Art. 65 S. 2 GG ihren jeweiligen Geschäftsbereich selbständig. Diesen Ministerien sind i.d.R. mehrere Behörden hierarchisch nachgeordnet.

Gefordert wird ein **bestimmtes Legitimationsniveau**; d.h. personell-organisatorische und sachlich-inhaltliche Legitimation stehen in einem wechselbezüglichen Verhältnis, welches ermöglicht eine verminderte Legitimation des einen Stranges durch eine stärkere Legitimation des anderen Stranges auszugleichen.

Beispiel: Parlamentsabgeordnete →Betonung der personell-organisatorischen Legitimation; funktionale Selbstverwaltungsträger (hierzu →Kap. 3 Rn. 4 ff. →Betonung der sachlich-inhaltlichen Legitimation; (P) Gremien unabhängiger Experten (zumeist nur Einbeziehung in Vorbereitungsprozess); (P) Mitbestimmung im öffentlichen Dienst?; (P) Kollegialorgane, deren Mitglieder tlw. von gesellschaftlichen Gruppen (bspw. Gewerkschaften, Kirchen) berufen werden

2. Insbesondere: Mehrheitsprinzip und Minderheitenschutz

Die Staatsform der Demokratie beruht auf dem Grundsatz des **61**
Mehrheitsprinzips. Spiegelbildlich hierzu sind die Rechte der oppositionellen Minderheit zu schützen (dazu im Folgenden). Insbesondere in einer Großen Koalition entsteht hierdurch eine politische und verfassungsrechtliche Spannungslage, die von *Leisner*, DÖV 2014, 880 ff. näher beleuchtet wird.

Formen des Minderheitenschutzes im Grundgesetz sind:
- der Grundrechtsschutz,
- der verfassungsgerichtliche Schutz,
- das 2/3-Erfordernis bei Verfassungsänderungen,
- das Bundesstaatsprinzip,
- die (insbes. kommunale) Selbstverwaltung.

Darüber hinaus finden sich **Minderheitsquoren** in Art. 39 III 3 GG, Art. 42 I 2 GG, Art. 44 I 1 GG, Art. 45a II 2, Art. 76 I GG.
Sperrminoritäten finden sich in Art. 61 I 3 GG, 77 IV 2 GG, Art. 79 II GG, Art. 115a I 2 GG.

IV. Rechtsstaatsprinzip

📖 *Voßkuhle/Kaufhold*, JuS 2010, 116 ff.

Wesentliche **Elemente des Rechtsstaatsprinzips** nach dem **62**
Grundgesetz sind:

- **Gewaltenteilungsgrundsatz**
(Art. 20 II 2 GG); → Rn. 63
- **Grundsatz der Rechtsbindung der Staatsgewalt,**
insbes. Stufenbau der Rechtsordnung (→ Kap. 1 Rn. 5), Gesetzmäßigkeit der Verwaltung (→ Rn. 66)

- **Grundrechtsschutz**,
  auch prozessualer Natur (Art. 101 ff. GG)
- **Rechtssicherheit**,
  insbes. Vertrauensschutz, Bestimmtheitsgrundsatz
- **Verhältnismäßigkeitsgrundsatz**
  (insbes. zur GR-Prüfung → Rn. 57)
- **Justizgewährungsanspruch**
  (→ Art. 19 IV GG); hierzu *Schmidt-Aßmann*, NVwZ 1983, 1 ff.

1. Insbesondere: Gewaltenteilungsgrundsatz (Art. 20 II 2 GG)

📖 *Voßkuhle/Kaufhold*, JuS 2012, 314 ff.

63 Der Grundsatz der **Gewaltenteilung** verlangt, dass die Ausübung der Staatsgewalt nach bestimmten *Funktionen* (Gesetzgebung, Vollziehung und Rechtsprechung) aufgeteilt und jeweils besonderen, voneinander getrennten *Organen* bzw. Organgruppen und verschiedenen *Personen* zugewiesen wird.

Durch die Aufteilung der Ausübung von Staatsgewalt und ein gewisses Maß an gegenseitigen Verschränkungen soll ein machtbegrenzendes System der „checks und balances" entstehen. Zu beachten ist jedoch, dass der Gewaltenteilungsgrundsatz nicht auf die Teilung der Staatsgewalt, sondern auf die Teilung der **Ausübung** von Staatsgewalt ausgerichtet ist. Jedes andere Verständnis würde Art. 20 II 1 GG zuwiderlaufen, wonach die (ungeteilte) Staatsgewalt vom Volke ausgeht. Neben die funktionelle Gewaltenteilung, welche die drei klassischen Staatsfunktionen unterscheidet, muss auch eine organisatorische und personelle Gewaltenteilung treten. Demnach sind die drei Teilgewalten jeweils anderen Trägern zuzuweisen und auf besondere Organe zu verteilen, deren Ämter mit unterschiedlichen Personen zu besetzen sind (Inkompatibilitäten).

64 Neben der beschriebenen „klassischen" **horizontalen** Gewaltenteilung kennt das Grundgesetz auch eine **vertikale** Gewaltenteilung, die sich in der föderalen Aufteilung in Bund und Länder sowie Selbstverwaltungskörperschaften darstellt.

65 Die Gewaltenteilung wird im Grundgesetz nicht durchgängig eingehalten. **Durchbrechungen** ergeben sich im Hinblick auf die **horizontale** Gewaltenteilung etwa aus folgenden grundgesetzlichen Regelungen: **a)** Abhängigkeit des Bundeskanzlers vom Vertrauen des Parlaments (Art. 63, 67 GG); **b)** Identität von Regierung und parteipoliti-

scher Mehrheit des BT; **c)** Bundeskanzler und Bundesminister sind regelmäßig gleichzeitig Bundestagsmitglieder und gehören damit zugleich Exekutive und Legislative an; **d)** Rechtssetzungsbefugnisse der Exekutive (etwa nach Art. 80 I GG).

Im Hinblick auf die **vertikale** Gewaltenteilung zeigt sich dies, wenn man die verfassungsrechtlich zulässigen Möglichkeiten der Mischverwaltung in den Blick nimmt (vgl. hierzu → Kap. 3 Rn. 2).

2. Insbesondere: Grundsatz der Gesetzmäßigkeit der Verwaltung

🕮 *Detterbeck*, Jura 2002, 235 ff.; *Hölscheidt*, JA 2001, 409 ff.; *Voßkuhle*, JuS 2007, 118 f.

Der **Grundsatz der Gesetzmäßigkeit der Verwaltung** unterteilt **66** sich in die beiden Komponenten des Gesetzes*vorrangs* und des Gesetzes*vorbehalts.*

– Nach dem Grundsatz des **Gesetzesvorrangs** gehen formelle (d.h. vom Parlament beschlossene) Gesetze allen anderen staatlichen Maßnahmen (insbes. Exekutivakten, z.B. Verwaltungsakten) im Range vor (Ausfluss des Stufenbaus der Rechtsordnung; vgl. → Kap. 1 Rn. 5).
– Nach dem Grundsatz des **Gesetzesvorbehalts** darf die Verwaltung im konkreten Fall nur tätig werden, wenn sie durch Gesetz oder aufgrund eines Gesetzes dazu ermächtigt ist. D.h. kein eigenmächtiges, nur gesetzesgeleitetes Verhalten der Verwaltung (Handlungsauftrag des parlamentarischen Gesetzgebers = *demokratische* Komponente).

Während also nach dem Grundsatz des Gesetzes*vorrangs* eine Verwaltungsmaßnahme nur dann rechtswidrig ist, wenn sie gegen ein bestehendes Gesetz verstößt, ist sie nach dem Grundsatz des Gesetzes*vorbehalts* bereits dann rechtswidrig, wenn keine gesetzliche Regelung vorhanden ist, auf die sich die Maßnahme stützen könnte.

Der Grundsatz des Gesetzes*vorrangs* gilt uneingeschränkt! Str. ist dies **67** hinsichtlich des Umfangs des Grundsatzes des Gesetzes*vorbehalts.*

(P) Reichweite des Grundsatzes des Gesetzes*vorbehalts*?

e.A.: Jedes staatliche Handeln, gleichgültig ob es begünstigend oder belastend wirkt, bedarf einer gesetzlichen Grundlage (sog. **Lehre vom Totalvorbehalt**). **Begründung: a)** Stellung des Parlaments als oberstes Staatsorgan. **b)** Eingriff in bürgerliche Freiheiten kann auch in Vorenthaltung einer Leistung liegen. **Kritik: a)** Mangelnde Praktikabilität. **b)** Demokratische Legitimation auch der Verwaltung, die nach Art. 20 II 1 GG neben, nicht unter dem Parlament einen Teil der Staatsgewalt ausübt.

a.A.: Ein Eingriffsvorbehalt gilt nur, soweit Freiheit, Eigentum usw. betroffen sind. **Begründung:** „Kernbereich exekutiver Eigenverantwortung".

h.M. und **BVerfG:** Alle den Einzelnen tangierenden **wesentlichen** Regelungen und Entscheidungen bedürfen einer formalgesetzlichen Grundlage (sog. **Wesentlichkeitstheorie**; BVerfGE 49, 89 [124 ff.]).

Die **Wesentlichkeitstheorie** verbindet daher die obige Streitfrage (= Reichweite des Gesetzesvorbehalts) mit der weiteren – im Demokratieprinzip angesiedelten – Frage, wie weit der sog. **Parlamentsvorbehalt** reicht, welche Bestimmungen also vom unmittelbar demokratisch legitimierten Gesetzgeber vorgenommen werden müssen und welche hingegen an die Exekutive „delegiert" werden können, die möglicherweise auch in Form der Rechtsetzung (Rechtsverordnungen, Satzungen) tätig wird.

✍ Zu differenzieren sind in der Fallprüfung also zwei Fragen:

(1) Benötigt man für die fragliche Maßnahme eine gesetzliche Grundlage?

(2) Genügt die vorhandene gesetzliche Grundlage den Anforderungen des Wesentlichkeitsvorbehalts?

a) Notwendigkeit einer gesetzlichen Grundlage

Eine **Einschränkung** des Grundsatzes des Gesetzesvorbehalts nimmt das BVerfG (BVerfGE 105, 279 ff.; 105, 252 ff.) im Hinblick auf staatliche Warnungen vor. In diesem Sinne bereits die Rspr. des BVerwGE 82, 76 (80 f.) (transzendentale Meditation); 87, 37 (39 ff., 50) (glykolhaltiger Wein); hierzu *Degenhart*, StaatsR I, Rn. 289 ff., 324 ff.

Als ausreichende Grundlage staatlicher Leistungen und Subventionen gilt, dass im Haushaltsplan entsprechende Mittel mit einem entsprechenden, grob umrissenen Verwendungszweck veranschlagt sind und die Bewilligungsbehörde für die Mittelvergabe zuständig ist (BVerwGE 6, 282 [287]; 58, 45 [48]; 90, 112 [116]). Ausnahme: grundrechtssensible Bereiche (*Beispiel:* Pressesubventionen).

b) Anforderungen des Wesentlichkeitsvorbehalts

Wesentlich ist dabei jedenfalls, was für die Verwirklichung der Grundrechte von Bedeutung ist (BVerfGE 47, 46 [79]; 83, 130 [140]).

Daneben erkennt das BVerfG auch „sonst wesentliche Fragen" an. Dies kann bspw. folgende Fallkonstellationen betreffen:

– **Innerstaatliche Organisationsentscheidungen**. Vgl. das Beispiel bei VerfGHNW JZ 1999, 1109 ff. m. Anm. *Isensee*, JZ 1999, 113 ff.: Qua-

lifizierung der Zusammenlegung der Geschäftsbereiche eines herkömmlichen Innenministeriums und eines herkömmlichen Justizministeriums zu einem neuen Ministerium für Inneres und Justiz als „wesentlich".
- Politisch oder ethisch **kontrovers diskutierte Entscheidungen**, die durch eine Entscheidung des pluralistisch zusammengesetzten Parlaments besser und effektiver geregelt werden können als durch ein anderes Staatsorgan.

3. Insbesondere: Rechtssicherheit

🕮 Ausf. zum Rückwirkungsverbot *Grosche*, Der Staat 54 (2015), 309 ff.

Der Grundsatz der **Rechtssicherheit** bezeichnet (1) das Erfordernis, dass Rechtsnormen inhaltlich so klar und präzise gefasst sind, dass der betroffene Bürger erkennen kann, was von ihm gefordert ist (Bestimmtheit des Gesetzes) und (2) die Dauerhaftigkeit des Rechts (Grundsatz des Vertrauensschutzes). 68

Letzterer kann im Einzelnen mit dem Grundsatz der Gesetzmäßigkeit der Verwaltung (= **Rechtmäßigkeit**) in Konflikt treten, etwa bei der Rücknahme eines begünstigenden, aber rechtswidrigen Verwaltungsakts. Hier bietet § 48 VwVfG einen einfach-gesetzlichen Ausgleich der beiden Verfassungsvorgaben. Laut BVerfG fällt die Abwägung zwischen den beiden Komponenten der Rechtssicherheit in die Kompetenz des Gesetzgebers.

Weiterhin kann der Grundsatz des Vertrauensschutzes mit dem Gedanken materieller **Gerechtigkeit** in Konflikt treten, so bei der rückwirkenden Änderung von Gesetzen. 69

(P) Rückwirkungsverbot im Falle *belastender* Änderungen?

Der **1. Senat des BVerfG** unterscheidet zwischen echter und unechter Rückwirkung (exemplarisch BVerfGE 11, 139 [145 f.]; 101, 239 [262 ff.]; BVerfG, NVwZ 2016, 300 ff.).
- Eine **echte Rückwirkung** liegt danach vor, wenn die betreffende Rechtsnorm in abgewickelte, der Vergangenheit angehörende Tatbestände nachträglich ändernd eingreift, deren Rechtsfolgen vor der Verkündung des Gesetzes eingetreten sind.
  Rechtsfolge: Grundsätzliche Unzulässigkeit
  Ausnahmen: (1) Keine Bildung eines Vertrauenstatbestandes; (2) Mangelnde Schutzwürdigkeit des Vertrauens.

Fallgruppen: (a) Mit der Neuregelung war (etwa aufgrund der Vorläufigkeit einer Regelung) zu rechnen. (b) Die bisherige Regelung war besonders unklar und verworren. (c) Die bisherige Regelung ist verfassungswidrig. (d) Durch die Neuregelung wird max. unerheblicher Schaden verursacht. (e) Zwingende Gründe des Gemeinwohls gehen ausnahmsweise dem Vertrauensschutz vor.

– Eine **unechte Rückwirkung** liegt vor, wenn eine belastende Rechtsnorm auf gegenwärtige, noch nicht abgeschlossene Sachverhalte oder Rechtsbeziehungen für die Zukunft einwirkt.
  Rechtsfolge: Grundsätzliche Zulässigkeit
  Ausnahme: Unzulässigkeit, soweit der Betroffene mit dem Eingriff nicht zu rechnen braucht **und** bei der Abwägung zwischen der Schutzwürdigkeit des erlangten Besitzstandes und der Bedeutung des gesetzgeberischen Anliegens für das Wohl der Allgemeinheit das Vertrauen auf die bestehende Rechtslage Vorrang verdient.

Der **2. Senat des BVerfG** unterscheidet zwischen „tatbestandlicher Rückanknüpfung" und „Rückbewirkung" (exemplarisch BVerfGE 63, 343 [356]; BVerfGE 72, 200 [242]; 83, 89 [110]; 92, 277 [325]).

– Eine **Rückbewirkung von Rechtsfolgen** durch eine Norm liegt demnach vor, wenn der Beginn ihres zeitlichen Anwendungsbereichs auf einen Zeitpunkt festgelegt ist, der vor dem Zeitpunkt liegt, zu dem die Norm gültig geworden ist.
– Eine **tatbestandliche Rückanknüpfung** liegt vor, wenn das Gesetz den Eintritt seiner Rechtsfolgen von Gegebenheiten aus der Zeit vor seiner Verkündung abhängig macht.

✍ Die genannten Begriffspaare wählen unterschiedliche Anknüpfungspunkte (1. Senat: Tatbestand; 2. Senat: Rechtsfolge), unterscheiden sich jedoch in den sachlichen Unterscheidungskriterien kaum.

Für Normen des Strafrechts gilt die Spezialregelung des **Art. 103 II GG**, welche ein **absolutes Rückwirkungsverbot** ausspricht. In der Vergangenheit war problematisch, ob hierunter auch nachträgliche Anordnungen der Sicherungsverwahrung fallen. Abl. BVerfGE 109, 130 [171 f.]; 128, 326 ff.

70 Zweifel an der Vereinbarkeit gesetzlicher Regelungen mit dem **Bestimmtheitsgrundsatz** ergeben sich bei der Anwendung der Technik der Verweisung (ausf. hierzu *Debus*, Verweisungen, 2008). Dies ist die Bezugnahme einer Norm (Verweisungsnorm) auf einen anderen Inhalt (Verweisungsobjekt); zumeist wird es sich dabei um eine andere Norm handeln. Unproblematisch sind insoweit **statische Verweisungen**, die auf eine bestimmte Gesetzesfassung zielen. Hier hätte der Gesetzgeber auch gleichermaßen den Gesetzestext abschreiben können. Hingegen verweisen **dynamische Verweisungen** auf die jeweils aktuelle Fassung einer anderen Vorschrift. Diese Technik weist Friktionen mit dem Rechtsstaats- und Demokratieprinzip auf, weil sich der Gesetzesinhalt ohne Tätigwerden des Gesetzgebers verändert.

Bekannter Beispielsfall einer dynamischen Verweisung ist § 62 BGB, der auf die jeweils geltende Fassung der Vorschriften des BGB verweist. Legitimatorische Defizite, die auch insoweit vorfindlich sind, werden durch den Einwand entkräftet, dass sich die dynamische Verweisung nicht als unbedingte darstellt, sondern die Regeln des BGB ggf. nur modifiziert zur Anwendung kommen (so BeckOK-VwVfG/*Kämmerer*, § 62 Rn. 15.1.

V. Sozialstaatsprinzip

🕮 *Wischmeyer/Voßkuhle*, Grundwissen – Öffentliches Recht: Das Sozialstaatsprinzip, JuS 2015, 693 ff.

Wesentliche **Elemente des Sozialstaatsprinzips** nach dem Grundgesetz sind: 71

- **Soziale Sicherheit**, z.B. Anspruch auf Gewährleistung eines Existenzminimums aus Art. 1 I GG iVm Sozialstaatsprinzip. Gegenwärtig wird das Existenzminimum im Wesentlichen durch das SGB II und das SGB XII garantiert.
- **Soziale Gerechtigkeit** (Sozialstaatsprinzip iVm Art. 3 I GG)
- **Soziale Freiheit**

VI. Bundesstaatsprinzip

🕮 *Kaufhold/Voßkuhle*, Grundwissen – Öffentliches Recht: Das Bundesstaatsprinzip, JuS 2015, 693 ff.

Bei einem **Bundesstaat** handelt es sich um einen Zusammenschluss von Gliedstaaten zu einem Gesamtstaat, wobei sowohl der Gesamtstaat als auch die Gliedstaaten Staatsqualität besitzen. 72

⇔ **Einheitsstaat**, dessen Untergliederungen bloße Verwaltungsbezirke oder Selbstverwaltungskörperschaften darstellen.

⇔ **Staatenbund** = Zusammenschluss mehrerer Staaten, der seinerseits jedoch keine Staatsqualität erreicht.

⇔ **Sonderfall Europäische Union:**

Die EU stellt nach der Klassifikation des BVerfG einen **Staatenverbund** dar (BVerfGE 89, 155 [188]). Damit soll zum Ausdruck gebracht werden, dass sie zwar keine eigene Staatsqualität besitzt (und deshalb keinen Bundesstaat darstellt), aber wegen der ihr eingeräumten Hoheitsrechte mehr ist als ein bloßer Staatenbund.

Wesentliche **Elemente des Bundesstaatsprinzips** nach dem Grundgesetz sind:

- **Staatlichkeit von Bund und Ländern** (zur Frage, ob die in Art. 109 II GG eingeführte Schuldenbremse für die Länder deren Staatlichkeit verletzt, *Fassbender*, NVwZ 2009, 737 ff.)
- **Homogenitätsprinzip** (→ Rn. 73)
- **Bundestreue**, d.h. Pflicht zur *gegenseitigen* Rücksichtnahme von Bund und Ländern (→ Rn. 74). Hieraus resultiert bspw. Anhörungspflicht vor Ausübung bundesstaatlicher Weisungsrechte; → Kap. 4 Rn. 11.

1. Insbesondere: Das Homogenitätsprinzip

73 Art. 28 I 1, 2 GG verpflichtet die Länder auf eine verfassungsmäßige Ordnung, die den Grundsätzen des republikanischen, demokratischen und sozialen Rechtsstaates im Sinne dieses Grundgesetzes entspricht, und auf die Grundsätze einer allgemeinen, unmittelbaren, freien, gleichen und geheimen Wahl.

Nach Art. 28 III GG hat der Bund zu *gewährleisten*, dass die verfassungsmäßige Ordnung der Länder den grundgesetzlichen Anforderungen genügt. Der Bund ist also zum Eingriff bei Rechtsverstößen verpflichtet. Dabei kommen als Eingriffsmittel die Anrufung des BVerfG nach Art. 93 I Nr. 2, 3 GG sowie der Bundeszwang nach Art. 37 GG in Betracht.

2. Insbesondere: Die Bundestreue

74 Der Grundsatz der Bundestreue kommt als *ungeschriebener* Verfassungsgrundsatz nur subsidiär zur Anwendung.

Der Grundsatz der Bundestreue verlangt,

(1) dass Bund und Länder bei der Wahrnehmung der ihnen zustehenden Kompetenzen aufeinander Rücksicht nehmen und

(2) im Einzelfall Hilfs- und Mitwirkungsleistungen erbringen.

Beispiele aus der Rspr. des BVerfG finden sich bei *Maurer*, StaatsR I, § 10 Rn. 52.

VII. Spezialfall: Vereinbarkeit von Landesrecht mit Bundesrecht (Art. 31 GG)

Art. 31 GG statuiert den Vorrang des Bundesrechts vor Landesrecht. *Allerdings* greift die Kollisionsnorm nur ein, wenn die sich einander gegenüberstehenden Bundesgesetze und Landesgesetze verfassungsmäßig und gültig sind. **D.h. (!):** Art. 31 GG kommt nicht zur Anwendung, wenn Bund oder Länder außerhalb ihrer (Gesetzgebungs-) Kompetenzen tätig werden. **75**

Testfragen zum 2. Kapitel

76 A. Was bedeutet konkurrierende Gesetzgebungszuständigkeit des Bundes und wo ist diese geregelt?

B. In welchen Normen ist das Verfahren der abstrakten Normenkontrolle geregelt?

C. Wie unterscheidet sich die abstrakte von der konkreten Normenkontrolle?

D. Kennt die abstrakte Normenkontrolle einen Antragsgegner?

E. Wer ist zur Einbringung von Gesetzesvorlagen beim Bundestag ermächtigt? Norm?

F. Unter welchen Voraussetzungen wäre der Bund befugt, ein Gesetz auf dem Gebiet der Staatshaftung zu erlassen? Inwieweit dürfte hier ein Land gesetzgeberisch tätig werden?

G. Dürfte ein Land eine gesetzliche Regelung auf dem Gebiet der Raumordnung treffen? Norm?

H. Woraus ergibt sich die Zustimmungspflichtigkeit eines Gesetzes? Nennen Sie drei Beispiele!

Kapitel 3: Exekutive (mit Rechtsverordnungsrecht)

A. Aufbau der Exekutive

I. Zweigliedriger Verwaltungsaufbau

Das Grundgesetz sieht einen zweigliedrigen Verwaltungsaufbau (bestehend aus Bund und Ländern) vor. Die Kommunen werden hierbei als Bestandteil der Länder begriffen. Hieran ändert auch nichts ihr kommunales Selbstverwaltungsrecht nach Art. 28 II 1 GG sowie die prozessuale Möglichkeit der kommunalen Verfassungsbeschwerde nach Art. 93 I Nr. 4b iVm §§ 13 Nr. 8a, 91 BVerfGG. 1

Diese Zweigliedrigkeit spiegelt sich auch in den finanzverfassungsrechtlichen Vorgaben des Grundgesetzes wider, welche keine direkten Finanzbeziehungen zwischen Bund und Kommunen vorsehen; Ausnahme: Art. 106 VIII GG. Auch Konnexitätsvorschriften finden sich nur im Verhältnis Bund-Land sowie Land-Kommune. Neu durch die Föderalismusreform eingeführt wurde Art. 84 I 7 GG, welcher direkte Aufgabenzuweisungen vom Bund an die Kommune untersagt, um die Umgehung dieser Konnexitätsvorschriften zu unterbinden. Zuvor galt hierfür die allgemeine Anordnung des Art. 84 I GG, welche allerdings im Verhältnis Bund-Kommune durch das BVerfG einengend interpretiert wurde (vgl. zuletzt BVerfGE 119, 331 [359]). Die bisherigen Aufgabenübertragungen fallen unter Art. 125a I GG.

Diese beiden Verwaltungsebenen sollen auch weitgehend getrennt bleiben. Andernfalls spricht man von sog. Mischverwaltung:

II. Verbot der Mischverwaltung

Nach der Rspr. des BVerfG meint **Mischverwaltung** jede Verwaltungstätigkeit, bei der die sachlichen Entscheidungen in einem irgendwie gearteten Zusammenwirken von Bundes- und Landesbehörden getroffen werden (BVerfGE 63, 1 [38]). 2

Bei dieser Beschreibung handelt es sich um einen *deskriptiven* Sammelbegriff für verschiedene Kooperationsformen, denen nicht von vornherein das Verdikt der Verfassungswidrigkeit anhaftet.

Normativ gilt jedoch die Annahme, dass eine solche Mischverwaltung dem Gebot **horizontaler Gewaltenteilung** widerspricht, solange sie nicht verfassungsrechtlich zugelassen ist; siehe die Rechtsprechungsübersicht bei *Schnapp*, Jura 2008, 241 [243 f.]. Grundgesetzlich explizit zugelassene Formen der Mischverwaltung finden sich etwa in Art. 84 ff. GG (Verwaltungsvollzug von Bundesgesetzen), Art. 108 GG (Finanzverwaltung) und Art. 91a–e GG (Gemeinschaftsaufgaben und Verwaltungszusammenarbeit). Letztere betreffen Aufgaben der Länder, deren Erfüllung für die Gesamtheit bedeutsam ist und bei denen eine Verbesserung der Lebensverhältnisse ohne Mitwirkung des Bundes nicht möglich erscheint. Es war ein Anliegen der Föderalismusreform 2006, die Gemeinschaftsaufgaben zu reduzieren und präzisieren.

Art. 91e GG wurde als Reaktion auf die Entscheidung BVerfG NVwZ 2008, 183 ff. eingeführt, in welcher das BVerfG festgestellt hat, dass die durch § 44b SGB II eingerichteten Arbeitsgemeinschaften, welche die Durchführungsverantwortung für die Umsetzung des Rechts der Grundsicherung für Arbeitssuchende (Hartz IV) übernehmen und die Aufgaben der regionalen Träger der Bundesanstalt wie der kommunalen Träger zusammenführen, wegen Verstoßes gegen das Verbot der Mischverwaltung verfassungswidrig sind. Art. 91e I GG lässt nunmehr zu, dass Bund, Länder und Gemeinden/Gemeindeverbände bei der Ausführung von Bundesgesetzen auf dem Gebiet der Grundsicherung für Arbeitssuchende „in gemeinsamen Einrichtungen" zusammenwirken.

Mit Blick auf diese zulässigen Durchbrechungen ist eine verwaltungsorganisatorische Erscheinungsform, die als Mischverwaltung einzuordnen ist, nur dann verfassungswidrig, wenn ihr zwingende Kompetenz- oder Organisationsnormen oder sonstige Vorschriften des Verfassungsrechts entgegenstehen. Zur Konkretisierung sind daher verschiedene Aspekte des Mischverwaltungsverbots herauszuarbeiten.

Hierzu gehören im Einzelnen:

- Der **Grundsatz der eigenverantwortlichen Aufgabenwahrnehmung:** Hiernach nimmt ein „Verwaltungsträger, dem durch eine Kompetenznorm des Grundgesetzes Verwaltungsaufgaben zugewiesen worden sind, diese Aufgaben durch eigene Verwaltungseinrichtungen – mit eigenen personellen und sächlichen Mitteln – wahr" (BVerfGE 63, 1 [41]). Er dient maßgeblich dem Schutz der Länder vor einem unberechtigten Eindringen des Bundes.
- Der **Grundsatz der Verantwortungsklarheit:** Dieser beruht maßgeblich auf rechtsstaatlichen und demokratischen Erwägungen, welche eine rationale und transparente Verwaltungsorganisation gebieten (s. hierzu BVerfG NVwZ 2008, 183 [186 f.]). Er dient daher maßgeblich dem Schutz der Bürger.

III. Gesetzesvollzug (= Verwaltungskompetenzen)

1. Durch Bund und Länder

In einem föderalen Staatsgebilde sind auch die Verwaltungskompetenzen auf Bund und Länder aufzuteilen. Hinsichtlich der Gesetzausführung lassen sich dem Grundgesetz vier unterschiedliche Verwaltungstypen entnehmen. Es handelt sich dabei um die Ausführung von Landesgesetzen (durch Landesbehörden; Art. 30 GG), die Ausführung der Bundesgesetze durch die Länder als eigene Angelegenheit (Art. 83 Hs. 1, 84 GG), die Ausführung der Bundesgesetze durch die Länder im Auftrag des Bundes (Art. 83 Hs. 2, 85 GG) sowie die Ausführung der Bundesgesetze durch den Bund (Art. 83 Hs. 2, 86, 87 GG). 3

Prüfungsrelevant erscheinen alleine die drei letztgenannten Verwaltungstypen. Diese werden daher an anderer Stelle (→ Kap. 4 Rn. 4 ff.) noch eingehender beleuchtet.

Neben den Verwaltungsvollzug durch staatliche Behörden tritt die Möglichkeit des Vollzugs durch (funktionale oder kommunale) Selbstverwaltungskörperschaften:

2. Durch Selbstverwaltung

a) Insbesondere (funktionale) Selbstverwaltung

Als **funktionale Selbstverwaltung** bezeichnet man die organisierte Beteiligung der sachnahen Betroffenen an sie berührenden Entscheidungen. 4

Der Betroffenenkreis bestimmt sich hier nicht territorial (→ kommunale Selbstverwaltung; Rn. 7), sondern nach der gesetzlich zugewiesenen Aufgabe, d.h. funktional.

Beispiel: Hochschulen, verfasste Studierendenschaften, Ärzte- und Rechtsanwaltskammern, Industrie- und Handelskammern, Sozialversicherungsträger, kassenärztliche Vereinigungen.

(P) Welche Anforderungen stellt das Demokratieprinzip an Formen funktionaler Selbstverwaltung? (→ Lösung zu Fall 6)

🕮 *Jestaedt*, JuS 2004, 649 ff.; *Musil*, DÖV 2004, 116 ff.; *Unruh*, JZ 2003, 1061 ff.

Fall 6 (nach BVerfGE 107, 59): Im Jahr 1990 wird in Nordrhein-Westfalen der „Wasserverband betreffend die Lippe“ durch das

Landesgesetz über den Lippeverband (Lippeverbandsgesetz – LippeVG) neu strukturiert. Dieser nimmt als Zweckverband (Körperschaft des öffentlichen Rechts) die wesentlichen wasserwirtschaftlichen Aufgaben für das Einzugsgebiet der Lippe wahr. Bei diesen Aufgaben handelt es sich insbesondere um die Abwasserreinigung, den Hochwasserschutz sowie die Gewässerunterhaltung. Zur Aufgabenerfüllung kann der Verband hoheitliche Befugnisse gegenüber Mitgliedern sowie Dritten geltend machen. Verbandsmitglieder sind im Wesentlichen das Land, die im Verbandsgebiet tätigen Unternehmen der öffentlichen Wasserversorgung sowie die im Verbandsgebiet liegenden Städte und Gemeinden. Der Verband ist im Wege der Selbstverwaltung organisiert. Seine Organe sind die Verbandsversammlung, der Verbandsrat und der Vorstand. Die Versammlung besteht aus Delegierten der Mitglieder und einem Delegierten der Landwirtschaftskammer. Sie wählt mit der Mehrheit der abgegebenen Stimmen die Mitglieder des Verbandsrats. Die Aufgaben des Verbandes sind im Lippeverbandsgesetz detailliert geregelt; der Verband steht unter staatlicher Aufsicht des Ministers für Umwelt, Raumordnung und Landwirtschaft. Im November 1990 findet die konstituierende Sitzung der entsprechend den gesetzlichen Vorschriften neu gebildeten Verbandsversammlung statt. In diesem Rahmen werden die 15 Mitglieder des Verbandsrats gewählt, zu denen gemäß der neuen Regelung des § 16 II LippeVG 5 Arbeitnehmervertreter gehören müssen. A, der als Betreiber eines Unternehmens der Wasserwirtschaft entsprechend gesetzlicher Anordnung Mitglied des Verbandes ist, fühlt sich durch die Mitbestimmung der Arbeitnehmer in seinem Grundrecht aus Art. 2 I GG verletzt. Die gesetzliche Regelung der Arbeitnehmermitbestimmung sei in materieller Hinsicht mit dem Grundgesetz unvereinbar. Die Konstituierung des Verbandsrats verstoße gegen das Prinzip der demokratischen Legitimation. Wird A durch die Regelung des Lippeverbandsgesetzes in seinen Grundrechten verletzt?

Lösung: Das LippeVG räumt dem Wasserverband Befugnisse ein, die für Betroffene mit Eingriffen in ihre Freiheitsrechte verbunden sein können. Diese Befugnisse zur Ausübung von Staatsgewalt werden (zumindest auch) durch den Verbandsrat vorgenommen; insofern ist unerheblich, dass die außenwirksame Umsetzung durch den Verbandsvorstand geschieht. Der Verbandsrat muss somit den Anforderungen demokratischer Legitimation (→ Kap. 2 Rn. 60) entsprechen. Diese Anforderungen könnten gegebenenfalls im Hinblick auf die Organisationsform modifiziert sein.

Problem (1): Dürfen mit Blick auf das demokratische Prinzip des Grundgesetzes Zwangsverbände mit *funktionaler Selbstverwaltung* errichtet werden? 5

Problematisch ist die Ermächtigung des Verbandsrats nur durch Mitglieder des Verbands.

BVerfG: Der Errichtung von Zwangsverbänden mit funktionaler Selbstverwaltung steht das Demokratieprinzip nicht entgegen. **Begründung: a)** Der Verfassungsgeber anerkennt die **historisch** gewachsene Organisationsform der funktionalen Selbstverwaltung – wie in Art. 86, 87 II, III sowie 130 III GG belegt – als grundsätzlich mit der Verfassung vereinbar. **b) Entwicklungsoffenheit** des Demokratieprinzips: Die Selbstverwaltung verwirklicht ebenso wie das „klassische" Demokratieprinzip die Idee des selbstbestimmten Menschen in einer freiheitlichen Ordnung. *Aber:* Die organisatorische Ausgestaltung muss mit dem Grundgedanken autonomer interessengerechter Selbstverwaltung einerseits und effektiver öffentlicher Aufgabenwahrnehmung andererseits vereinbar sein. Die Befugnis zu verbindlichem Handeln mit Entscheidungscharakter macht es erforderlich, Maßnahmen der Selbstverwaltungskörperschaft am Maßstab des Art. 20 Abs. 2 GG zu messen. Entscheidend ist insoweit – wie auch im Übrigen – das erreichte **Legitimations*niveau***. Grundsätzlich kann der Gesetzgeber solche Entscheidungsformen daher einführen und deren Körperschaften in begrenztem Umfang sogar Hoheitsbefugnisse gegenüber Nichtmitgliedern einräumen.

Ein ausreichendes **Legitimationsniveau** ist in diesen Fällen gegeben, wenn die Aufgaben und Handlungsbefugnisse der Organe in einem von der Volksvertretung beschlossenen Gesetz ausreichend vorherbestimmt sind und ihre Wahrnehmung der Aufsicht demokratisch legitimierter Amtswalter unterliegt.

Lösung (Fortsetzung): Das LippeVG enthält detaillierte gesetzliche Vorgaben hinsichtlich Ziel und Zweck sowie der Aufgaben des Verbandes einerseits und der Pflichten von Verbandsmitgliedern und Dritten andererseits. Zudem ist die staatliche Aufsicht, die neben der Rechtsaufsicht auch Ansätze einer Fachaufsicht enthält, detailliert geregelt. Die Aufsichtsbehörde kann sich jederzeit über alle Angelegenheiten des Verbands unterrichten. Insgesamt ist ein hinreichendes Legitimationsniveau hergestellt (zu Gegenstimmen vgl. *Hebeler*, Probleme aus dem StaatsR, S. 116 ff.).

6 **Problem (2): Verstößt die Anordnung der Arbeitnehmermitbestimmung gegen den Grundsatz der demokratischen Legitimation?**

Problematisch erscheint hierbei, dass die Arbeitnehmer nicht zu den durch die Selbstverwaltungsaufgaben Betroffenen zählen. Nach Auffassung des **BVerfG** ist es für die Bejahung der demokratischen Legitimation jedoch ausreichend, dass die Arbeitnehmer kraft ihres Beschäftigungsverhältnisses an der Aufgabenerfüllung der funktionalen Selbstverwaltung mitwirken. Die Beteiligung *Nichtbetroffener* ist hiernach durch die Steigerung der Wirksamkeit der öffentlichen Aufgabenwahrnehmung gerechtfertigt. **Begründung: a)** Die Arbeitnehmermitbestimmung dient als Instrument des Informationstransfers auf die Ebene der „Unternehmensleitung" und somit der Steigerung der Effizienz der Verbandsarbeit. **b)** Sie dient gleichermaßen der Förderung des Betriebsfriedens. **c)** Die Arbeitnehmervertreter können für sich keine Mehrheit bilden und damit allein keine Grundsatzentscheidungen treffen. **Daher:** Keine nicht hinnehmbare Bevorzugung bestimmter Partikularinteressen.

Lösung (Schluss): A wird durch die Regelung nicht in seinen Grundrechten verletzt, da der Eingriff durch das LippeVG als formell und insbesondere materiell – weil mit dem Demokratieprinzip vereinbar – verfassungsmäßiges Gesetz erfolgt und im Übrigen verhältnismäßig ist.

b) Insbesondere kommunale Selbstverwaltung

🕮 *Engels*, JA 2014, 7 ff.; *Magen*, JuS 2006, 404 ff.; *Welti*, JA 2006, 871 ff.

7 Nach Art. 28 II 1 GG ist den Gemeinden das Recht gewährleistet, alle **Angelegenheiten der örtlichen Gemeinschaft** im Rahmen der Gesetze in eigener Verantwortung zu regeln.

Die **Garantie kommunaler Selbstverwaltung** ist eine staatsorganisationsrechtliche Norm, die das Prinzip dezentraler Aufgabenerfüllung beinhaltet. Sie umfasst drei Garantieebenen. Hierunter fallen:

– die **institutionelle Rechtssubjektsgarantie**, die in ihrem *Kernbereich* den Typus Gemeinde vor seiner Abschaffung sichert und in seinem *Randbereich* die individuelle Existenz, das Gebiet und den Gemeindenamen prozeduralen und materiellen Einschränkungen unterwirft,
– die **objektive Rechtsinstitutionsgarantie,** welche die Garantie eines eigenen Aufgabenbereichs (= „Angelegenheit der örtlichen Gemeinschaft") und die Garantie der Eigenverantwortlichkeit der Aufgabenwahrnehmung umfasst

Die Reichweite des Garantiebereichs wird mit Hilfe verschiedener Gemeindehoheiten typisiert; dies sind im Einzelnen Gebietshoheit, Planungshoheit, Satzungshoheit, Finanzhoheit einschl. Sparkassenhoheit, Personalhoheit, Organisationshoheit, Kooperationshoheit.

– sowie eine **subjektive Rechtsstellungsgarantie,** welche gewährleistet, dass sich Gemeinden und Kreise gegen Verletzungen ihres Selbstverwaltungsrechts im Wege der **Kommunalverfassungsbeschwerde** an das BVerfG wenden, soweit kein Rechtsschutz durch die Landesverfassungsgerichte besteht (Art. 93 I Nr. 4b GG).

Neben ihren örtlichen Angelegenheiten übernehmen die Gemeinden auch staatliche Aufgaben für das Land (als „Auftragsverwaltung" oder als „Pflichtaufgabe nach Weisung"). Insofern sind sie in das staatliche Verwaltungssystem eingebunden und können sich nur abgeschwächt (etwa im Hinblick auf die innere Organisation oder Personalentscheidungen) auf ihr kommunales Selbstverwaltungsrecht berufen. Während die Gemeinden im Selbstverwaltungsbereich nur einer Rechtsaufsicht unterliegen, unterstehen sie bei der Erfüllung staatlicher Aufgaben einer Fachaufsicht, die sich auch auf die Zweckmäßigkeit der Aufgabenerfüllung erstreckt und eine Weisungsabhängigkeit einschließt.

B. Exekutive Normsetzung: Rechtsverordnungen

🕮 *v. Danwitz*, Jura 2002, 93 ff.; *Graf Vitzthum/Klink*, JuS 2006, 436 ff.; *Hushahn*, JA 2007, 276 ff.; *Krüger*, VR 2015, 342 ff.; *Rütz*, Jura 2005, 821 ff.

Rechtsverordnungen sind Rechtsnormen, die von Organen der Exekutive zur Regelung staatlicher Angelegenheiten erlassen werden. 8

Bei der Rechtsverordnung wird staatliche Rechtsetzungsgewalt *delegiert*, während die Satzungsbefugnis einen Raum für autonome Rechtsetzung schafft. Rechtssetzungsdelegation an den Verordnungsgeber erfolgt durch förmliches Gesetz, dass den Anforderungen des Art. 80 I GG entsprechen muss. Diese Regelung gilt nur für Bundesgesetze; für die Rechtsetzungsdelegation durch Landesgesetze kennen die Landesverfassungen ähnliche Regelungen. Desweiteren entfaltet hier der Wesentlichkeitsvorbehalt Wirkung: Wesentliche Fragen müssen durch den parlamentarischen Gesetzgeber selbst geregelt werden.

Bei **Satzungen** handelt es sich um Rechtsnormen, die typischerweise von juristischen Personen des öffentlichen Rechts zur Regelung von eigenen Angelegenheiten erlassen werden.

Nach (umstr.) Auffassung des BVerfG ist auch die Geschäftsordnung des Bundestags als „autonome Satzung“ anzusehen (BVerfGE 1, 144 [148]), obwohl der Bundestag kein rechtsfähiger Verwaltungsträger im obigen Sinne ist.

Die Befugnis zum Satzungserlass resultiert prinzipiell aus der Verleihung von Autonomie (und kann daher speziell für Kommunen aus Art. 28 II 1 GG abgeleitet werden); die Regelungsbefugnis ist aber zugleich durch den „Zweck der Autonomie“ begrenzt. Hieraus resultiert demnach ein Satzungsrecht nur zur Regelung der *eigenen Angelegenheiten.* Soweit in Satzungen außenwirksame – grundrechtsbeschränkende – Regelungen enthalten sind, bleiben diese dem Gesetzgeber vorbehalten.

Die allgemeine kommunalrechtliche Ermächtigungsgrundlage (etwa in § 4 GO BW; § 4 I 1 GO NRW) ist zu unbestimmt, um Grundrechtseingriffe zu tragen.

9 **Prüfungsschema 5: Gültigkeit einer Rechtsverordnung**

I. Ordnungsgemäße Delegation gemäß Art. 80 I 1, 2 GG

1. Formelle Verfassungsmäßigkeit des Ermächtigungsgesetzes (Gesetzgebungskompetenz und -verfahren)
2. Richtiger Ermächtigungsadressat nach Art. 80 I 1 GG: BReg, BMin, LReg
3. Bestimmtheitsanforderung nach Art. 80 I 2 GG
4. Materielle Verfassungsmäßigkeit des Ermächtigungsgesetzes

   Insbesondere Verstoß gegen Rechtsstaats- und Demokratieprinzip: Verbot der Delegation **wesentlicher** Entscheidungen (→ Kap. 2 Rn. 67 sowie Rn. 8).

II. Rechtmäßigkeit der RVO

1. Zuständigkeit (entsprechend Ermächtigungsnorm)
2. Verfahren

   Bspw. Zustimmung des BRat nach Art. 80 II GG; Zustimmung des BT aus Ermächtigungsnorm (str.: nach h.M. Zulässigkeit des Zustimmungsvorbehalts im Delegationsfall als Minus zur Selbstvornahme).
3. Form

   a) Angabe der Ermächtigungsnorm nach Art. 80 I 3 GG

   b) Ausfertigung und Verkündung gem. Art. 82 I 2 GG
4. Vereinbarkeit der RVO mit Ermächtigungsnorm
5. Vereinbarkeit mit höherrangigem Recht

   Vereinbarkeit mit Bundesrecht ist jedoch **nicht** Prüfungsmaßstab im Normenkontrollverfahren; → Kap. 2 Rn. 13.

Jede Rechtsverordnung muss auf einer einfachgesetzlichen **Ermächtigungsgrundlage** beruhen. Diese kann im Einzelfall nachträglich entfallen. Dann stellt sich die Frage, wie sich dies auf das Schicksal der Rechtsverordnung auswirkt. Insoweit ist str., ob sich die Rechtsverordnung nach ihrem Erlass aus ihrer Gesetzesanbindung löst, d.h. trotz Wegfalls der Ermächtigungsgrundlage in ihrer Wirksamkeit unberührt bleibt, oder ob sie sich zum Gesetz akzessorisch verhält und daher mit diesem die Wirksamkeit verliert.

Der Erlass der Rechtsverordnung kann im Einzelfall **zustimmungspflichtig** sein. In erster Linie handelt es sich hierbei um Zustimmungspflichten des Bundesrats, die in **Art. 80 II GG** geregelt sind. Hiernach besteht die Zustimmungspflichtigkeit (1) bei Rechtsverordnungen über Detailfragen die Bundeseisenbahnen und das Post- und Telekommunikationswesen betreffend (Var. 1), (2) bei Rechtsverordnungen, die aufgrund eines zustimmungspflichtigen Gesetzes erlassen wurden (Var. 2) und (3) Rechtsverordnungen aufgrund von Gesetzen, die von den Ländern als eigene Angelegenheit oder im Auftrag des Bundes ausgeführt werden (Var. 3). Nach Art. 80 II GG bestehen diese Zustimmungsbedürftigkeiten allerdings nur „vorbehaltlich anderweitiger gesetzlicher Regelungen“; sie können also durch (nach h.M. (BVerfGE 28, 66 [77 f.]): zustimmungspflichtiges) Bundesgesetz ausgeschlossen werden.

Nicht grundgesetzlich geregelt ist die Anbindung des Erlasses von Rechtsverordnungen an die Zustimmung des Bundestags. Nach der Rspr. des BVerfG (BVerfGE 8, 274 [321]) sind solche Zustimmungsvorbehalte zu Gunsten des Bundestags als Minus gegenüber einer unbeschränkten Delegation dennoch verfassungsrechtlich statthaft. Allerdings muss ein legitimes Interesse der Legislative bestehen, „einerseits die Rechtsetzung auf die Exekutive zu delegieren, sich aber andererseits […] entscheidenden Einfluss auf Erlass und Inhalt der Verordnungen vorzubehalten.“

Änderungen von Rechtsverordnungen können durch andere Rechtsverordnungen erfolgen. Teilweise enthalten aber auch förmliche Gesetze rechtsverordnungsändernde Inhalte. Es ist umstritten, ob dies zulässig ist.

(P) Kann eine Rechtsverordnung durch förmliches Gesetz geändert werden? 10

Die Beantwortung dieser Frage wird zumeist von der **Vorüberlegung** abhängig gemacht, wie die geänderte Rechtsverordnung einzustufen wäre.

Nach **(bislang) h.M.** und **Sondervotum des BVerfG** ist eine Aufspaltung der Norm in die Bestandteile mit Gesetzesrang und die Bestandteile mit Verordnungsrang vorzunehmen (siehe ausf. *Martini*, AöR 133 [2008], 155 [177 ff.]). **Begründung: a)** Dies verlangt der

Grundsatz der Normenhierarchie, welcher zwischen Parlamentsgesetzen und exekutiven Verordnungen unterscheidet. Andernfalls würden die gesetzlich abgeänderten Teile der Rechtsverordnung der Änderungskompetenz des Verordnungsgebers überantwortet, der dann parlamentarisch gesetztes Recht abändern könnte. Hierdurch wird der Vorrang des parlamentarischen Gesetzgebers „unterspült". **b)** Der Rang einzelner Bestimmungen kann i.d.R. den Verkündungsblättern entnommen werden. Ausreichende Rechtssicherheit ist daher gegeben. **c)** Der Grundsatz der Normenklarheit bezieht sich nur auf den Inhalt, nicht aber die Kennzeichnung und den Rang einer Norm.

Nach Auffassung des **BVerfG** (BVerfGE 114, 196) ist das Normengebilde indes insgesamt als Verordnung zu qualifizieren. **Begründung: a)** Der wirkliche Status der einzelnen Bestimmungen könnte unter Zugrundelegung der Gegenansicht nur mit erheblichem Aufwand ermittelt werden. Ein solcher ist mit Art. 20 III GG (Grundsatz der Normenklarheit) unvereinbar. Stattdessen ist auf den Eindruck abzustellen, den die Überschrift und die Einleitung (Verweis auf genau bezeichnete Ermächtigungsgrundlage nach Art. 80 I 2 GG) hinterlassen. **b)** Nur dieses Ergebnis genügt dem erforderlichen Schutz der Rechtsmittelklarheit und der Effizienz des Rechtsschutzes (andernfalls ist Art. 19 IV GG berührt, da die Erfolgaussichten einer Klage von der komplexen Frage abhingen, ob die jeweilige Norm über §§ 43, 47 VwGO oder über Art. 93 I Nr. 2, Art. 100 GG anzugreifen ist).

Hieraus resultiert im Hinblick auf die **Ausgangsfrage** folgendes Meinungsbild:

Nach **e.A.**, die der obigen h.M. entspringt, wird die Rechtsverordnung nach der Änderung durch das Gesetzesrecht zu einem Mixtum, das sich nicht mehr eindeutig in die Formentypik des Grundgesetzes einordnen lässt. Die Änderung einer Rechtsverordnung durch förmliches Gesetz ist daher unzulässig (*Seiler*, ZG 2001, 50 [63 ff.]).

Nach Auffassung des **BVerfG** (BVerfGE 114, 196) sowie einer a.A., die ebenfalls der obigen h.M. entspringt (*Martini*, a.a.O.), ist eine Änderung der Rechtsverordnung durch förmliches Gesetz zulässig. **Begründung:** Es ist kein Verstoß gegen Art. 20 III GG anzunehmen, da die Norm insgesamt als Rechtsverordnung zu werten ist (so das BVerfG) bzw. auch das aufgespaltete Normengebilde ausreichende Rechtssicherheit gewährt (a.A.).

Daraus resultiert Folgendes (so explizit BVerfGE 114, 196):

- Der parlamentarische Gesetzgeber ist an das Verfahren nach Art. 76 ff. GG gebunden; dies betrifft auch die Frage der Zustimmungspflichtigkeit, die sich nicht nach Art. 80 II GG richtet.

– Der parlamentarische Gesetzgeber ist an die Grenzen der Ermächtigungsgrundlage (Art. 80 I 2 GG) gebunden (Hierin sieht die oben genannte abweichende Auffassung einen verfassungsrechtlichen Widerspruch, da der parlamentarische Gesetzgeber nicht an sein selbstgesetztes Recht gebunden sein kann!).
– Die im Verfahren förmlicher Gesetzgebung geänderten/eingefügten Teile der Rechtsverordnung stehen der Änderung durch die Exekutive offen.
– Der Gesetzgeber ist nicht an das Zitiergebot des Art. 80 I 3 GG gebunden.

Zur umgekehrten Situation der „gesetzesändernden Rechtsverordnung“ vgl. *Pleyer*, JA 2001, 226 ff.

C. Privatisierungen

🕮 *Katz*, NVwZ 2010, 405 ff.; Fallbeispiel: *Barthel/Janik*, JA 2007, 519 ff. (Privatisierung der Flugsicherung).

Öffentliche Aufgaben können durch Bund und Länder sowie durch Selbstverwaltungsträger ausgeführt werden. Sie stellen dann Staatsaufgaben dar. Grundsätzlich ist es allerdings gleichermaßen möglich, öffentliche Aufgaben auf Private zu übertragen. Man spricht in diesem Fall von **Privatisierung**. Davon abzugrenzen ist die Einschaltung Privater als Beliehene oder Verwaltungshelfer. 11

Zu differenzieren ist zwischen verschiedenen **Formen der Privatisierung**:

Die **Organisationsprivatisierung** meint die Überführung öffentlicher Unternehmen in eine private Rechtsform (etwa AG oder GmbH) ohne Änderung der Eigentumsverhältnisse.

Die **funktionale Privatisierung** beschreibt die Übertragung der Aufgabenerfüllung auf Private, während die Aufgabenverantwortung bei dem Träger öffentlicher Verwaltung verbleibt.

Die **materielle (oder Aufgaben-)Privatisierung** beschreibt schließlich die vollständige Verlagerung einer öffentlichen Aufgabe in den privaten Bereich.

Im letzten Fall verliert daher die Aufgabe ihren Charakter als *staatliche* Aufgabe, da sie insgesamt in den Bereich der Gesellschaft entlassen wird.

Allerdings kennt die Verfassung auch **Privatisierungsgrenzen**. Als Grenzen allgemeiner Natur lassen sich insbesondere Art. 28 II GG sowie Art. 33 IV GG nennen. Daneben findet sich noch eine Vielzahl spezieller Grenzen.

Art. 87d I 2 GG erlaubt hingegen explizit die Privatisierung von Aufgaben der Flugsicherung. Diese können sogar „durch ausländische Flugsicherungsorganisationen wahrgenommen werden, die nach dem Recht der Europäischen Gemeinschaft zugelassen sind“.

Testfragen zum 3. Kapitel

A. Welche Formen der Gewaltenteilung unterscheidet man? Was ist hierunter zu verstehen? **12**

B. Was versteht man unter funktionaler Selbstverwaltung? Nennen Sie Beispiele!

C. Sind Formen funktionaler Selbstverwaltung mit dem Demokratieprinzip vereinbar?

D. Welche Ebenen umfasst die Garantie der kommunalen Selbstverwaltung?

E. Was kann als charakteristischer Unterschied zwischen Rechtsverordnungen und Satzungen herausgearbeitet werden?

F. Wird im Normenkontrollverfahren die Vereinbarkeit der Rechtsverordnung mit (formellem) Bundesrecht geprüft?

Kapitel 4: Das föderale System

A. Der prozessuale Rahmen: Bund-Länder-Streit

📖 *Schultzky*, VerwArch 2009, 552 ff.; _Fallbeispiel_: *Prehn*, JuS 2014, 90 ff.

Der Antrag im Bund-Länder-Streit nach Art. 93 I Nr. 3 GG, §§ 13 Nr. 7, 68 ff. BVerfGG hat Erfolg, wenn er zulässig und begründet ist. 1

Prüfungsschema 6: Bund-Länder-Streit 2

I. Zulässigkeit

1. Antragsberechtigung (Art. 93 I Nr. 3 GG, § 68 BVerfGG)
   BReg und LReg (§ 68 BVerfGG) in Prozessstandschaft für Bund bzw. Land; keine Erweiterung der Antragsberechtigung auf Parlamente (s. BVerfG, NVwZ 2011, 1512 mit ausf. Begr.)
2. Streitgegenstand (Art. 93 I Nr. 3 GG, § 69 iVm § 64 I BVerfGG)
   a) Konkrete rechtserhebliche Maßnahme
   b) die Rechte und Pflichten des Bundes bzw. der Länder aus GG betrifft (= Abgrenzung zu Art. 93 I Nr. 4 Alt. 1 GG)
3. Antragsbefugnis (§ 69 iVm § 64 I BVerfGG)
   a) Möglichkeit (d.h. plausible Geltendmachung) der
   b) Verletzung oder unmittelbaren Gefährdung eigener Rechte des Antragstellers aus GG
   H.M.: Einengung der Antragsbefugnis durch § 69 iVm § 64 I BVerfGG ggü weitem Begriff der „Meinungsverschiedenheiten" in Art. 93 I Nr. 3 GG verfassungskonform; zulässige Konkretisierung (Sinn und Zweck des Verf., Funktion des BVerfG)
4. Allgemeines Rechtsschutzinteresse
5. Evtl. Vorverfahren: In Fällen der Bundesaufsicht (vgl. Art. 84 IV 1, 2 GG; § 70 BVerfGG).
6. Form (§ 23 I 1, 2 Hs. 1, § 69 iVm § 64 II BVerfGG)
7. Frist
   a) bei Vorverfahren: 1 Monat ab Beschlussfassung (§ 70 BVerfGG)
   b) ohne Vorverfahren: 6 Monate ab Bekanntwerden (§§ 69, 64 III BVerfGG)

II. Begründetheit

1. Rechtswidrigkeit der Maßnahme oder Unterlassung und
2. Rechtsverletzung des Antragstellers (= kontradiktorisches Verfahren)

III. Entscheidungsmöglichkeiten

1. Feststellung des Verstoßes (§§ 69, 67 S. 1 BVerfGG)
2. Ggf. Aufhebung des Beschlusses nach Art. 84 IV 1 GG

B. Das Bundesstaatsprinzip, insbesondere die Ausführung der Bundesgesetze

📖 *Maurer*, JuS 2010, 945 ff.; *Voßkuhle/Kaufhold*, JuS 2010, 873 ff.; *Frenzel*, JuS 2012, 1082 ff.; *Funke*, VerwArch 2012, 290 ff.

3 Die Kompetenzverteilung zwischen Bund und Ländern richtet sich zunächst nach Art. 30 GG. Hiernach ist die Ausübung der staatlichen Befugnisse und die Erfüllung der staatlichen Aufgaben grundsätzlich Sache der Länder. Dieser Grundsatz bleibt im Hinblick auf die Verwaltungskompetenzen unangefochten, soweit es sich um die Ausführung von Landesgesetzen handelt. Diese werden immer durch Landesbehörden vollzogen. Für die Ausführung von Bundesgesetzen enthalten die Art. 84 ff. GG hingegen Spezialvorschriften (→ C.-E.).

C. Ausführung als eigene Angelegenheit der Länder

I. Überblick über die Ausführung der Bundesgesetze

4 Bundesgesetze werden **grundsätzlich** (Art. 83 Hs. 1 GG) durch die *Länder* als eigene Angelegenheiten (Art. 84 GG) oder **ausnahmsweise** (Art. 83 Hs. 2 GG) durch die *Länder* in Bundesauftragsverwaltung (Art. 85 GG; → D.) oder in *bundeseigener* Verwaltung (Art. 86 GG; → E.) ausgeführt.

II. Behördeneinrichtung und Verwaltungsverfahren

5 Grundsätzlich regeln die Länder, soweit sie Bundesgesetze als eigene Angelegenheiten ausführen, die Einrichtung der Behörden und das Verwaltungsverfahren (Art. 84 I 1 GG); jedenfalls bleibt ihnen ein Abweichungsrecht gem. Art. 84 I 2 GG. **Aber** gemäß Art. 84 I 5 GG

kann der Bund *in Ausnahmefällen* wegen eines besonderen Bedürfnisses nach bundeseinheitlicher Regelung das Verwaltungsverfahren ohne Abweichungsmöglichkeit für die Länder regeln.

(P) Unter welchen Voraussetzungen liegt ein besonderes Bedürfnis nach bundeseinheitlicher Regelung vor?

Nimmt man eine Vergleichbarkeit mit der bisherigen Regelung des Art. 72 II GG (in der Fassung von 1994 bis 2006) an, welche die Erforderlichkeit einer bundeseinheitlichen Regelung verlangte, kann man auf die diesbezügliche – äußerst restriktive – Rechtsprechung des BVerfG zurückgreifen (→ Kap. 2 Rn. 26). [Nach *Maurer*, JuS 2010, 949 scheidet eine Anknüpfung an frühere Verfassungsvorschriften jedoch aus, da es sich um eine neue Konzeption und Regelung handelt.]

Andererseits spricht der verfassungsändernde Gesetzgeber in Art. 84 I 5 GG nicht von „Erforderlichkeit", sondern von „Bedürfnis" nach bundeseinheitlicher Regelung. So könnte man vertreten, dem Bund in dieser Frage einen „relativ weiten" Beurteilungsspielraum zuzubilligen, wie dies auch für die alte Bedürfnisklausel des Art. 72 II GG (in der bis 1994 geltenden Fassung) angenommen wurde (so *Thiele*, JA 2006, 714 [718]; siehe allerdings wiederum den Einwand von *Maurer*, a.a.O.). **Für** dieses Verständnis spricht, dass ein etwaiger Spielraum des Bundes durch das anschließende Zustimmungserfordernis in gewisser Weise kompensiert wird. Außerdem hat der verfassungsändernde Gesetzgeber den Begriff der „Erforderlichkeit" – wohl bewusst – vermieden.

Jedoch spricht der verfassungsändernde Gesetzgeber nicht nur von einem Bedürfnis, sondern von einem „besonderen Bedürfnis", was den Ausnahmecharakter eines Gesetzes i.S.v. Art. 84 I 5 GG hervorhebt. Dies verlangt jedenfalls eine besondere Begründung und Rechtfertigung im Einzelfall (so auch *Maurer*, a.a.O.).

Zu weiteren Streitpunkten im Zusammenhang mit der Anwendung der Norm s. *Maurer*, JuS 2010, 949 f.

Fall 7: Der Bundestag beschließt das Gesetz zur Steuerung und Begrenzung der Zuwanderung und der Integration von Unionsbürgern und Ausländern (Zuwanderungsgesetz). Dieses enthält in Art. 1 ein Aufenthaltsgesetz, welches das Ausländergesetz ablösen soll. Es regelt u.a. in § 71 AufenthG, dass für aufenthalts- und passrechtliche Entscheidungen und Maßnahmen die Ausländerbehörden der Länder zuständig sind. Die §§ 77 ff. AufenthG enthalten zahlreiche Vorschriften für das Verwaltungsverfahren bis hin zur Gestaltung der Vordrucke. Ein Abweichungsrecht der Länder von diesen Vorgaben ist im Gesetz ausdrücklich ausgeschlossen. Ist das Gesetz materiell verfassungsgemäß?

Lösung: Das Gesetz wäre materiell verfassungswidrig, wenn der Bund sich über seine Regelungskompetenz hinsichtlich der Gesetzesausführung hinweggesetzt hätte. Das Zuwanderungsgesetz wird durch die Länder als eigene Angelegenheit ausgeführt. Den Ländern steht daher auch die Befugnis zu, die Einrichtung der Behörden und das Verwaltungsverfahren zu regeln (Art. 84 I 1, 2 GG). Die vorliegende verbindliche Regelung durch den Bund stellt einen Verstoß gegen diesen Grundsatz dar. Es müsste also ein Ausnahmefall iSd Art. 84 I 5 GG vorliegen. Der **Tatbestand** dieser Vorschrift verlangt ein „besonderes Bedürfnis" nach einer bundeseinheitlichen Regelung. Die erforderliche Rechtfertigung für eine bundeseinheitliche Regelung ist vorliegend nicht erkennbar.

Zudem ist ein Blick auf die **Rechtsfolge** des Art. 84 I 5 GG zu werfen. Vorliegend erfolgt eine Regelung des „Wie" der Aufgabenausführung (= Verwaltungsverfahren), aber auch eine Regelung der Aufgabenzuweisung an die Ausländerbehörde (vgl. § 71 AufenthG). Die Errichtung (= Gründung) und Einrichtung (= Ausgestaltung, innere Organisation, Aufgabenzuweisung) fallen jedoch unter den Begriff der „Einrichtung der Behörde". Deren verbindliche Regelung wird dem Bund nicht einmal durch die Ausnahmeregelung des Art. 84 I 5 GG zuerkannt.

Ergebnis: Das Zuwanderungsgesetz ist materiell verfassungswidrig ergangen.

III. Allgemeine Verwaltungsvorschriften

6 **Verwaltungsvorschriften** sind abstrakte Regelungen für eine Vielzahl von Sachverhalten, die ähnlich wie Rechtsverordnungen dazu dienen, die Parlamentsgesetze insbesondere dahingehend näher auszuformen, dass sie Auslegungshilfen geben sowie Ermessen und Beurteilungsspielräume allgemein ausfüllen (hierzu Mauer, AllgVerwR, § 4 Rn. 36). Sie sind verwaltungs*intern*, können jedoch im Einzelfall *Außenwirkung* entfalten.

Gemäß Art. 84 II GG kann die Bundesregierung mit Zustimmung des Bundesrates allgemeine Verwaltungsvorschriften erlassen. (Entsprechendes gilt nach Art. 85 II 1 GG im Fall der Bundesauftragsverwaltung.)

(P) Gilt diese Ermächtigung auch für einen einzelnen Bundes-*minister*?

Der Wortlaut der Vorschriften spricht von der Bundes**regierung**. Gemeint ist damit jedenfalls das Kollegium bestehend aus Bundesministern und Bundeskanzler (Art. 62 GG). Inwieweit darüber hinaus auch einzelne Bundesminister durch Rechtsvorschrift ermächtigt werden können, ist umstritten.

e.A.: Ein einzelner Bundesminister kann allgemeine Verwaltungsvorschriften nach Art. 84 II, 85 II 1 GG dann erlassen, wenn er durch Bundesgesetz mit Zustimmung des Bundesrates dazu ermächtigt worden ist (frühere Rspr.; vgl. BVerfGE 26, 338 [399]). **Begründung: a)** Die Funktion des Art. 84 II, 85 II 1 GG erschöpft sich in der Regelung des Bund-Länder-Verhältnisses, in concreto: dem Schutz der Eigenständigkeit der Länderverwaltung bei der Ausführung von Bundesgesetzen. **b)** Diese Schutzfunktion scheint bei Tätigwerden der Legislative (Ermächtigung eines Bundesministers zum Erlass allgemeiner Verwaltungsvorschriften durch ein von Bundestag und Bundesrat beschlossenes Bundesgesetz) im Vergleich zum Tätigwerden der Exekutive (Erlass der Verwaltungsvorschrift durch Bundesregierung als Kollegium) zumindest hinreichend gewahrt. **c)** Nach Art. 80 I GG kann ein Bundesminister sogar zum Erlass von Rechtsverordnungen ermächtigt werden. **d)** Auslegung des Begriffs „Bundes*regierung*" im Rahmen des Art. 86 S. 1 GG: Da im Rahmen der bundeseigenen Verwaltung nur Bundesinteressen betroffen sind (obige Schutzfunktion also nicht eintritt), wird es als unzulässige Einschränkung der aus der Ressortzuständigkeit des Ministers gem. Art. 65 S. 1 GG [vgl. hierzu Kap. 5 Rn. 28] resultierenden Kompetenzen angesehen, wenn nicht der einzelne Minister Verwaltungsvorschriften nach Art. 86 S. 1 GG erlassen könnte. Insofern erscheint das Wortlautargument bei Art. 84 II, 85 II 1 GG nicht weiterführend.

a.A. (neuere Rspr.; vgl. BVerfGE 100, 249 [261 f.]; hierzu *Koch*, Jura 2000, 179 ff.): Ein einzelner Bundesminister ist unter keinen Umständen ermächtigt, Verwaltungsvorschriften gem. Art. 84 II und Art. 85 II 1 GG zu erlassen. **Begründung: a)** Im Hinblick auf ihre Schutzfunktion sind die genannten Vorschriften eng (und damit iSd Art. 62 GG) auszulegen. **b)** Soweit das GG Übertragungsmöglichkeiten möchte, hat es solche explizit vorgesehen (bspw. Art. 87b II 2 GG, Art. 120a I 1 GG).

IV. Einzelweisung

7 Gemäß Art. 84 V 1 GG kann der Bundesregierung durch zustimmungspflichtiges Bundesgesetz weiterhin die Befugnis verliehen werden, für besondere Fälle Einzelweisungen zu erteilen. Die Kompetenzerteilung ist allerdings als Ausnahmefall gedacht.

D. Ausführung durch Länder in Bundesauftragsverwaltung

I. Überblick

8 Die Auftragsverwaltung nach Art. 85 GG unterscheidet sich von der Ausführung der Bundesgesetze durch die Länder nach Art. 84 GG maßgeblich dadurch, dass dem Bund stärkere **Einwirkungsrechte** eingeräumt sind. Dies ergibt sich im Hinblick auf: a) Art. 85 II 3 GG (Einfluss im Personalbereich der Länder), b) Art. 85 IV 2 GG (weitergehende Informationsrechte), c) Art. 85 IV 1 (weitergehende Aufsichtsrechte: hinsichtlich Gesetzmäßigkeit **und** Zweckmäßigkeit der Ausführung), d) Art. 85 III 1 GG (weitergehendes Weisungsrecht).

Weiterhin ermächtigt Art. 85 II GG (entsprechend Art. 84 II GG) den Bund zum Erlass allgemeiner Verwaltungsvorschriften durch die **Bundesregierung**. Eine Delegation auf einen Bundesminister ist auch hier ausgeschlossen (hierzu oben → Rn. 6).

II. Insbesondere: Weisungsrecht des Bundes

📖 *Janz*, Jura 2004, 227 ff.; <u>*Fallbeispiel*</u>: *Brehme/Kahl*, JuS 2005, 917 ff.; *Frenzel*, JuS 2014, 1014 ff.

9 Die wichtigste Einwirkungsbefugnis des Bundes stellt im Bereich der Bundesauftragsverwaltung das Weisungsrecht nach Art. 85 III GG dar.

Prüfungsschema 7: Weisungsrecht nach Art. 85 III GG

I. **Vorprüfung:** Anwendbarkeit des Art. 85 GG (d.h. Fall der Bundesauftragsverwaltung?)

II. **Formelle Rechtmäßigkeit**
   1. Verbandskompetenz des Bundes gem. Art. 85 III 1 GG
   2. Organkompetenz: Gemäß Art. 85 III 1 GG zuständige oberste Bundesbehörde.
   3. Richtiger Weisungsempfänger: Gemäß Art. 85 III 2 GG zuständige oberste Landesbehörde (außer im Fall der Eilbedürftigkeit).

4. Umfang der Weisung: Nur Einzelweisung
5. Bestimmtheit der Weisung
6. Anhörung
   a) Ankündigung der Weisung
   b) Gelegenheit zu vorheriger Stellungnahme

III. Materielle Rechtmäßigkeit

[0. ggf. Überleitung der Sachkompetenz auf Bund; → Fall 8]
1. Umfang der Weisungskompetenz (nur Befugnis zur Übernahme der Sachkompetenz)
2. Grenzen der Weisungskompetenz

1. Reichweite der Weisung

(P) Umfasst der Weisungsbegriff nach Art. 85 III GG auch allgemeine Weisungen (d.h. Verwaltungsvorschriften)? 10

H.M.: Allgemeine Weisungen sind von Art. 85 III GG nicht umfasst. **Begründung: a)** Zwar spricht Art. 85 III GG anders als Art. 84 V 1 GG nicht von „Einzelweisung"; an anderer Stelle verwendet das Grundgesetz aber die Begriffe Weisung und Einzelweisung in gleicher Bedeutung (Art. 119 S. 2, 3 und Art. 84 V, Art. 128 GG). **b)** Im Übrigen wäre es ein Widerspruch gegen die Vorschriften über den Erlass von Verwaltungsvorschriften, wenn ein Bundesminister über eine allgemeine Weisung den Weg der Verwaltungsvorschrift nach Art. 85 II GG unterwandern könnte.

2. Anhörungspflicht

Aus dem **Prinzip der Bundestreue** können Schranken der Kompe- 11
tenzausübung entwickelt werden. Insbesondere ist die zuständige oberste Bundesbehörde verpflichtet, dem ins Auge gefassten Weisungsadressaten vor Erteilung der Weisung rechtliches Gehör zu gewähren. D.h. diesem muss angekündigt werden, dass beabsichtigt ist, ihm eine bundesaufsichtsrechtliche Weisung zu erteilen **und** er muss zudem Gelegenheit zu vorheriger Stellungnahme erhalten.

Insbesondere zum Anhörungserfordernis vor informalem Handeln → ***Fall 8***.

3. Materielle Rechtmäßigkeit

a) Umfang der Weisungskompetenz

12 Das Weisungsrecht gemäß Art. 85 III 1 GG ermöglicht dem Bund die **Übernahme der Sachkompetenz** des Landes. Ein (wenn auch nur partieller) Entzug der Wahrnehmungszuständigkeit des Landes stellt hingegen einen rechtswidrigen Eingriff in die Rechte des Landes dar.

b) Grenzen der Weisungskompetenz

13 *aa) Die aufsichtsrechtliche Weisung muss zu rechtmäßigem Gesetzesvollzug anhalten*

(aber: Kann von Land nach h.M. **nicht geltend** gemacht werden; → ***Fall 8***. **Ausnahme:** Zuständige oberste Bundesbehörde weist „unter grober Missachtung der ihr obliegenden Obhutspflicht zu einem Tun oder Unterlassen" an, „welches im Hinblick auf die damit einhergehende allgemeine Gefährdung oder Verletzung bedeutender Rechtsgüter schlechterdings nicht verantwortet werden kann" (BVerfGE 81, 310 [334]). Diese Grenze resultiere daraus, dass „bei der Ausführung der Bundesgesetze Bund und Länder – unbeschadet bestehender Kompetenzverteilungsregelungen – eine gemeinsame Verantwortung für den Bestand des Staates und seiner Verfassungsordnung sowie für die Abwehr kollektiver Existenzgefährdungen tragen").

bb) Grundrechtsverletzung (aber: Kann von Land nicht geltend gemacht werden)

cc) Grundsatz der Verhältnismäßigkeit (gilt nicht im kompetenzrechtlichen Bund-Länder-Verhältnis)

Fall 8 (nach BVerfGE 104, 249 ff.; hierzu *Janz*, JuS 2003, 126 ff.; *Klüppel*, Jura 2003, 262 ff.): Das Kernkraftwerk Biblis A wird seit 1975 durch die RWE betrieben. Diese beantragt im Jahre 1999 bei der zuständigen hessischen Landesbehörde die Erteilung einer Änderungsgenehmigung nach § 7 I 1 AtG zur Durchführung verschiedener sicherheitserhöhender Nachrüstungsmaßnahmen (Es ist davon auszugehen, dass die zuständige Landesbehörde zur Erteilung der Genehmigung nach § 7 I 1, II AtG verpflichtet war!). Das Land Hessen handelt im Rahmen der Genehmigungserteilung gemäß § 24 I 1 AtG im Auftrag des Bundes (Art. 87c GG: Fall der fakultativen Bundesauftragsverwaltung). Das Bundesumweltministerium weist das Hessische Ministerium für Umwelt, Landwirtschaft und Forsten daraufhin auf der Grundlage von Art. 85 III 1 GG an, die Änderungsgenehmigung nach § 7 I 1 AtG im Hinblick auf den geplanten Ausstieg aus der Atomenergie (vgl. hierzu § 7 I 2 AtG n.F.) nicht zu erteilen. Am 14.6.2000 paraphieren Vertreter der Energieversorgungsunternehmen und der Bundesregierung die als „Atomkonsens" bekannt gewordene Vereinbarung über den langfristigen Atomausstieg. In Anlage 2 dieser Vereinbarung wird im Speziellen das weitere Verfahren zur Nachrüstung des Kernkraftwerks Biblis A festgelegt. Ist die Hessische Landesregierung durch a) die ergangene Weisung, b) die bilaterale Absprache über das weitere Verfahren zur Nachrüstung des Kernkraftwerks Biblis A in Anlage 2 des Atomkonsenses in ihren Rechten verletzt?

Lösung: Zu a) Die Weisung ist formell und materiell rechtswidrig, da sie einerseits ohne die erforderliche Anhörung ergangen ist, andererseits zu einem unrechtmäßigen Gesetzesvollzug angehalten hat. Fraglich ist jedoch, ob das Land hierdurch in seinen Rechten verletzt wird. Als verletztes Recht kommt die in Art. 30 Hs. 2 iVm 85 GG den Ländern zugewiesene Befugnis in Frage, Bundesgesetze auszuführen. Insoweit sind die Länder Rechtsträger, nicht nur Kompetenzträger.

1) Fraglich ist, ob das Recht auf Kompetenzausübung verletzt wird durch eine Weisung, welche nicht durch einfaches Gesetzesrecht gedeckt ist. Nach einer M.M. führt eine (formelle oder materielle) Rechtswidrigkeit der Weisung immer zu einer Rechtsverletzung des Landes. Hiernach greifen alle Weisungen in die von Art. 30 GG geschützte Landeshoheit ein und bedürfen der Rechtfertigung nach Art. 85 III GG. Eine rechtswidrige Weisung ist daher nicht gerechtfertigt. Nach Auffassung der h.M. und des BVerfG (BVerfGE 102, 167 [172]) führt hingegen die inhaltliche Rechtswidrigkeit nicht zu einer Rechtsverletzung des Landes. Hiernach ist die Sachkompetenz zwar Landeskompetenz, sie entsteht allerdings von vornherein nur unter dem Vorbehalt ihrer ausdrücklichen oder (durch Ausübung des Weisungsrechts) inzidenten Inanspruchnahme des Bundes. Es handelt sich daher um eine Rechtslage, welche der des Art. 74 GG ähnelt: Die Inanspruchnahme verwandelt die Landeskompetenz in eine Bundeskompetenz. Hierfür spricht, dass der Bund die Folgen seiner Weisung politisch und finanziell tragen muss (vgl. Art. 104a II, V GG). Zudem sind Sinn und Zweck des Art. 85 III GG darauf angelegt, in den Ausnahmefällen des Art. 85 GG den Disput über die Rechtmäßigkeit einer Maßnahme dadurch zu vermeiden, dass insoweit die Meinung eines der beiden Partner (des Bundes) für maßgeblich erklärt wird. Dies bedeutet im Ergebnis: Wenn der Bund die Bundeskompetenz rechtsfehlerhaft ausübt, indem er eine Weisung erteilt, welche dem auszuführenden Gesetz widerspricht, so greift er damit nicht rechtswidrig in die fremde Sachkompetenz (d.h. die des Landes) ein, sondern übt die eigene

Sachkompetenz (fehlerhaft) aus. Dies ähnelt der Rechtslage, wenn der Bund eine unter Art. 74 GG fallende Materie in inhaltlich verfassungswidriger Weise regelt.

Zwischenergebnis: Das Land wird durch die Erteilung der rechtswidrigen Weisung nicht in eigenen Rechten verletzt.

2) Eine Rechtsverletzung des Landes könnte jedoch in der Weisungsausübung ohne vorhergehende Anhörung liegen. Hierdurch wurde die Kompetenz des Landes fehlerhaft durch den Bund an sich gezogen. Der Fehler liegt hierbei nicht (wie im obigen Fall) in der Ausübung der Kompetenz, sondern in der Heranziehung der Kompetenz.

Ergebnis: Die Rechte des Landes wurden durch die Kompetenzausübung ohne Anhörung verletzt. Das Land kann eine Verletzung seiner Rechte im Bund-Länder-Streit geltend machen.

Zu b) Art. 85 III GG ermächtigt den Bund zu Aktivitäten, die er für eine effektive und sachgerechte Vorbereitung und Ausübung seines grundsätzlich unbeschränkten Direktions- und Weisungsrechts für erforderlich hält. Diese Ermächtigung steht jedoch unter formellen und materiellen Vorbehalten. Zunächst ergibt sich vorliegend die Frage, ob vor Zustimmung der bilateralen Vereinbarung eine Anhörung des Landes erforderlich gewesen wäre. Das BVerfG verneint deren Erforderlichkeit. Es bestehe kein Anhörungserfordernis vor informalem Handeln. Ein ausreichender Schutz des Landes ergebe sich aus den prozeduralen Anforderungen, die vor Erteilung einer Weisung zu beachten sind. Materiell ist allerdings zu beachten, dass dem Bund die auf seiner Sachkompetenz gründende Geschäftsleitungsbefugnis nicht per se zusteht. D.h. er muss die ihm nur in Form einer „Reservezuständigkeit" verliehene (potenzielle) Sachentscheidungsbefugnis ausdrücklich oder konkludent auf sich überleiten [Im Normalfall geschieht dies etwa durch Ausübung des Weisungsrechts.] Der Grund hierfür liegt in der Vermeidung der Schaffung von „Doppelzuständigkeiten". In der vorliegenden Konstellation ging das BVerfG davon aus, dass eine konkludente Überleitung durch das In-Kontakt-Treten mit RWE erfolgt sei. Die Überleitung sei dem Land auch angezeigt worden, indem dieses angewiesen wurde, keine Änderungsgenehmigungen nach § 7 I AtG zu erteilen. Schließlich kann der Bund nur die Sach-, nicht jedoch die Wahrnehmungskompetenz an sich ziehen. Vorliegend könnte der Bund rechtswidrig in die Landeskompetenz eingegriffen haben, indem er selbst nach außen in Erscheinung getreten ist und unmittelbaren Kontakt mit dem Betreiber des KKW Biblis A aufgenommen hat. Auch hier lehnt das BVerfG jedoch eine Verletzung (der Wahrnehmungskompetenz des Landes) ab. Eine solche liege erst vor, wenn der Bund nach außen gegenüber Dritten rechtsverbindlich tätig werde oder durch die Abgabe von Erklärungen, die einer rechtsverbindlichen Entscheidung gleichkommen, die Wahrnehmungskompetenz der Länder an sich ziehe. Hingegen stelle eine „informelle" Absprache keinen Übergriff in die Wahrnehmungskompetenz des Landes dar. Diese sei vielmehr eine lediglich politische Absichtserklärung ohne rechtlichen Inhalt, die der Informationsbeschaffung zur Vorbereitung des Weisungsrechts diene. Dem ist jedoch entgegenzuhalten, dass das detaillierte Aushandeln verschiedener Nachrüstungsmaßnahmen in Abhängigkeit von der Restnutzung des Reaktorblocks über die „bloße Weisungsvorbereitung" hinausgeht (*Janz*, JuS 2003, 126 [129]).

Ergebnis: Folgt man jedoch der Auffassung des BVerfG ist eine Rechtsverletzung des Landes zu verneinen.

E. Ausführung in Bundesverwaltung

Bundesgesetze werden in Bundesverwaltung ausgeführt, wenn dies **14**
explizit angeordnet ist (Art. 87 ff. GG) oder eine Verwaltungskompetenz „kraft Natur der Sache" besteht. Beispielhaft für letzteres sei der Einsatz des Bundesgrenzschutzes zum Zwecke des Schutzes von Bundesorganen (*Schoen*, DVBl. 1988, 16 [17]) oder die Förderung von überregionalen Bestrebungen auf dem Gebiet der Jugendpflege mit Bundeshaushaltsmitteln (BVerfGE 22, 180 [217]) genannt.

Art. 86 S. 1 GG bestimmt, dass der Bund die Gesetze durch bundeseigene Verwaltung oder durch bundesunmittelbare Körperschaften und Anstalten des öffentlichen Rechts ausführen kann. Die Vorschrift unterscheidet demnach zwischen unmittelbarer und mittelbarer Bundesverwaltung. Erstere tritt in zwei Formen in Erscheinung: *mit* eigenem Verwaltungsunterbau (vgl. Art. 87 I 1, Art. 87b I 1, Art. 87d I 1, Art. 87f II 2 GG) und *ohne* eigenen Verwaltungsunterbau (vgl. Art. 87 III 1 GG).

Nach Art. 86 GG erlässt im Falle der Bundesverwaltung die Bundesregierung grundsätzlich die allgemeinen Verwaltungsvorschriften und regelt die Behördeneinrichtung. Im Übrigen finden sich spezielle Vorgaben aus den weiteren Regelungen der Art. 87 ff. GG.

	Verwaltung durch die Länder als eigene Angelegenheit (Art. 84 GG)	**Verwaltung durch die Länder als Bundes-auftragsverwaltung (Art. 85 GG)** *Beispiele:* Art. 90 II, Art. 104a III 2, Art.108 III 1 GG (obligatorisch); Art. 87b II, Art. 87c, Art. 87d II GG, Art. 89 II 3 GG, Art. 120a I 1 GG (fakultativ)	**Verwaltung durch den Bund (Art. 86 GG)** *Beispiele:* Art. 87b I 1, II 1 GG, Art. 87d I 1 GG, Art. 87e I 1 GG
Wahrnehmungskompetenz = (rechtsverbindliches) Handeln nach außen im Verhältnis zu Dritten	Länder	Länder	Bund
Sachkompetenz = Sachbeurteilung und Sachentscheidung	Grds. Länder *Ausnahme:* Art. 84 V GG	Länder, soweit nicht Bund Kompetenz gem. Art. 85 III GG an sich zieht	Bund

Regelung des Verwaltungsverfahrens	Grds. Länder (Art. 84 I 1, 2 GG). Ausnahmsweise Bund (Art. 84 I 5 GG) wegen besonderen Bedürfnisses nach bundeseinheitlicher Regelung; dann **Zustimmungspflicht** gem. S. 6.	Länder, soweit Bund Kompetenz nicht an sich zieht (nach ganz h.M. ist Nichtbenennung in Art. 85 I 1 GG Redaktionsversehen) (P) Zustimmungspflichtigkeit?	Bund
Regelung der Behördeneinrichtung	Länder (Art. 84 I 1, 2 GG) **Keine** entsprechende Anwendung des Art. 84 I 5 GG!	Länder (Art. 85 I 1 GG), soweit nicht Bund Kompetenz (mit **Zustimmung** des BR) an sich zieht.	Bund
Erlass von Verwaltungsvorschriften	Grds. Länder, soweit nicht Bund(esregierung) Kompetenz mit **Zustimmung** des Bundesrates an sich zieht.		Bund

Testfragen zum 4. Kapitel:

15 A. Wer ist antragsberechtigt im Bund-Länder-Streit?

B. In welcher Form können Bundesgesetze ausgeführt werden?

C. Nennen Sie ein Beispiel für fakultative Bundesauftragsverwaltung?

D. Worin unterscheiden sich Sach- und Wahrnehmungskompetenz? Wem sind diese jeweils zugewiesen?

E. Hat der Bund im Falle der Bundesauftragsverwaltung die Befugnis, das Verwaltungsverfahren zu regeln? Wäre ein entsprechendes Gesetz zustimmungsbedürftig?

F. Greift eine rechtswidrige Weisung nach Art. 85 III GG in Rechte des angewiesenen Landes ein?

Kapitel 5: Die Staats- und Verfassungsorgane

A. Der prozessuale Rahmen: Organstreitverfahren

🕮 *Ehlers*, Jura 2003, 315 ff.; *Engels*, Jura 2010, 421 ff.; *Fuerst/Steffahn*, Jura 2012, 90 ff.; *Geis/Meier*, JuS 2011, 699 ff.

Der Antrag im Organstreitverfahren nach Art. 93 I Nr. 1 GG, §§ 13 Nr. 5, 63 ff. BVerfGG [mit dem Ziel, die Verfassungswidrigkeit der streitgegenständlichen Maßnahme feststellen zu lassen] hat Erfolg, wenn er zulässig und begründet ist. 1

Prüfungsschema 8: Organstreitverfahren 2

I. Zulässigkeit

1. Parteifähigkeit der Beteiligten (Art. 93 I Nr. 1 GG, § 63 BVerfGG)
   a) Oberste **Bundesorgane** (Art. 93 I Nr. 1 GG, § 63 BVerfGG), d.h. insbes. BPräs, BT, BRat, BReg.
   b) in GG oder GO BT bzw. GO BReg mit eigenen Rechten ausgestattete **Teile dieser Organe** (§ 63 BVerfGG), d.h. insbes. BKanzler, BMin, BT- und BR-Präsident, BT- und BR-Ausschüsse, Fraktionen und Gruppen.
   c) „andere **Beteiligte**" iSd Art. 93 I Nr. 1 GG: Insbes. **Abgeordnete**; Parteien (str.); *nicht*: Landesparlamente (BVerfG, 2 BvE 7/12 vom 19.3.2014)
2. Streitgegenstand (§ 64 I BVerfGG)
   a) Konkrete rechtserhebliche Maßnahme
   b) die Rechte und Pflichten des Antragstellers aus GG betrifft
3. Antragsbefugnis (§ 64 I BVerfGG)
   a) **Möglichkeit** (plausible Geltendmachung) der
   b) Verletzung oder unmittelbaren Gefährdung **eigener** (organschaftlicher) Rechte des Antragstellers (bzw. bei Organteil: des Organs = Fall der gesetzlichen Prozessstandschaft) aus GG

aa) Recht des Antragstellers selbst (§ 64 I Alt. 1 BVerfGG) oder

bb) Recht des Organs, dem Antragsteller angehört (§ 64 I Alt. 2 BVerfGG); anerkannt ist diese Prozessstandschaft für *organisierte* Minderheiten (BT-Fraktion, Untersuchungsausschuss; nicht: Abgeordnete)

4. Passive Prozessführungsbefugnis

   Im Streit stehen müssen *eigene* Maßnahmen der Antragsgegner (keine passive Prozessstandschaft)

5. Allg. Rechtsschutzinteresse (regelmäßig durch Antragsbefugnis indiziert)

   Fehlt ausnahmsweise, insbesondere wenn Minderheiten das Organstreitverfahren einleiten, ohne zuvor die ihnen nach der Verfassung zustehenden Minderheitenrechte auszuüben; vgl. BVerfGE 90, 286 [392 f.]; 68, 1 [77 f.]

6. Form (§ 23 I 1, 2 Hs. 1, § 64 II BVerfGG)

7. Frist

   a) § 64 III BVerfGG: 6 Monate (Berechnung nach §§ 221 ff. ZPO, § 187 BGB)

      Insbes. bei GO-Verstößen stellt BVerfG aber nicht auf Erlasszeitpunkt, sondern auf „aktuelle Betroffenheit" ab (BVerfGE 80, 188 [210]).

   b) Insbes. Unterlassung: entscheidend ist Zeitpunkt der erkennbaren und eindeutigen Weigerung der Vornahme der Maßnahme (BVerfGE 103, 164 [170 f.])

II. Begründetheit

1. Verfassungswidrigkeit der Maßnahme oder Unterlassung
2. Verletzung der Rechte des Antragstellers (oder des Organs, für das er prozessstandschaftlich auftritt)

III. Entscheidungsmöglichkeiten

Nach § 67 BVerfGG enthält die Entscheidung die Feststellung, ob die beanstandete Maßnahme oder Unterlassung des Antragsgegners gegen eine Bestimmung des Grundgesetzes verstößt.

I. Zulässigkeit

1. Insbesondere: Parteifähigkeit

§ 63 BVerfGG ist enger gefasst als Art. 93 I Nr. 1 GG. Soweit sich die „anderen Beteiligten" iSd Art. 93 I Nr. 1 GG nicht unter § 63 BVerfGG subsumieren lassen, geht hier der Verfassungstext vor [Klausurhinweis Nr. 1]! § 63 BVerfGG ist insoweit verfassungswidrig. Im Einzelnen sind daher im Organstreitverfahren die obersten Bundesorgane, die im Grundgesetz oder in den Geschäftsordnungen von Bundestag bzw. Bundesregierung mit eigenen Rechten ausgestatteten Teile dieser Organe bzw. „andere Beteiligte" iSd Art. 93 I Nr. 1 GG beteiligtenfähig: 3

- **Oberste Bundesorgane** sind neben den explizit benannten insbesondere die Bundesversammlung und der Gemeinsame Ausschuss. Str. ist dies hinsichtlich Bundesbank, Bundesrechnungshof und Vermittlungsausschuss.
- **Im Grundgesetz oder in der GO BT bzw. GO BRat mit eigenen Rechten ausgestattete Teile dieser Organe nach § 63 BVerfGG** sind beispielsweise der Bundeskanzler (Art. 63 ff. GG), die Bundesminister (Art. 65 S. 2 GG); der Bundestagspräsident (Art. 40 I 1, II GG), der Bundesratspräsident (Art. 52 I, II, 57 GG), die Bundestags- und Bundesratsausschüsse (§§ 44 ff. GG), die Fraktionen in Bundestag (einschl. Fraktionen in Ausschuss) (§§ 10 I–III, 57 II, 76 GO BT), die anderen Zusammenschlüsse von Abgeordneten (§ 10 IV GO BT) sowie qualifizierte Minderheiten in Bundestag (Art. 39 III 3, 42 I 2, 44 I 1, 61 I 2 GG) und in Bundesrat (Art. 52 II 2, 61 I 2 GG).
- **„Andere Beteiligte"** iSd Art. 93 I Nr. 1 GG sind beispielsweise **Abgeordnete** (vgl. Art. 38 I 2 GG); nach a.A. sind sie bereits nach § 63 BVerfGG als *Teil* des Bundestags parteifähig.

Allerdings gilt es zu beachten, dass Abgeordnete gerade keine Organ*teile* (d.h. feste und regelmäßig vorhandene Gremien), sondern lediglich Organ*mitglieder* sind. Vgl. hierzu auch die Differenzierung in § 22 I 2 BVerfGG zwischen „gesetzgebenden Körperschaften", „Teile(n) von ihnen" und „ihre(n) Mitglieder(n)". Daher können sie nach ganz überwiegender Auffassung nicht im Sinne der Prozessstandschaft Rechte des Bundestages geltend machen (vgl. BVerfGE 90, 286 [342 f.]). Nahe liegender erscheint es daher, Abgeordnete nicht als Organ*teil* zu qualifizieren, sondern ihre Parteifähigkeit unmittelbar aus Art. 93 I Nr. 1 GG abzuleiten.

Einzelne Abgeordnete sind allerdings **nur parteifähig**, soweit sie um ihren **organschaftlichen Status aus Art. 38 I 2 GG** streiten. Bei sog. Jedermanns-Rechten gemäß Art. 38 I 1 GG befinden sie sich hingegen in einem grundrechtsgleichen Status und werden ggf. auf die Verfassungsbeschwerde verwiesen. Art. 38 I 1 GG regelt mit dem Wahlrecht (insbes. den Wahlrechtsgrundsätzen) ein Jedermannsrecht und betrifft somit lediglich das dem Abgeordnetenstatus vorgeordnete Rechtsverhältnis: das passive Wahlrecht gewährt „Jedermann" das Recht, durch Teilnahme an der Wahl Abgeordneter des Deutschen Bundestags zu werden. Art. 38 I 2 GG regelt hingegen die Rechtsstellung eines gewählten (!) Abgeordneten, enthält also eine (staats-) organisationsrechtliche Bestimmung.

Beispiele: Mit der Verfassungsbeschwerde resp. im Wahlprüfungsverfahren – jeweils gestützt auf **Art. 38 I 1 GG** – geltend zu machen sind Rügen betreffend eine unzulässige Wahlbeeinflussung durch die Regierung (BVerfGE NVwZ 1988, 817 ff.), die Zulässigkeit von Überhangmandaten (BVerfGE 79, 169 ff.; 95, 335 ff.), die Problematik des fehlenden Erfolgswerts einer erfolglosen Erststimme (BVerfGE 79, 161 ff.), die Rechtmäßigkeit der Grundmandatsklausel (BVerfGE 95, 408 ff.), die Zuteilung von Sendezeiten für Wahlwerbung (BVerfGE 34, 160 ff.; 47, 198 ff.; 48, 271 ff.; 63, 251 ff.), die Grenzen der Übertragung von Hoheitsgewalt (BVerfG NJW 2009, 2267 ff.).

Gegenstand eines Organstreitverfahrens – gestützt auf **Art. 38 I 2 GG** – sind Rügen betreffend die Dauer der Legislaturperiode (BVerfGE 114, 121 ff.), die Vorenthaltung des Fraktionsstatus (BVerfGE 43, 142 ff.; BVerfGE 84, 304 ff.; BVerfGE 96, 264 ff.), die Rechtsstellung eines fraktionslosen Abgeordneten (BVerfGE 80, 188 ff.), die Ausschussbesetzung im Bundestag (BVerfGE 84, 304 ff.), die Ausgestaltung parlamentarischer Mitwirkungsbefugnisse (BVerfGE 60, 374 ff.; BVerfGE 80, 188 ff. und 84, 304 ff.), die Alimentierung der Abgeordneten (BVerfGE 102, 224 ff.), die Veröffentlichungspflicht von Nebentätigkeiten und –einkünften nach § 44a IV 1 iVm § 44b AbgG (BVerfGE 118, 277 ff.) und die Zulässigkeit einer Mitgliederenquête (BVerfGE 94, 351 ff.).

Wird die Verletzung der Immunität nicht gegenüber dem Parlament, sondern allen anderen Trägern öffentlicher Gewalt gegenüber geltend gemacht, so ist das aus Art. 38 I 2 GG iVm Art. 46 II GG resultierende Recht im Wege der Verfassungsbeschwerde geltend zu machen (BVerfG NJW 2014, 3085 – Fall Edathy).

Nach BVerfG sind „andere Beteiligte" im Sinne der Vorschrift auch **politische Parteien**, soweit die Verletzung ihres durch **Art. 21 I GG** garantierten verfassungsrechtlichen Status in Rede steht (str.; bejahend BVerfGE 4, 27 [30 f.]; 109, 275 [278]; 136, [323] (X); 138 [202] (X)); verneinend *Ehlers*, Jura 2003, 315 [317]). Zur Begründung erhebt das BVerfG Parteien in den Rang einer „verfassungsrechtlichen Institution". Die Gegenauffassung betont hingegen die primär gesellschaftliche Stellung der Parteien.

Es handelt sich hierbei um einen technischen „Kunstgriff" des BVerfG, da Parteien ihre Rechte aus Art. 21 I GG andernfalls nicht verfassungsprozessual geltend machen könnten; insbesondere keine Erwähnung in Art. 93 I Nr. 4a GG. Hier wäre allenfalls der Rückgriff auf Art. 3 I (iVm Art. 21 I GG) möglich.

Andere Grundrechte sind von den Parteien im Wege der Verfassungsbeschwerde geltend zu machen.

Folgt man der Auffassung des BVerfG, so ist im Rahmen der Prüfung der Parteifähigkeit **nur** festzustellen, dass die politischen Parteien Antragsteller im Organstreitverfahren sein können (wenn sie ihren verfassungsrechtlichen Status [gegen ein Verfassungsorgan] verteidigen). Ob letzterer betroffen ist, ist erst im Rahmen der Antragsbefugnis zu erörtern.

2. Insbesondere: Streitgegenstand (§ 64 I BVerfGG)

Streitgegenstand kann **jede konkrete rechtserhebliche Maßnahme** (Handlung oder Unterlassung) sein, die Rechte und Pflichten des Antragstellers aus dem Grundgesetz betrifft. Als **rechtserhebliche** Maßnahme kommt jedes Verhalten des Antragsgegners in Betracht, das geeignet ist, die Rechtsstellung des Antragstellers zu beeinträchtigen – hiermit werden bereits Elemente der Antragsbefugnis vorweggenommen. **Maßnahme** iSd § 64 I BVerfGG kann nicht nur ein punktueller Einzelakt, sondern auch der Erlass eines Gesetzes oder die Mitwirkung an einem Normsetzungsakt sein. Die Prüfungskompetenz beschränkt sich in letzterem Fall auf den Mitwirkungsakt und wird nicht auf die Norm als Ganze erweitert.

Der *rechtserhebliche* Charakter fehlt bei nur vorläufigen und unverbindlichen Äußerungen der BReg zur Vernehmung *Edward Snowdens* (BVerfGE 138, 45 ff.).

3. Insbesondere: Antragsbefugnis (§ 64 I BVerfGG)

Im Rahmen der **Antragsbefugnis** muss der Antragsteller die Verletzung oder unmittelbare Gefährdung eigener (oder im Falle der Prozessstandschaft: fremder) (Verfassungs-)Rechte plausibel geltend machen. Unterstellt, dass Abgeordnete nicht als Organe des Bundestages, sondern als „andere Beteiligte" parteifähig sind, sind sie nicht befugt, Rechte des Bundestages geltend zu machen!

Nach Auffassung des BVerfG kann ein Organteil Rechte des Organs nicht nur gegen dessen Willen, sondern auch gegen das Organ als Antragsgegner prozessual geltend machen (BVerfGE 123, 267 [338 f.]). Dies resultiert aus der Funktion der Prozessstandschaft als Minderheitenrecht und Kontrollrecht der Opposition.

Der Begriff des „Rechts" meint jedoch keine subjektiv-öffentlichen Rechte des Außenrechtskreises, sondern Zuständigkeiten. **Nicht ausreichend** sind Geschäftsordnungsbefugnisse (oder sonstige unterverfassungsrechtliche Kompetenzen). Diese müssen also jedenfalls aus dem Grundgesetz **ableitbar** sein.

Die als verletzt geltend gemachte Rechtsposition muss in einem **Verfassungsrechtsverhältnis** gründen. Ein *Verfassungsrechtsverhältnis* liegt vor, wenn auf beiden Seiten des Streits Verfassungsorgane oder Teile von Verfassungsorganen stehen und um verfassungsrechtliche Positionen streiten. Für eine allgemeine, von eigenen Rechten des Antragstellers losgelöste, abstrakte Kontrolle der Verfassungsmäßigkeit einer angegriffenen Maßnahme ist im Organstreit kein Raum. Auch eine Respektierung sonstigen (Verfassungs-)Rechts kann im Organstreit nicht erzwungen werden. Der Organstreit ist kein objektives Beanstandungsverfahren, sondern ein kontradiktorisches Verfahren; er dient dem Schutz der Rechte der Staatsorgane im Verhältnis zueinander, nicht aber einer allgemeinen Verfassungsaufsicht.

II. Begründetheit

4 Der Antrag ist begründet, wenn die Maßnahme oder Unterlassung des Antragsgegners verfassungs-/rechtswidrig ist *und* der Antragsteller (oder das von ihm vertretene Organ) hierdurch in seinen verfassungsrechtlichen Rechten verletzt wird.

☝ Vorliegend wird ein zweistufiger Prüfungsaufbau angenommen, dem tlw. auch ein einstufiger Prüfungsaufbau entgegen gesetzt wird; vgl. hierzu *Gersdorf*, VerfProzessR, Rn. 112 ff. Der Obersatz muss dann lauten: „Der Antrag ist begründet, wenn die Maßnahme oder Unterlassung des Antragsgegners verfassungsrechtliche Rechte des Antragstellers verletzt." Die Verfassungswidrigkeitsprüfung findet dann letztlich implizit statt.

III. Entscheidung

5 Über Art. 93 I Nr. 1 GG hinausgehend stellt das BVerfG in seiner Entscheidung gem. § 67 S. 1 BVerfGG fest, ob die beanstandete Maßnahme oder Unterlassung des Antragsgegners gegen eine Bestimmung des Grundgesetzes verstößt (d.h. verfassungswidrig ist). *Die Vorschrift wird daher auch zur Untermauerung des zweistufigen Prüfungsaufbaus herangezogen. Jedenfalls muss sich der Entscheidungssatz an dem gewählten Prüfungsaufbau orientieren.*

Formulierungsbeispiel: „Die Maßnahme des Bundestages ist verfassungswidrig und verletzt das Recht des A aus .... Daher ist der Antrag begründet." – zweistufiger Prüfungsaufbau

„Der Bundestag verletzt durch ... das Recht des A aus Art ... GG. Daher ist der Antrag begründet." – einstufiger Prüfungsaufbau

B. Der Bundestag

📖 *Morlok/Hientzsch*, JuS 2011, 1 ff.

I. Funktion und Organisation des Bundestages

Zu den **Kernfunktionen** des Bundestags gehören: Die **Legislativfunktion** (vgl. Art. 76 I, 77 I 1) [insbesondere völkerrechtliche Kompetenz (Art. 23 I 2, 59 II 1, 115l III GG)]; die **Etatfunktion** (Art. 110 II 1 GG sowie Art. 115 I 1 GG); die **Wahlfunktion** (Art. 53a I 1, 2 Hs. 1 GG; Art. 63 I, 67 I GG; Art. 77 II 1, 2 GG; Art. 94 I 2 GG – jedoch: nicht BT als Organ, sondern seine Mitglieder sind wahlberechtigt nach Art. 54 III GG [als Teil der Bundesversammlung]) sowie die **Kontrollfunktion** (Art. 43 I GG iVm §§ 100 ff. GOBT, Art. 44 I 1 GG, Art. 45b S. 1 GG, Art. 114 I GG); insbesondere zur Kontrolle im Vorfeld von Bundeswehreinsätzen → Kap. 8 Rn. 1. 6

Dem Bundestag kommt nach Art. 40 GG **Parlamentsautonomie** zu. Dies bezeichnet die allgemeine Befugnis des Parlaments, seine eigenen Angelegenheiten selbst zu regeln. Art. 40 I GG betrifft im Speziellen die **innere Parlamentsautonomie**: Der Bundestag regelt hiernach seine parlamentsinterne Organisation und Arbeitsweise durch eine Geschäftsordnung (Art. 40 I 2 GG). Diese gilt zeitlich nur für die jeweilige Wahlperiode, wird jedoch regelmäßig vom neuen Bundestag pauschal übernommen; zur Rechtsnatur → Kap. 3 Rn. 8. Die in Art. 40 II GG normierte **äußere Parlamentsautonomie** verleiht dem Bundestagspräsidenten das Hausrecht (= Sachherrschaft über die Gebäude und Liegenschaften des Bundestags) und die Polizeigewalt (= hoheitlichen Befugnisse der allgemeinen Polizeibehörden) in den Gebäuden des Deutschen Bundestags (S. 1). Dementsprechend darf nach S. 2 dieser Vorschrift in den Räumen des Bundestags ohne Genehmigung des Bundestagspräsidenten keine Durchsuchung oder Beschlagnahme stattfinden; zum subjektiv-rechtlichen Charakter dieser Norm *Schroeder*, Jura 2008, 95 ff. 7

II. Bundestagsauflösung und Neuwahlen

Die Amtsdauer des Bundestags beträgt nach Art. 39 I 1 GG vier Jahre. Eine **Verlängerung** dieses Zeitraums durch Verfassungsänderung ist grundsätzlich möglich; sie kann aber nur für die auf die Verfassungsänderung folgende Wahlperiode Geltung beanspruchen. Andernfalls wäre ein Verstoß gegen das Demokratieprinzip festzustellen. 8

Aufgrund des Erfordernisses demokratischer Rückkoppelung ist eine Verlängerung auf 7 Jahre und mehr unzulässig. Str., ob eine Verlängerung auf 6 Jahre noch zulässig ist; hierzu das Klausurbeispiel bei *Maurer*, JuS 1983, 45 ff.

Eine **Verkürzung** der Wahlperiode ist während ihres Ablaufs nur im Wege der vorzeitigen Auflösung möglich. Das Grundgesetz sieht kein Recht des Bundestags auf Selbstauflösung vor. Als Auflösungstatbestände sind nur Art. 63 IV 3 GG und Art. 68 GG in der Verfassung vorgesehen.

1. Bundestagsauflösung gemäß Art. 63 IV 3 GG

9 **Prüfungsschema 9: Bundestagsauflösung nach Art. 63 IV 3 GG**

I. Voraussetzung: Drei erfolglose Wahlgänge, d.h. keine absolute Mehrheit für die/den zur Wahl stehenden Kandidaten

II. Rechtsfolge

1. Ermessen des Bundespräsidenten
2. Frist des Art. 63 IV 3 GG

2. Vertrauensfrage Bundestagsauflösung gemäß Art. 68 GG

📖 BVerfGE 62, 1 ff.; BVerfGE 114, 121 ff.; *Burkiczak*, Jura 2002, 46 ff.; *Reimer*, JuS 2005, 680 ff.; *Terhechte*, Jura 2005, 512 ff.; umfassend zur Problematik *Winkler*, AöR 131 (2006), 441 ff.

10 Nach Art. 68 I 1 GG kann der Bundeskanzler die Vertrauensfrage stellen. Dies wird er im Regelfall mit dem Ziel tun, die Mehrheit der Bundestagsabgeordneten hinter sich zu versammeln, möglicherweise sogar eine strittige Sachfrage in seinem Sinne zu entscheiden. Gelingt ihm dies nicht, besteht die Möglichkeit der Bundestagsauflösung (hierzu Prüfungsschema 10).

In der Vergangenheit wurde zuletzt unter Bundeskanzler Schröder im Jahre 2001 die Vertrauensfrage mit der umstrittenen Sachfrage über den Einsatz bewaffneter deutscher Streitkräfte im Rahmen der internationalen Terrorismusbekämpfung verbunden. „Verbindung" meint die *einheitliche* Abstimmung. Die Bejahung der Vertrauensfrage bedeutet somit zugleich die Zustimmung zum Gesetz.

Bundeskanzler Schröder hat sich damit einer bekannten Regierungspraxis bedient. Dennoch wirft dieses Vorgehen immer wieder die Frage auf, ob die Vertrauensfrage verfassungsrechtlich zulässig mit einer konkreten Sachfrage verbunden werden darf.

(P) Zulässigkeit der Verbindung von Vertrauensfrage und Sachfrage durch den Bundeskanzler?

🕮 *Schönberger*, JZ 2002, 211 ff.

Die Frage nach der Zulässigkeit der Verbindung von Vertrauensfrage und Sachfrage bewegt sich im Spannungsfeld von parlamentarischer Verfahrensautonomie (Art. 40 I GG; → Rn. 7) und den Kompetenzen der Bundesregierung bzw. des Bundeskanzlers.

H.M.: Die Vertrauensfrage nach Art. 68 GG kann mit jeder **Sachfrage** zu einer einheitlichen Abstimmung verbunden werden (so etwa Sachs/*Oldiges*, Art. 68 GG Rn. 29, der jedoch „einige(s) politische(s) Gewicht" der Entscheidung verlangt). **Begründung: a)** Entsprechend Art. 81 I 2 GG ist die Verbindung von Vertrauensfrage und Gesetzesvorlage zu einer einheitlichen Abstimmung zulässig. Dabei kann offen bleiben, ob die Zulässigkeit dieser Verbindung aus der Vorschrift folgt oder nur von dieser vorausgesetzt wird. **b)** Die Möglichkeit zur einheitlichen Abstimmung ist Erfordernis (der Sicherung der Stabilität) des parlamentarischen Regierungssystems. Dieses „Druckmittel" behält nur bei einheitlicher Abstimmung seine Wirkung.

a.A.: Die Vertrauensfrage nach Art. 68 GG kann mit einer **Gesetzesvorlage** zu einer einheitlichen Abstimmung verbunden werden (von Mangoldt/Klein/Starck/*Epping*, Art. 68 GG Rn. 11). **Begründung: a)** Art. 81 I 2 GG spricht explizit nur von der Verbindung mit einer *Gesetzesvorlage*, nicht hingegen mit jeder *Sachfrage.* Verfassungsrechtlich ist daher der Zugriff auf den Kompetenzbereich der Legislative lediglich in dem dort begrenzten Umfang zulässig. **b)** Der BKanz ist zur Realisierung seiner Politik essentiell auf den Gesetzgeber angewiesen. Der durch Art. 81 vermittelte Druck auf den BT ist daher (nur) im Zusammenhang mit Gesetzesvorlagen sinnvoll. **Aber:** Im dem oben beschriebenen Fall von Bundeskanzler Schröder soll die Verbindung dennoch zulässig gewesen sein, da die Bundestagsentscheidung einen zur Zulässigkeit des Streitkräfteeinsatzes notwendigen **konstitutiven Parlamentsbeschluss** darstellt, der entsprechend einer Gesetzesvorlage zu behandeln ist (*Epping*, a.a.O.).

a.A.: In Anbetracht der Vorrangigkeit der parlamentarischen Verfahrensautonomie kann die Entscheidung über die Einheitlichkeit der Abstimmung nur durch das Parlament, nicht durch den Bundeskanzler getroffen werden (*Schönberger*, a.a.O.). **Begründung: a)** Art. 81 I 2 GG sieht nicht die einheitliche Abstimmung, sondern nur die zeitliche Verknüpfung von Vertrauensfrage und Gesetzesvorlage vor. **b)** Auch Art. 68 GG lässt sich keine entsprechende Kompetenz des Bundeskanzlers entnehmen. Mangels expliziter Ermächtigung im Grundgesetz ist der

Grundsatz parlamentarischer Verfahrensautonomie vorrangig. **c)** Innerhalb der einheitlichen Abstimmung würden andernfalls für die Sachfrage und die Vertrauensfrage unterschiedliche Mehrheitserfordernisse gelten: im Fall des einfachen Gesetzes einmal relative Mehrheit nach Art. 42 II 1 GG, das andere Mal absolute Mehrheit nach Art. 121 GG.

11 **Prüfungsschema 10: Bundestagsauflösung nach Art. 68 I 1 GG**

I. Formelle Voraussetzungen

1. Zuständigkeit des BPräs (Art. 68 I 1 GG)
2. Verfahren
   a) (Formell ordnungsgemäß gestellte) Vertrauensfrage des Bundeskanzlers
   b) Wartefrist des Art. 68 II GG: 48h
   c) Zustimmungsquorum (Art. 68 I 1 GG, Art. 121 GG)
   d) Vorschlag des BKanzlers (Art. 68 I 1 GG)
3. Form: nicht geregelt

II. Materielle Voraussetzungen: Erfordernis einer „materiellen Auflösungslage“ (str.)

III. Rechtsfolge: Entscheidung des BPräs

1. Frist des Art. 68 I 1 GG: 21 Tage
2. Kein Erlöschen des Auflösungsrechts nach Art. 68 I 2 GG
3. Gegenzeichnung (Art. 58 GG) der Auflösungsverfügung nach Art. 68 I 3 GG (hierzu *Thiele*, JA 2005, 871 ff.)
4. Ermessen

12 Es besteht auch die Möglichkeit, dass die Vertrauensfrage mit dem *Ziel* gestellt wird, den Bundestag auflösen und den Weg für Neuwahlen freimachen zu können. Dabei handelt es sich um eine sog. **unechte oder auflösungsgerichtete Vertrauensfrage**. Die Vertrauensfrage wird hier institutionalisiert zur Vorbereitung der Durchführung einer Parlamentsauflösung und ist von dem subkutanen Wunsch des Bundeskanzlers nach Ablehnung getragen.

In der **Verfassungsgeschichte** finden sich zwei Anwendungsfälle der Ausführung einer solchen „unechten“ Vertrauensfrage, welche Meinungsverschiedenheiten über deren Zulässigkeit hervorgerufen haben.

BVerfGE 62, 1 ff. (1983): Die Ausgangslage ist eine sozialliberale Koalition unter Bundeskanzler Helmut Schmidt. Spannungen zwischen den Koalitionspartnern führen zum Koalitionsbruch. Die neue schwarz-liberale Koalition spricht Bundeskanzler Schmidt das Misstrauen nach Art. 67 I 1 GG aus. Neugewählt wird Bundeskanzler Kohl. Dieser stellt nunmehr die Vertrauensfrage nach Art. 68 I 1 GG, mit dem Ziel die neue Koalition durch das Wahlvolk bestätigen zu lassen.

BVerfGE 114, 121 ff. (2005): Ausgangslage ist eine rot-grüne Koalition unter Bundeskanzler Gerhard Schröder. Die Popularität der Bundesregierung und der regierenden Parteien im Bundestag sinken aufgrund der stagnierenden Wirtschaft und hoher Arbeitslosenzahlen. Einzelne Wahlen auf Landesebene gehen für die in der Bundesregierung vertretenen Parteien verloren; Folge ist eine verstärkte Bundesratblockade, die jedoch keine 2/3-Mehrheit erreicht. Bundeskanzler Schröder stellt daraufhin die Vertrauensfrage mit dem Ziel, die rot-grüne Regierung durch das Wahlvolk bestätigen zu lassen, um ein „demokratisches" Übergewicht gegenüber dem Bundesrat zu erhalten.

(P) Ist eine solche „unechte" Vertrauensfrage zulässig?

e.A.: Unechte Vertrauensfrage ist Missbrauch der in Art. 68 I 1 GG normierten Institution und daher verfassungsrechtlich unzulässig (z.B. *Maurer*, DÖV 1982, 1001 (1004 f.); neuerdings *ders.*, StaatsR I, § 14 Rn. 41).

a.A.: Das Verfahren des Art. 68 I 1 GG kann zur Herbeiführung von Neuwahlen genutzt werden (z.B. *Seuffert*, AöR 108 (1983), 403 [403 ff.]) und ist insofern an keine materielle Voraussetzung gebunden.

Vermittelnde (herrschende) Auffassung: Die unechte Vertrauensfrage ist grds. zulässig, wenn diese durch ein **ungeschriebenes materielles Tatbestandsmerkmal** („materielle Auflösungslage" = politische Instabilität, Handlungsunfähigkeit; vgl. im Folgenden BVerfG) ergänzt wird. **Begründung: a) Entstehungsgeschichte:** Der parlamentarische Rat wollte die Ausgestaltung der Parlamentsauflösung als Ausnahmetatbestand konzipieren. **b) Systematik:** Art. 68 GG darf nicht als Einführung eines von der Verfassung nicht vorgesehenen Selbstauflösungsrechts des Parlaments dienen. Die Systementscheidung des Grundgesetzes für die Schwächung des plebiszitären Elements wäre mit einer über Art. 68 I 1 GG eingeräumten Möglichkeit des Mehrheitskanzlers, jederzeit an das Volk zu appellieren, nicht in Einklang zu bringen. Die (lediglich) repräsentative Funktion des Bundespräsidenten wird durch die Aufgabenzuweisung nach Art. 68 I GG um die Befugnis zu einer hochpolitischen Entscheidung erweitert. **c) Telos:** Zweck des

Art. 68 I 1 GG ist der Erhalt von Stabilität und Funktionsfähigkeit des Regierungssystems: Bei der Vertrauensfrage soll es sich (lediglich) um ein wirksames Instrument zur Disziplinierung des Parlaments oder zur Beendigung einer Situation politischer Instabilität handeln.

In letzterem Sinne: BVerfGE 62, 1 ff.: *Vertrauen* ist die „förmlich bekundete gegenwärtige Zustimmung der Abgeordneten zu Person und Sachprogramm des Bundeskanzlers", **nicht:** die grundsätzliche Unterstützung der Regierungsarbeit. *D.h.* grundsätzliche Anerkennung der „unechten" Vertrauensfrage, die aber abhängig ist von dem ungeschriebenen Tatbestandsmerkmal einer Lage **„politischer Instabilität"**; d.h. erforderlich ist eine derartige Beeinträchtigung oder Lähmung der politischen Handlungsfähigkeit, dass eine „vom stetigen Vertrauen der Mehrheit getragene Politik nicht sinnvoll" verfolgt werden kann.

BVerfGE 114, 121 ff.: Anerkennung einer „auflösungsgerichteten Vertrauensfrage", sofern „**Handlungsunfähigkeit** der Regierung" besteht. Diese ist bereits dann verloren, „wenn der Kanzler zur Vermeidung offenen Zustimmungsverlusts im Bundestag gezwungen ist, von wesentlichen Inhalten seines politischen Konzepts abzurücken und eine andere Politik zu verfolgen."

(P) Wie weit reicht in dieser Situation das verfassungsrichterliche Prüfungsrecht?

BVerfG: Die beschriebene politische Situation verlangt die richterliche **Selbstbeschränkung** auf eine **Evidenzkontrolle**. **Begründung: a) Normativ:** Nur bei der Einräumung weiter Einschätzungs- und Beurteilungsspielräume für die obersten Verfassungsorgane (BT, BKanzler, BPräs) respektiert das BVerfG seine ihm innerhalb der Gewaltenteilung des Grundgesetzes zugewiesene Funktion. *Kritik:* Das Grundgesetz hat für den vorliegenden Fall gerade eine Kontrolle (durch den Bundespräsidenten) vorgesehen. Die Entscheidung ist also nicht als solche „kontrollavers". **b) Faktisch:** Der beschriebene Vertrauensverlust stellt einen hochpolitischen Vorgang dar, der sich in einem Gerichtsverfahren seiner Natur nach nicht darstellen lässt und ohne Beschädigung des politischen Handlungssystems auch nicht den üblichen prozessualen Erkenntnismitteln zugänglich ist. *Kritik:* Die Beurteilung der materiellen Auflösungslage legt funktionelle Systemdefizite, keine subkutanen Motive der Amtsinhaber zu Grunde. Derartige Systemdefizite sind der gerichtlichen Erkenntnis durchaus zugänglich.

Mit der Auflösung des Bundestages ist die Anberaumung von Neuwahlen verbunden:

3. Anberaumung von Neuwahlen

Prüfungsschema 11: Anberaumung von Neuwahlen 13

I. Formelle Voraussetzungen

1. Zuständigkeit des BPräs (§ 16 S. 1 BWahlG)
2. Frist (Art. 39 I 4 GG): 60 Tage

II. Materielle Voraussetzungen

Ordnungsgemäße Bundestagsauflösung

III. Rechtsfolge: Handlungspflicht des BPräs

III. Insbesondere: Der Ausschuss

Bei den **Ausschüssen** des Bundestags handelt es sich um parlamentarische Organteile, die ausschließlich aus Abgeordneten bestehen und die Aufgabe haben, die Verhandlungen und Entscheidungen des Bundestagsplenums vorzubereiten (vgl. § 54 I 1 GO BT). 14

Das Grundgesetz sieht als **ständige** Ausschüsse vor: Den Ausschuss für die Angelegenheiten der EU (Art. 45 GG), den Ausschuss für auswärtige Angelegenheiten und den Verteidigungsausschuss (Art. 45a GG) sowie den Petitionsausschuss (Art. 45c GG). Daneben bestehen etwa der Haushaltsausschuss (§§ 94 GOBT), der Wahlprüfungsausschuss und der Rechtsausschuss. Besonders bedeutsam ist der **Untersuchungsausschuss**, der zur Aufklärung einzelner Missstände eingesetzt werden kann (Art. 44 GG); → Rn. 16.

1. Ausschussbesetzungen

Die Ausschüsse werden entsprechend der zahlenmäßigen Stärke der Fraktionen besetzt, stellen also ein „verkleinertes Plenum" dar; sog. Grundsatz der Spiegelbildlichkeit. Dementsprechend werden die Mitglieder des Ausschusses auch nicht vom Parlament gewählt, sondern von den Fraktionen benannt. Abgeordnete können daher aus einem Ausschuss auch wieder abberufen werden. Ein solcher Ausschussrückruf kann auch eine disziplinarische Maßnahme darstellen; zur Fraktionsdisziplin → Rn. 23. 15

In der juristischen Fallbearbeitung gewinnen insbesondere Einsetzung und Arbeit von Untersuchungsausschüssen Bedeutung:

2. Untersuchungsausschüsse

🕮 *Gusy*, JA 2005, 395 ff.; *Hermanns/Hülsmann*, JA 2003, 573 ff.; *Mager/Siebert*, Jura 2003, 490 ff.; *Reinhardt*, NVwZ 2014, 991 ff.; *Schulte*, Jura 2003, 505 ff.

16 **Untersuchungsausschüsse** sind nichtständige Ausschüsse des Bundestages, die sich der Aufgabe widmen, Sachverhalte zu untersuchen, deren Aufklärung im öffentlichen Interesse liegt, und hierüber dem Plenum berichten.

Ihr rechtlicher Rahmen wird durch Art. 44 GG sowie das PUAG bestimmt. Zulässiger Untersuchungsgegenstand eines Untersuchungsausschusses ist jeder Gegenstand, der sich innerhalb der Kompetenzen des Bundestags bewegt (sog. Korollartheorie; vgl. auch § 1 III PUAG). Abzugrenzen ist dieser daher vor allem von Aufgaben, die anderen Staatsfunktionen/den Ländern zugeordnet sind (Ausdruck des Grundsatzes der Gewaltenteilung).

Prüfungsschema 12: Ordnungsgemäße Einsetzung eines Untersuchungsausschusses

I. Formelle Verfassungsmäßigkeit:

1. Verfahrensfehlerfreie **Einsetzung** durch Bundestagsbeschluss (§ 1 II PUAG)

   Insbes. Art. 44 I 1 Alt. 2 GG, § 1 I Alt. 2 PUAG: Minderheitenenquete.

   Beachte: In letzterem Fall darf Einsetzungsbeschluss den in Einsetzungsantrag bezeichneten Untersuchungsgegenstand ohne Zustimmung der Antragstellenden nicht ändern (§ 2 II PUAG); Ausnahme nach BVerfGE 49, 70 (88): Ermittlung eines umfassenderen Bildes.
2. Hinreichende Bestimmtheit (könnte auch im Rahmen der materiellen Verfassungsmäßigkeit geprüft werden)

[Ggf.:

3. Abgrenzung nach Art. 45a III GG (vgl. Art. 45a II 1 GG iVm § 34 I 2 PUAG → Zuständigkeit des Verteidigungsausschusses)]

II. Materielle Verfassungsmäßigkeit: Verfassungsrechtliche Zulässigkeit des Untersuchungsgegenstandes

1. Zuständigkeitsbereich des Bundestags (Art. 44 GG, § 1 III PUAG)

Schranken werden durch horizontale (vgl. folgendes (P)) und vertikale Gewaltenteilung gezogen, insbes. Beachtung des Grundsatzes der Organtreue.

Zu beachten ist hier ein **exekutiver Kernbereich**, welcher der parlamentarischen Kontrolle entzogen ist; siehe hierzu BVerfG NVwZ 2009, 1353 (1356).

2. Öffentliches Interesse am Untersuchungsgegenstand
Nicht bei rein privaten Sachverhalten (A.A.: seit Erlass des PUAG wird öffentliches Interesse bei Antragstellung durch ¼ der BT-Mitglieder unwiderleglich vermutet; *Schneider*, NJW 2001, 2604 [2605]: eigenständige Prüfung entfällt).

Fraglich ist insbesondere, wie weit die Untersuchungskompetenzen des Untersuchungsausschusses im Fall der Ausführung von Bundesgesetzen durch die Länder reichen.

(P) Unterliegt die vollziehende Gewalt eines Landes dann dem Untersuchungsrecht, wenn es sich um einen Fall der Bundesauftragsverwaltung (Art. 85 GG) handelt?

e.A.: In diesem Fall ist ein Untersuchungsrecht des Bundestags gegeben. **Begründung:** Jedenfalls die Art und Weise, wie der Bund seine Aufsichtsbefugnisse wahrnimmt, muss der parlamentarischen Kontrolle durch den Bundestag zugänglich sein. Diese Kontrolle muss die Vollzugspraxis der Landesexekutive einschließen.

a.A.: Das Untersuchungsrecht des Bundestags beschränkt sich auf die Ausübung der Bundesaufsicht. Zulässiger Gegenstand eines Untersuchungsverfahrens kann nur die Frage nach der Rolle des aufsichtführenden Bundesministeriums sein.

Die Befugnisse des Untersuchungsausschusses ergeben sich aus seinem verfassungsrechtlichen Auftrag und positivrechtlich aus §§ 17 ff. PUAG. Diese Beweisrechte können auch von der Ausschussminderheit geltend gemacht werden (§ 17 II PUAG). Für die Beweiserhebungen finden im Übrigen die „Vorschriften über das Strafverfahren“ (Art. 44 II 2 GG), also der StPO und des GVG, entsprechende Anwendung; sie können im Einzelfall auch befugnisbegrenzend wirken (vgl. nur § 68a StPO).

Die Untersuchungsrechte finden im Einzelfall ihre **Grenzen** in exekutivischen Geheimhaltungsinteressen (s. auch § 96 StPO) oder Rechten Dritter. Von besonderem Interesse erscheint das Recht auf Aktenherausgabe nach Art. 18 I PUAG, welches „vorbehaltlich verfassungsrechtlicher Grenzen“ besteht; hierzu BVerfGE 67, 100 (139 ff.) sowie das *Fallbeispiel* bei *Nettesheim/Vetter*, JuS 2004, 219 ff.

Der Untersuchungsausschuss **endet**, wenn der Untersuchungsauftrag durch Vorlage eines Abschlussberichts erfüllt ist, der Untersuchungsausschuss durch den Bundestag aufgelöst wird (bei Minderheitsenquete ist ¾-Mehrheitsbeschluss erforderlich) oder die Wahlperiode des Bundestages endet (Grundsatz der Diskontinuität).

IV. Insbesondere: Der Abgeordnetenstatus

🕮 *Frenz*, JA 2010, 126 ff.; *Harks*, JuS 2014, 979 ff.

17 Die vom Volk nach Art. 38 I 1 GG gewählten Abgeordneten, welche gemeinsam den Bundestag bilden, stellen das Fundament des demokratischen Verfassungsstaates dar. Dessen Anliegen ist daher insbesondere der Schutz ihrer Rechte.

Zu ihren **Statusrechten** gehören im Einzelnen: Das **Rede**- sowie das **Initiativrecht** (Art. 76 I GG); das Recht zur Mitwirkung in einem **Parlamentsausschuss**; das Recht zur Beteiligung an **Wahlen** und **Abstimmungen** (Art. 42 II 1 GG); das **Frage**- und **Informationsrecht** (Art. 43 I, 44 I GG); das Recht zum (Fraktions-)**Zusammenschluss**; das Recht auf **Indemnität** (Art. 46 I GG) und **Immunität** (Art. 46 II GG). Soweit sich für diese Rechte keine expliziten Grundlagen im Grundgesetz finden, werden sie aus Art. 38 I 2 GG abgeleitet und sind Ausprägungen des hieraus resultierenden „Grundsatzes des freien Mandats"; hierzu noch → Rn. 18.

Der Abgeordnetenstatus **dauert** von dem Zeitpunkt des Zusammentritts des Bundestags bis zu dessen Auflösung; in Ausnahmefällen verliert der Abgeordnete sein Mandat aus anderen Gründen (vgl. hierzu § 46 I BWahlG; zu den „anderen Vorschriften" iSd § 46 I 2 BWahlG gehören insbesondere die Inkompatibilitätsregelungen). Hierzu gehört **nicht** der Verlust der Partei- oder Fraktionszugehörigkeit (→ Rn. 18).

1. Der Grundsatz des freien (und gleichen) Mandats

18 Nach Art. 38 I 2 GG sind die Abgeordneten Vertreter des ganzen Volkes, an Aufträge und Weisungen nicht gebunden und nur ihrem Gewissen unterworfen. Insbesondere in dem 2. Hs. der Vorschrift kommt der **Grundsatz des freien Mandats** zum Ausdruck. Dies hat zur Folge, dass aus dem Verlust der Partei- (oder Fraktions)mitgliedschaft nicht der Mandatsverlust folgt. Eine entsprechende einfachgesetzliche Regelung wäre wegen Verstoßes gegen Art. 38 I 2 GG verfassungswidrig (hierzu *Schoch*, Übungen, Fall 2). Dieser ist im Spannungsverhältnis zu Art. 21 I GG vorrangig. Dabei ist es unerheblich, ob der Abgeordnete sein Mandat durch Direktwahl oder über einen Listenplatz erhalten hat. Unzulässig ist daher auch die Ausübung von Fraktionszwang (anders aber: Fraktionsdisziplin); hierzu → Rn. 23.

Einen Eingriff in den Grundsatz des freien Mandats stellt auch die nachrichtendienstliche Überwachung von Abgeordneten dar. Siehe dazu folgenden – an die Entscheidungen BVerwGE 137, 275 ff. und BVerfGE 134, 141 ff. angelehnten – Fall 9:

Fall 9: A ist Mitglied der Partei ‚Die Linke' und Abgeordneter im Deutschen Bundestag. Bereits seit mehreren Jahren wird A von Seiten des Verfassungsschutzes beobachtet. Dieser erhebt unter Verzicht auf verdeckte Ermittlungen offen zugängliche Informationen über die Tätigkeit des Klägers in der Partei ‚Die Linke' sowie über seine Abgeordnetentätigkeit. Zu diesem Zweck werden auch Bundestagsdrucksachen analysiert. Der Verfassungsschutz bringt jedoch vor, nicht in den Kernbereich der Abgeordnetentätigkeit eingedrungen zu sein, da das Abstimmungsverhalten und die Äußerungen des A im Parlament sowie den Ausschüssen bei den Beobachtungen außenvorgeblieben seien. A sieht sich hierdurch in seinen Rechten aus Art. 38 I 2 GG verletzt. Ist seiner Auffassung zuzustimmen?

Lösung: Die verfassungsrechtliche Beobachtung des A könnte eine Verletzung des A in seinem Recht aus Art. 38 I 2 GG darstellen. Die hierdurch begründeten tatsächlichen Belastungen stellen ebenso wie die hiermit verbundenen Stigmatisierungen, welche seine politischen Ambitionen beeinträchtigen, einen Eingriff in den Abgeordnetenstatus dar. Dieser Eingriff könnte jedoch gerechtfertigt sein. Eine verfassungsrechtliche Schranke der über Art. 38 I 2 GG garantierten Freiheit des Abgeordnetenmandats stellt das „Prinzip der streitbaren Demokratie" dar. Diese Schranke wird einfachgesetzlich durch § 8 I 1 i.Vm. § 3 I BVerfSchG konkretisiert. Diese Regelung ist ausreichend bestimmt (vgl. § 4 I 1 lit. a) BVerfSchG). Sie genügt auch dem durch den Wesentlichkeitsgrundsatz konturierten Gesetzesvorbehalt. Einer spezifischen gesetzlichen Regelung für ein Tätigwerden des Verfassungsschutzes gerade gegenüber Abgeordneten bedarf es nicht. Die Regelung des BVerfSchG ist auch als solche verhältnismäßig, wie die strikte Anordnung in §§ 8 V, 9 BVerfSchG belegt.

§ 8 I 1 BVerfSchG ist eine ausreichende gesetzliche Grundlage für die verfassungsschützende Aktivität, wenn dem A (entsprechend § 4 I 1 lit. a) BVerfSchG) politisch bestimmte, ziel- und zweckgerichtete Verhaltensweisen in einem oder für einen Personenzusammenschluss nachgewiesen werden können, der darauf gerichtet ist, die Freiheit des Bundes oder eines Landes von fremder Herrschaft aufzuheben, ihre staatliche Einheit zu beseitigen oder ein zu ihm gehörendes

Gebiet abzutrennen. Dies ist im Hinblick auf die Partei ‚Die Linke' durchaus zweifelhaft, da sie zumindest im Osten Deutschlands durchaus den Status einer Volkspartei innehat und sich auch im Übrigen auf parlamentarischer Ebene etabliert hat.

Auch wenn man – mit Blick auf radikale Zusammenschlüsse innerhalb der ‚Linken' sowie Kontakte zu linksextremen Organisationen (DKP) oder Staaten (Kuba) – den Verdacht verfassungsfeindlicher Bestrebungen der Partei unterstellt [a.A. wie gesehen gut vertretbar], lässt sich dennoch nicht feststellen, dass die Einzelmaßnahme verhältnismäßig erfolgt ist. Der Eingriff in das Abgeordnetenmandat unterfällt einer *strengen* Verhältnismäßigkeitsprüfung, die zumindest hinreichende Anhaltspunkte verfassungsfeindlicher Bestrebungen *in der Person des A* verlangt (so BVerfG in Ablehnung der Rspr. des BVerwG). Diese finden sich vorliegend nicht.

Auch die Gestaltung der Informationsbeschaffung wirkt unverhältnismäßig: Die Informationsbeschaffung erfolgte zwar offen, erfasst jedoch auch die Abgeordnetentätigkeit des A und berührt – insbesondere durch die Auswertung der Bundestagsdrucksachen – den Kernbereich der Abgeordnetentätigkeit (mit dieser Tendenz BVerfG wiederum gegen BVerwG).

Zur Problematik *Klatt*, NVwZ 2011, 146 ff.; *Morlok/Sokolov*, DÖV 2014, 405 ff.; *Warg*, NVwZ 2014, 36 ff.

2. Insbesondere: Immunität und Indemnität

🕮 *Glauben*, DÖV 2012, 378 ff.; *Walter*, Jura 2000, 496 ff.; *Witt*, Jura 2001, 585 ff.

Dem Schutz des Abgeordneten dienen die Grundsätze der Immunität und Indemnität.

a) Immunität (Art. 46 II GG)

19 **Immunität** bedeutet, dass der Abgeordnete wegen einer strafbaren Handlung nur zur Verantwortung gezogen werden darf, wenn der Bundestag seine Genehmigung erteilt hat.

„Zur Verantwortung ziehen" meint bereits die Aufnahme von Ermittlungsmaßnahmen (Ausnahme: „Vorermittlungen"). Allerdings ist die Durchführung von Ermittlungsverfahren grundsätzlich von der allgemeinen Genehmigung des Bundestages erfasst, welche jeweils zu Beginn einer Wahlperiode vom Bundestag übernommen wird und in Anlage 6 der GO BT abgedruckt ist („Beschluss des Deutschen Bundestages betr. Aufhebung der Immunität von Mitgliedern des Bundestages").

Gemäß Art. 60 IV GG genießt auch der Bundespräsident Immunität. Für ihn gilt die allgemeine Genehmigung in Anlage 6 der GO BT jedoch nicht (siehe Fall „*Wulff*").

Bei der Immunität handelt es sich um ein **Strafverfolgungshindernis**, welches alle Bereiche des Lebens (also nicht nur die parlamentarische Tätigkeit) erfasst.

Der Abgeordnete darf für die Tat **ohne Genehmigung** des BT nicht „zur Verantwortung gezogen" werden. D.h. es ist ein verfahrensrechtlicher Schutz; kein genereller Verfolgungsschutz.

Prüfungsschema 13: Aufhebung der Immunität des Abgeordneten

I. Voraussetzungen der Immunität

1. Persönlicher Anwendungsbereich: Abgeordneter des BT (Art. 46 II Hs. 1 GG)
2. Zeitlicher Anwendungsbereich: von Aufnahme des Mandats bis zum Ablauf der Wahlperiode (zum Ruhen der Verjährung vgl. § 78b II StGB).
3. Ausnahme: Festnahme bei Begehung der Tat oder im Laufe des folgenden Tages (Art. 46 II Hs. 2 GG)

II. Antragsberechtigung

Insbes. Staatsanwaltschaften (s. A. 1. der „Grundsätze in Immunitätsangelegenheiten" abgedruckt in Anl. 6 der GO BT)

III. Ordnungsgemäße Genehmigung

(P) Kann der Abgeordnete im Wege des Organstreitverfahrens die Erteilung der Genehmigung überprüfen lassen?

e.A.: Eine Überprüfung im Organstreitverfahren ist nicht zulässig. **Begründung:** Der Schutzzweck der Norm bezieht sich auf den Schutz der Funktionsfähigkeit und des Ansehens des Parlaments.

a.A. (BVerfGE 104, 310 ff., sog. Pofalla-Entscheidung): Eine Überprüfung muss zulässig sein. **Begründung:** Art. 46 II BVerfG beinhaltet nicht nur eine objektiv-rechtlich, sondern auch eine **subjektiv-rechtliche** Komponente. *Folge:* Der Abgeordnete muss nach Art. 19 IV GG wenigstens sein Recht auf ermessensfehlerfreie Entscheidung gegenüber dem Parlament geltend machen können.

b) Indemnität (Art. 46 I GG)

20 **Indemnität** beschreibt den Grundsatz der Verantwortungsfreiheit des Abgeordneten für seine parlamentarische Tätigkeit.

Hiervon erfasst ist sowohl seine strafrechtliche als auch seine zivilrechtliche Verantwortlichkeit.

Prüfungsschema 14: Indemnität des Abgeordneten

I. Voraussetzungen

1. BT-Abgeordnete (Art. 46 I 1 GG; vgl. (P))
2. Sachlicher Anwendungsbereich: Abstimmungen und Äußerungen
   Ausnahme: verleumderische Beleidigungen nach Art. 46 I 2 GG)
3. Institutioneller Anwendungsbereich: BT und seine Ausschüsse
4. Zeitlicher Anwendungsbereich: Dauer der BT-Mitgliedschaft

II. Rechtsfolge: Verfolgungsschutz

(P) Kann sich auch ein Regierungsmitglied, das zugleich ein Abgeordnetenmandat innehat, auf Art. 46 I GG stützen?

e.A.: Die Funktionen von Regierungsamt und Abgeordnetenmandat lassen sich sachlich nicht trennen. Indemnitätsschutz ist daher auch auf Abgeordnete zu erstrecken, die in ihrer Eigenschaft als Regierungsmitglied tätig sind. **Begründung:** Wortlaut des Art. 46 I GG.

a.A.: Der Funktionsbezug der Handlung ist entscheidend. Die Privilegierung bezieht sich nur auf Handlungen, die im Abgeordnetenstatus vollzogen werden.

Der Schutz des Art. 46 I GG betrifft nur Äußerungen, die i.w.S. im Bundestag getätigt wurden. Er umfasst keine öffentlichen Äußerungen. Allerdings wird eine Äußerung nicht allein dadurch eine öffentliche, dass sie der Presse überbracht und von dieser der Öffentlichkeit zugänglich gemacht wird.

3. Insbesondere: Redezeitbeschränkungen

21 Um die Funktionsfähigkeit des Bundestags zu gewährleisten, werden bei Diskussionen tlw. Beschränkungen der Redezeit in personeller

und zeitlicher Hinsicht vorgenommen. Hier sind die Funktionsfähigkeit des Bundestags und das freie Mandat des Abgeordneten als widerstreitende Verfassungsgüter miteinander in Ausgleich zu bringen.

Fall 10: Aufgrund eines bei Aufstellung des Haushaltsplanes noch nicht vorhersehbaren militärischen Einsatzes der Bundeswehr im Rahmen der internationalen Anti-Terror-Kampagne fallen die Ausgaben des Bundes im laufenden Haushaltsjahr unerwartet hoch aus. Die Bundesregierung hält daher einen Nachtragshaushalt für erforderlich. Auf Antrag einiger PDS-Abgeordneter soll vor Verhandlung und Beschluss des Nachtragshaushalts im Bundestag eine Grundsatzdebatte über den Sinn militärischer Friedenseinsätze geführt werden. Da die Verhandlung des Nachtragshaushalts eine dringende Angelegenheit ist, beschließt der Bundestag mit den Stimmen der Regierungsfraktionen, dass bei der Debatte nur ein Abgeordneter jeder Fraktion sprechen darf. Die Redezeit für die Abgeordneten wird auf jeweils zehn Minuten beschränkt. Der Abgeordnete A, der der PDS-Bundestagsfraktion angehört und von ihr nicht als Redner ausgewählt wurde, fühlt sich durch diesen Beschluss in seinen Rechten verletzt. Als Vertreter des Volkes stehe es ihm frei, sich jederzeit zu politisch bedeutsamen Fragen zu äußern. Das schulde er auch seinen Wählern. Ist seiner Rechtsauffassung zuzustimmen?

Lösung: Jeder Abgeordnete verfügt im Hinblick auf die ihm durch das Grundgesetz zugewiesenen Aufgaben über ein **Rederecht**, das aus Art. 38 I 2 GG folgt. In dieses Recht wird durch den BT-Beschluss eingegriffen. Fraglich ist, ob dieser Eingriff gerechtfertigt ist. Die personelle und zeitliche Einschränkung der Rede ist Gegenstand der **Geschäftsordnungsautonomie** des BT (§ 35 I GOBT, Art. 39 III, 40 I 2 GG), welche selbst der Funktionsfähigkeit des Parlaments (als Rechtsgut mit Verfassungsrang) dient. Die Grenzen der Geschäftsordnungsautonomie werden jedoch durch den Grundsatz der Verhältnismäßigkeit bestimmt. In **personeller und sachlicher Hinsicht** darf die Redezeitbeschränkung nicht missbräuchlich sein. Ein Missbrauch in **sachlicher** Hinsicht ist vorliegend nicht erkennbar: Würde die Grundsatzdebatte über den Sinn militärischer Friedenseinsätze zeitlich nicht begrenzt, könnte daraus die außenpolitische Handlungsunfähigkeit der Bundesrepublik folgen – Grundsatzdebatten können auch zu einem anderen Zeitpunkt geführt werden. Ein Missbrauch lässt sich nicht daraus ableiten, dass der Beschluss mit den Stimmen der Regierungsfraktion getroffen wurde. Dies ist vielmehr lediglich Ausdruck der alltäglichen

Abstimmungsmodalitäten. Es ist nicht ersichtlich, dass die Redezeitverkürzung ausschließlich oder insbesondere auf Kosten der Oppositionsfraktion geht. Dagegen spricht bereits, dass bei der Debatte **ein Abgeordneter jeder Fraktion** sprechen darf. Es ist weiterhin kein Missbrauch in **personeller** Hinsicht erkennbar. Hier besteht ein Ermessensspielraum der Fraktionen.

Ergebnis: Die Redezeitverkürzung ist mit Art. 38 I 2 GG vereinbar.

4. Insbesondere: Abgeordnetendiäten, Funktionszulagen, Nebeneinkünfte

🕮 *Schmahl*, AöR (130) 2005, S. 114 ff.; *Roth*, AöR 129 (2004), 219 ff.

21a Nach Art. 48 III GG haben Abgeordnete einen Anspruch auf angemessene, ihre Unabhängigkeit sichernde Entschädigung (sog. Diäten; zur Problematik *Maurer*, StaatsR I, § 13 Rn. 77 ff.). Im Hinblick auf den Grundsatz des freien und gleichen Mandats erscheint eine „**Diätenstaffelung**" nach Auffassung des BVerfG unzulässig (BVerfGE 40, 296 [318]; BVerfGE 102, 224). Ausnahmen bestehen nur für den **Präsidenten** und den **Vizepräsidenten**; möglicherweise auch für **Fraktionsvorsitzende** (BVerfGE 102, 224 [242 ff.]). **Begründung: a)** Zusätzliche Entschädigungen für besondere Funktionen dürfen nicht dazu führen, dass das parlamentarische Handeln am Erreichen einer höheren Einkommsstufe ausgerichtet wird: keine „Abgeordnetenlaufbahn" (Gedanke der Entscheidungs*freiheit*). **b)** Andernfalls würde die Bedeutung der Abgeordneten gestaffelt; lediglich die Ämter mit einer herausgehobenen politischen Bedeutung (s. oben) dürfen daher eine Zulage erhalten (Gedanke der *Gleichheit*). Aus Art. 38 I 2 GG wird ein *formaler* Gleichheitsgedanke abgeleitet, der – anders als Art. 3 I GG – einer sachlich begründeten Differenzierung nicht offen steht.

Allerdings ist die bisherige Rechtsprechung des BVerfG, welche sich auf landesparlamentarische Regelungen bezieht, auf den Bundestag nur begrenzt übertragbar.

Explizit hat das BVerfG zudem nur über die Entschädigung aus der Parlamentskasse entschieden. Fraglich ist daher, ob die Zulässigkeit einer Fraktionsfinanzierung anders zu bewerten ist. Der Argumentation des BVerfG läßt sich aber kein Differenzierungsgrund entnehmen, nach dem Zahlungen aus der Fraktionskasse anders zu beurteilen sein sollten als solche, die mit der Abgeordnetenentschädigung aufgrund von Abgeordnetengesetzen geleistet werden. Zwar steht es den Fraktionen innerhalb der Grenzen der parlamentarischen Demokratie (vgl. Art. 48 I 1 GG) frei, ihre inneren Angelegenheiten selbst zu regeln und über die Verwendung ihrer Mittel zu entscheiden. Art. 38 I 2 GG stellt jedoch eine systemimmanente Beschränkung des Selbstorganisationsrecht der Fraktionen dar.

Obwohl Art. 48 III GG von einer „Entschädigung" spricht, haben die Diäten ihren Charakter als „Aufwands*entschädigung*" verloren. Es ist deshalb unzulässig, sie **steuerfrei** zu stellen (BVerfGE 40, 296, 327 f.). Fraglich ist daher, ob die gegenwärtige Regelung in §§ 1 ff. AbgG, die neben der (steuerpflichtigen) Entschädigung eine nicht steuerpflichtige „Kostenpauschale" als Aufwandsentschädigung vorsieht, verfassungsmäßig ist.

Trotz ihrer angemessenen finanziellen Ausstattung ist es den Abgeordneten gestattet, einen weiteren Beruf auszuüben (vgl. Art. 48 II, Art. 137 I GG); seine Mandatsausübung muss jedoch den Mittelpunkt seiner Tätigkeit darstellen (§ 44a I 1 AbgG). Verboten ist es Abgeordneten, gegenleistungslose Zahlungen anzunehmen (hierzu *Käß*, VerwArch 2010, 457 ff.). Ihre Nebeneinkünfte sind gemäß § 44a IV 1 AbgG offenzulegen (zu den Einzelheiten Fall 11).

Fall 11: Vor seinem Einstieg in den Bundestag war Abgeordneter A als Rechtsanwalt tätig. Auch nach Erhalt seines Bundestagsmandats möchte er „nebenberuflich" einige Mandate weiterbetreuen. Trotz ihrer angemessenen finanziellen Ausstattung ist es den Abgeordneten – wie in § 44a I 2 AbgG normiert – gestattet, einen weiteren Beruf auszuüben. Allerdings sieht § 44a IV 1 AbgG iVm § 44b AbgG und den auf dieser Grundlage in die GO BT eingefügten Verhaltenspflichten die Verpflichtung zur Veröffentlichung solcher Tätigkeiten und Einkünfte vor, die „auf für die Ausübung des Mandats bedeutsame Interessenverknüpfungen hinweisen können", da sie etwa Einkünfte oberhalb festgelegter Mindestbeträge vermitteln. Auf der Grundlage dieser zutreffend angewandten Vorschriften wird A wenige Wochen nach Übernahme seines Bundestagsmandats von Seiten des Bundestagspräsidenten aufgefordert, seine Nebeneinkünfte offenzulegen. A wendet sich sofort an das BVerfG, wo er die Feststellung der Verletzung seiner Statusrechte durch die Regelungen der in § 44a IV 1 iVm § 44b AbgG vorgesehenen Anzeige- und Veröffentlichungspflicht geltend macht. Hat sein Antrag Aussicht auf Erfolg?

Lösung: Abgeordnete sind als „andere Beteiligte" iSd Art. 93 I Nr. 1 GG **parteifähig**, soweit sie organschaftliche Rechte aus der Verfassung (insbes. Art. 38 I 2 GG) geltend machen. Einzelne Abgeordnete sind allerdings nur parteifähig, soweit sie um ihren verfassungsrechtlichen Status aus Art. 38 I 2 GG streiten. Die Alimentierung des Abgeordneten betrifft Fragen des organschaftlichen Status des Abgeordneten nach Art. 38 I 2 GG (BVerfGE 102, 224 ff.). Parteifähig ist ebenfalls der Bundestag als oberstes Bundesorgan. Streitgegenstand kann jede konkrete **rechtserhebliche Maßnahme** sein, die Rechte und Pflichten des Antragstellers aus dem Grundgesetz betrifft. Dies sind vorliegend die § 44a IV 1 AbgG iVm § 44b AbgG sowie die auf dieser Grundlage in die GO BT eingefügten Verhaltenspflichten. Das Bestehen der **Antragsbefugnis** nach § 64 BVerfGG verlangt die Möglichkeit – iSd plausiblen Geltendmachung – der Verletzung oder unmittelbaren Gefährdung **eigener** Rechte (i.S.v. Kompetenzen) des Antragstellers aus dem Grundgesetz. Das Recht auf das freie Mandat aus Art. 38 I 2 GG schützt den gesamten Bereich der parlamentarischen Tätigkeit umfassend sowie das damit in Zusammenhang stehende Recht aus Art. 48 II 1 GG, das Mandat frei von Behinderungen auszuüben. Es kann jedenfalls nicht von vornherein ausgeschlossen werden, dass durch die **Offenlegungs- und Sanktionspflichten** der §§ 44a, 44b AbgG eine faktische Zugangssperre zum Parlament für Freiberufler und Unternehmer errichtet wird. Urheber der streitgegenständlichen Maßnahmen ist der Bundestag – als Gesetzgebungsorgan –, der daher **richtiger Antragsgegner** (d.h. passiv prozessführungsbefugt) ist. Das allgemeine **Rechtsschutzbedürfnis** ist durch die Antragsbefugnis indiziert. Der Antrag muss den **Form**vorgaben der § 23 I 1, 2 Hs. 1, § 64 II BVerfGG genügen. Der Antrag muss schließlich **fristgemäß** erfolgt sein. Nach § 64 III BVerfGG muss der Antrag binnen sechs Monaten, nachdem die beanstandete Maßnahme dem Antragsteller bekannt geworden ist, gestellt werden. [Die Frist wird nach §§ 221 ff. ZPO, § 187 BGB berechnet.] Die Vorschrift enthält eine gesetzliche Ausschlussfrist, nach deren Ablauf im Organstreitverfahren Rechtsverletzungen nicht mehr geltend gemacht werden können. Fristbeginn ist bei **Gesetzen** als beanstandeten Maßnahmen die Verkündung. Eine Vorschrift der **Geschäftsordnung** des Deutschen Bundestages hat das BVerfG jedoch erst von dem Zeitpunkt an als Maßnahme i.S.v. § 64 I BVerfGG gewertet, in dem sie beim Antragsteller eine aktuelle rechtliche Betroffenheit auszulösen vermag (BVerfGE 80, 188 [209 ff.]). Dieser Zeitpunkt kann mit dem Erlass der Vorschrift zusammenfallen. Er kann aber auch erst danach eintreten, wenn bspw. die Bestimmung an rechtliche Voraussetzungen (Bsp.: Mitgliedschaft im Deutschen Bundestag) anknüpft, die sich in der Person des Antragstellers erst später verwirklichen. Ob diese Grundsätze auch für den Erlass formeller Gesetze gelten, hat das BVerfG in einer späteren Entscheidung (BVerfGE 92, 80 [88]) ausdrücklich offen gelassen. In der Entscheidung BVerfGE 118, 277 ff. – Abgeordnetengesetz – hat das BVerfG diese Grundsätze jedenfalls auf die Prüfung der Regelungen der §§ 44a, 44b AbgG übertragen, da zugleich die parallel in die Geschäftsordnung eingefügten Verhaltensregeln zur Überprüfung anstanden. [Bei der Entscheidungssituation handelt es sich daher um einen Sonderfall (!), der nicht unbedingt verallgemeinerungsfähig ist.] Festzuhalten bleibt, dass der Antrag zulässig ist.

Er ist jedoch **nicht begründet**: Zwar ist dem A dahingehend zuzustimmen, dass sein Recht aus **Art. 38 I 2 GG** berührt ist und er nicht nur als Mandatsträger, sondern auch als Privatperson betroffen ist. Dem steht jedoch das Interesse der Öffentlichkeit entgegen, Interessenverflechtungen und wirtschaftliche Abhängigkeiten des Abgeordneten offenzulegen. Beide Interessen sind gegeneinander abzuwägen. Zwar ist der Abgeordnete durch die Offenlegungsverpflichtung als **Privatperson** betroffen, „jedoch nicht in einer der Öffentlichkeit grundsätzlich verschlossenen Sphäre privater Lebensführung, sondern in der außengerichteten Sphäre beruflicher und sonstiger Tätigkeit“ (BVerfGE 118, 277 [355]). Das Interesse des A an Vertraulichkeit ist dem **Transparenzinteresse** der Öffentlichkeit gegenüber nachrangig: „Offener Zugang zu den dafür notwendigen Informationen ist nicht nur für die demokratische Willensbildung wesentlich, er ist auch Voraussetzung dafür, dass der Abgeordnete das Mandat glaubwürdig wahrnehmen und dem Vertrauen der Bürger […] gerecht werden kann […]. Auch Mit-Abgeordnete haben ein legitimes Interesse zu wissen, welchen Interessenverbindungen ihre Kollegen unterliegen, weil dies für die Einschätzung, nach welcher Richtung hin deren Argumente besonders wachsamer Prüfung bedürfen, von Bedeutung sein kann“ (BVerfGE 118, 277 [355]). Siehe zum Ganzen auch *Caliskan*, Jura 2009, 900.

Ergebnis: Der Antrag des A hat keine Aussicht auf Erfolg.

V. Insbesondere: Der Fraktionsstatus

Fraktionen sind Zusammenschlüsse von Abgeordneten des Bundestags, die grundsätzlich der gleichen Partei oder jedenfalls gleichgerichteten Parteien, die in keinem Wahlgebiet miteinander im Wettbewerb stehen, angehören müssen (§ 10 I GOBT). **22**

Im Grundgesetz sind die Fraktionen lediglich in Art. 53a I 2 GG (Gemeinsamer Ausschuss im Verteidigungsfall) erwähnt. Ihre Rechte müssen daher im Wege der Verfassungsinterpretation aus dem Grundgesetz abgeleitet werden. Ihre verfassungsrechtliche Grundlage wird tlw. in Art. 21 I GG (Anerkennung der Parteien als notwendige Einrichtungen des Verfassungslebens), tlw. in Art. 38 I 2 GG (Recht der Abgeordneten zum Zusammenschluss; so BVerfGE 84, 304 [322]) gesehen.

Näher liegt die zweite Variante, da Fraktionen zwar Repräsentanten der Parteien im Parlament sind, jedoch nicht wie diese dem Bereich der Gesellschaft, sondern dem Bereich organisierter Staatlichkeit zuzuordnen sind.

Den Fraktionen kommt eine wesentliche Bedeutung für den Parlamentsbetrieb zu. Hieraus resultiert etwa die Maßgeblichkeit ihres Stärkeverhältnisses für die Besetzung der Bundestagsausschüsse (§ 12 S. 1 GOBT). Dies ist bedeutsam für die Rechtsstellung des fraktionslosen Abgeordneten (→ Rn. 24).

1. Fraktionszwang und Fraktionsdisziplin

23 Im Einzelfall können die Fraktionen – in ihrer maßgeblichen Bedeutung für den Parlamentsbetrieb – mit dem freien Mandat des Abgeordneten in Konflikt geraten, insbesondere wenn die Fraktionen auf ein bestimmtes (Abstimmungs-)Verhalten ihrer Abgeordneten dringen. Ob dies im Einzelfall zulässig ist, entscheidet sich nach der – ggf. schwierigen – Abgrenzung von (zulässiger) **Fraktionsdisziplin** und (unzulässigem) **Fraktionszwang.** – Hierin kommt das Spannungsverhältnis von Art. 38 I 2 GG und Art. 21 I GG zum Ausdruck.

Fall 12: Die Ausgangslage ist wie in **Fall 10**. Abgeordneter B, Mitglied der SPD-Regierungsfraktion, spricht sich vor der Abstimmung gegen die Beschränkung des Rederechts aus, da dies nach seiner Ansicht einen Verstoß gegen das Demokratieprinzip darstellt. Da die Regierungsfraktionen nur über eine knappe Mehrheit im Bundestag verfügen, fordert der Fraktionsvorsitzende F alle Abgeordneten seiner Fraktion auf, trotz gegebenenfalls vorhandener Bedenken für die Regelung zu stimmen. In einem Gespräch mit B droht F diesem, er müsse ein in der Parteisatzung geregeltes Strafgeld zahlen, wenn er sich nicht an die Fraktionsdisziplin halte und gegen die Beschränkung des Rederechts stimme. Außerdem müsse er mit dem Ausschluss aus der Fraktion rechnen. In der Abstimmung stimmt B daher für die Regelung. Ist das Verhalten des F mit dem Grundgesetz vereinbar?

Lösung: Die Androhung von Strafgeld und Fraktionsausschluss sind nur dann mit dem Grundgesetz vereinbar, wenn sie auf einer verfassungsmäßigen Grundlage beruhen. Als Grundlage kommt die entsprechende Regelung der Parteisatzung in Betracht. Mangels näherer Anhaltspunkte ist davon auszugehen, dass die Tatbestandsvoraussetzungen dieser Regel erfüllt sind. Allerdings wäre sie gemäß § 134 BGB (privatrechtliche Vereinbarung!) im Fall einer Verletzung des Grundgesetzes nichtig. Zu denken ist an eine Verletzung von Art. 38 I 2 GG. Diese Vorschrift ist nämlich nicht nur Grundlage einzelner Rechte und Pflichten der Abgeordneten, sondern enthält darüber hinaus den Grundsatz des freien und unentziehbaren Mandats. Hieraus folgt etwa, dass ein Abgeordneter, der aus seiner Partei austritt oder ausgeschlossen wird, in jedem Fall sein Mandat behält. Der hier relevante Fall der Fraktionsdisziplin kann daher nur **politisch, nicht rechtlich** binden. Aus diesem Grund sind politische Sanktionen – wie etwa die Androhung eines Strafgeldes – zulässig (h.M.), solange sie nicht den Rahmen der Verhältnismäßigkeit überschreiten; sie stehen grundsätzlich im Ermessen der Partei bzw. Fraktion.

Ergebnis 1: Die Regelung des Strafgeldes ist mithin verfassungsgemäß.

Als äußerste Maßnahme der Fraktionsdisziplin kommt der **Fraktionsausschluss** in Betracht. Er ist jedoch nur in besonderen eng umgrenzten Fällen möglich, welche sich nach den Vorgaben der Verfassung bestimmen.

Eine analoge Anwendung des § 10 IV, V PartG (den Parteiausschluss betreffend; hierzu → Rn. 42, **Fall 16**) ist angesichts der unterschiedlichen Ausgangslagen nicht möglich: Während es sich bei Parteien um privatrechtliche, im Bereich der Gesellschaft angesiedelte Vereinigungen handelt, stellen Fraktionen als Parlamentsgliederungen Teile der organisierten Staatlichkeit dar.

Im Hinblick auf den Grundsatz des freien und unentziehbaren Mandates erscheint es bei besonders einschneidenden Sanktionen wie dem Fraktionsausschluss geboten, Gründe von erheblichem Gewicht und Verfahren für den Ausschluss zu fordern (Verhältnismäßigkeit!). Da bestimmte Rechte und Möglichkeiten nur über die Fraktion vermittelt werden, ist der Ausschluss nur dann für zulässig zu erachten, wenn es einer Fraktion unzumutbar ist, einen Abgeordneten trotz seines schädigenden Verhaltens weiterhin in ihren Reihen zu behalten. Ein Fraktionsausschluss ist demnach nur zulässig, soweit die Grenzen des Art. 38 I 2 GG eingehalten werden. Hiervon erfasst wird einerseits das Recht des betroffenen Abgeordneten auf Teilhabe an der Fraktionsmitgliedschaft, andererseits jedoch auch die Rechte der anderen Abgeordneten auf Sicherstellung der Funktionsfähigkeit der Fraktion, welche im Einzelnen durch einen destruktiven Abgeordneten gefährdet werden kann. Im Einzelfall kann ein Fraktionsausschluss daher nur zulässig sein, wenn ein **wichtiger Grund** sein Interesse aus Art. 38 I 2 GG hinter dem entsprechenden Fraktionsinteresse zurückstehen lässt. Als gedanklicher Anhaltspunkt (nicht (!) als unmittelbar oder analog anwendbare Norm) kann hier § 10 IV PartG zugrunde gelegt werden. Anders als bei dieser Norm steht allerdings nicht eine vergangenheitsgerichtete Schadensbewältigung, sondern eine zukunftsgerichtete Prognose (hinsichtlich der weiteren Zusammenarbeit innerhalb der Fraktion) im Raum. Der Rückgriff auf Grundrechte (insbes. Art. 5 I 1 Alt. 1 GG) zugunsten des Abgeordneten scheidet in dem staatsorganisationsrechtlich ausgestalteten Verhältnis zwischen Abgeordnetem und Fraktion regelmäßig aus (anders die Situation bei einem Parteiausschluss!). Ob das einmalige Ausscheren aus der Fraktionsdisziplin reicht, um den Fraktionsausschluss zu rechtfertigen, ist fraglich.

Ergebnis 2: Insbesondere im Hinblick auf den Umstand, dass die Fraktionen wesentliche „Arbeitsgremien" des Bundestages darstellen, erscheint ein Ausschluss des A im Gegensatz zur Verhängung einer Geldstrafe als nicht mehr verhältnismäßig.

2. Der fraktionslose Abgeordnete

24 Zu den wesentlichen Statusrechten des Abgeordneten aus Art. 38 I 2 GG gehören sein Rederecht, sein Stimmrecht sowie sein Recht auf Ausschussmitgliedschaft. Insbesondere die Mitarbeit in einem Ausschuss hat für den einzelnen Abgeordneten angesichts des Umstandes, dass ein Großteil der eigentlichen Sacharbeit des Bundestages von den Ausschüssen bewältigt wird, eine der Mitwirkung im Plenum vergleichbare Bedeutung. Andererseits dienen Fraktionen als wichtige Bestandteile des Verfassungslebens der Funktionsfähigkeit des Parlaments. Der fraktionslose Abgeordnete bewegt sich im Spannungsfeld zwischen diesen beiden Verfassungsgütern.

Fall 13 (nach BVerfGE 80, 188 ff.): Der Abgeordnete W gehört der Fraktion „Die Grünen" an. Von dieser ist er als Mitglied des Innenausschusses bestimmt. Nachdem W wegen Streitigkeiten mit seinem Landesverband aus der Partei ausgetreten ist, wird er auch aus der Fraktion ausgeschlossen. Diese entsendet anstelle des W den O als Mitglied in den Innenausschuss. W wird stattdessen eine beratende Mitgliedschaft im Ausschuss für Wahlprüfung, Immunität und Geschäftsordnung angeboten. Ein Stimmrecht wird ihm unter Verweis auf § 57 II 2 GOBT verwehrt. Auch sein Antrag, ihn bei der Bemessung seiner Redezeit einer Fraktion gleichzustellen, wird vom Ältestenrat unter Verweis auf den Grundsatz der Gleichbehandlung aller Abgeordneten abgelehnt. W hält die diesen Maßnahmen zu Grunde liegenden Normen der GOBT für verfassungswidrig. Ist ihm zuzustimmen?

Lösung: Die von W angegriffenen Maßnahmen sind 1. die Zuweisung der neuen Ausschussmitgliedschaft nach § 57 II 1, 2 GOBT, 2. die Aberkennung des Stimmrechts nach § 57 II 2 GOBT sowie 3. die Beschränkung seiner Redezeit.

1. Nach § 57 II 2 GOBT werden fraktionslose Abgeordnete durch den Bundestagspräsidenten benannt. Diese können keinen Einfluss auf die Zuordnung des **Ausschusssitzes** nehmen. Hierin liegt eine Beeinträchtigung des Abgeordnetenstatus aus Art. 38 I 2 GG, welche verfassungsrechtlich gerechtfertigt sein muss. Angesichts der großen Bedeutung der Ausschussmitgliedschaft für die parlamentarische Arbeit hat jeder Abgeordnete einen Anspruch auf einen Ausschusssitz. Fraglich ist jedoch, ob hieraus auch ein entsprechendes Wahlrecht resultiert. Da die Ausschussarbeit, die Entscheidungen und Beschlüsse des Plenums vorbereitet, muss sich die politische Gewichtung innerhalb des Parlaments in den Ausschüssen widerspiegeln (§ 12 S. 1 GOBT). Deshalb ist es grundsätzlich mit dem Grundgesetz vereinbar, die Benennung der Ausschussmitglieder entsprechend § 57 II 1 GOBT den Fraktionen zu überlassen. Demnach ist es verfassungsrechtlich zulässig, im Falle fraktionsloser Abgeordneter dem Bundestagspräsidenten die Zuordnung zu überlassen. Fraktionslose können ebensowenig wie fraktionsangehörige Abgeordnete die Ausschussmitgliedschaft selbst bestimmen. Der Bundestagspräsident hat ersteren (lediglich) Gehör zu gewähren, seine Interessen und sachlichen Qualifikationen zur Kenntnis zu nehmen. Sind diese Voraussetzungen erfüllt, besteht an der Verfassungsmäßigkeit des § 57 II GOBT keine Bedenken.

2. Gemäß § 57 II 2 beschränkt sich die Ausschussmitgliedschaft eines fraktionslosen Abgeordneten auf eine **beratende Funktion**. Die hierin liegende Beeinträchtigung des W in seinem Recht aus Art. 38 I 2 GG könnte ebenfalls verfassungsrechtlich gerechtfertigt sein. Durch das Recht auf Mitwirkung in einem Ausschuss soll der einzelne Abgeordnete in die Position versetzt werden, im Vorfeld der Plenumsentscheidung Einfluss auf die parlamentarische Arbeit zu nehmen. Diese liegt in der Beratung der nach § 75 GOBT überwiesenen Vorlagen. Von ausschlaggebender Bedeutung für die Einflussmöglichkeit des Abgeordneten ist sein Rede- und Antragsrecht. Es ist verfassungsrechtlich allerdings nicht geboten, dem fraktionslosen Abgeordneten ein Stimmrecht im Ausschuss zuzugestehen.

Dieses würde – im Verhältnis zu den anderen Abgeordneten, welche als Repräsentanten ihrer Fraktionen auftreten, – notwendigerweise überproportional wirken. Das dem Abgeordneten aus seinem verfassungsrechtlichen Status zukommende Stimmrecht wird in der Sache hierdurch nicht verkürzt, da er dieses ja wie jedes Bundestagsmitglied im Plenum geltend machen kann.

3. W ist als fraktionsloser Abgeordneter gem. § 35 I GOBT auf eine **Maximalredezeit** von 15 Minuten beschränkt. Die Erhöhung seiner Rededauer durch Kumulation von Redezeiten (Konzentration von Redepotenzial auf Abgeordnete als Fraktionsvertreter) nach § 35 I 3 GOBT ist ihm nicht möglich. Ein fraktionsloser Abgeordneter kann allerdings naturgemäß nicht den Fraktionen, sondern nur den übrigen, einer Fraktion angehörenden Abgeordneten gleichstehen. Er kann also auch nicht verlangen, denjenigen Abgeordneten gleichgestellt zu werden, die für ihre Fraktion sprechen und damit den Standpunkt einer Vielzahl von Abgeordneten zum Ausdruck bringen. Die Zuteilung der Redezeit an W stellt somit keine verfassungswidrige Ungleichbehandlung dar.

Ergebnis: Die benannten Vorschriften der GOBT sind mit der Verfassung vereinbar.

3. Fraktionen und Gruppen

📖 *Schmidt*, DÖV 2015, 261 ff.

25 Abgeordnete einer oder mehrerer gleichgerichteter Parteien i.S.v. § 10 I 1 GOBT, die nicht wenigstens 5 % der Bundestagsmitglieder ausmachen (etwa weil die Abgeordneten über ein Direktmandat oder die Grundmandatsklausel in den Bundestag eingezogen sind), können nach § 10 I 1 GOBT keine Fraktion gründen. Sie können sich allerdings zur Gruppe gem. § 10 IV GOBT zusammenschließen. Ihre Rechte sind noch im Einzelnen streitig; vgl. hierzu BVerfGE 84, 304 (327 ff.); 96, 264 (278 ff.). Jedenfalls hat diese einen Anspruch darauf, entsprechend ihrer zahlenmäßigen Stärke im Bundestag Ausschusssitze zu erhalten.

C. Der Bundesrat

📖 *Hebeler*, JA 2003, 522.

26 Der Bundesrat gewährt den Ländern bedeutsame Einflussmöglichkeiten auf die Tätigkeiten des Bundes. Er stellt dennoch ein **Verfassungsorgan** des Bundes (nicht: ein gemeinsames Organ der Länder) dar.

Zu seinen Funktionen gehören: Die **Legislativfunktion** (Art. 50 GG; im Einzelnen: Art. 59 II GG, Art. 76 I GG, Art. 77 IIa, III GG, Art. 109 IV GG, Art. 110 II GG, Art. 115l II 1, 2 GG, Art. 119 S. 1, Art. 130 I 2 GG, Art. 132 IV GG); die **administrative** Funktion (Art. 50 GG; im Einzelnen: Art. 84 II, III 2, 85 II 1 GG); die **europarechtliche** Funktion (Art. 50 GG; hierzu auch Art. 23 IV–VII iVm EUZBLG); die **Kreationsfunktion** (Art. 53a I 1 GG [Gemeinsamer Ausschuss], Art. 77 II 1, 2 GG [Vermittlungsausschuss], Art. 94 I 2 GG [BVerfG]); die **Kontrollfunktion** (Art. 53 S. 1 GG, Art. 114 I GG) sowie die **Reservefunktion** (Art. 37 I GG, Art. 81 GG, Art. 91 II 2 GG).

Der Bundesrat setzt sich aus Mitgliedern der einzelnen Landesregierungen zusammen (Art. 51 I 1 GG). Wer zu den Mitgliedern der Landesregierungen gehört, ergibt sich aus dem Landesverfassungsrecht. Jedes Land kann so viele Mitglieder in den Bundesrat entsenden, wie es Stimmen hat (Art. 51 III 1 GG). Die Zahl der Stimmen richtet sich nach der Einwohnerzahl des Landes (vgl. hierzu Art. 51 II GG).

Bundes*rats*mitglieder sind (im Gegensatz zu Bundes*tags*mitgliedern) **weisungsgebunden** (vgl. im Umkehrschluss Art. 77 II 3 GG, Art. 53a I 3 Hs. 2 GG einerseits, Art. 51 III 2 GG [Erfordernis einheitlicher Stimmabgabe] andererseits). Allerdings wirkt sich ein weisungswidriges Verhalten nicht auf die Gültigkeit der Stimmabgabe aus (oben → Kap. 2 Rn. 52). Die Zuständigkeit zur Weisungserteilung bleibt dem Landesverfassungsrecht vorbehalten, welches entweder die Landesregierung oder den Ministerpräsidenten (anders BVerfGE 106, 310 [334]) als Weisungsberechtigte benennen kann.

Die **europarechtliche Funktion** des Bundesrats wird insbesondere in Art. 50 GG genannt. Gemäß Art. 52 IIIa GG, §§ 45b–k GOBR ist der Bundesrat dazu ermächtigt, in Angelegenheiten der Europäischen Union eine Europakammer zu bilden, deren Beschlüsse als solche des Bundesrates gelten. Gemäß Art. 23 V 2 GG ist die Stellungnahme des Bundesrates „maßgeblich zu berücksichtigen"; zur Konkretisierung vgl. auch § 5 II EuZBLG.

D. Die Bundesregierung (Art. 62–69 GG)

Die Bundesregierung setzt sich nach Art. 62 GG aus dem BKanzler und den BMinistern zusammen. Sie wird durch die **Richtlinienkompetenz** des Kanzlers (Art. 65 S. 1 GG), die **Ressortkompetenz** der Minister (Art. 65 S. 2 GG) sowie das **Kollegialprinzip** konturiert. Als **Kollegialorgan** wird die BReg u.a. in den Fällen des Art. 32 III GG, Art. 37 GG, Art. 65 S. 3, 4 GG, Art. 76 I, 77 II 4 GG, Art. 80 I 1 GG, Art. 81 I GG; Art. 84 II–V GG, Art. 85 II 1, IV GG, Art. 86 GG, Art. 93 I Nr. 2 GG, Art. 113 I GG tätig. Daneben ist die Regierung auch zur staatsleitenden Informationstätigkeit berufen. 27

Daneben sind dem Bundeskanzler und den Bundesministern **Staatssekretäre** zugeordnet. Diese sind **keine Mitglieder** der Bundesregierung. Es wird zwischen den **beamteten** Staatssekretären und den **parlamentarischen** Staatssekretären unterschieden. Erstere bilden die Spitze des Verwaltungsapparats im Ministerium, sind daher Vorgesetzte aller übrigen Bediensteten des Ministeriums und haben deren Arbeit zu lenken. Letztere werden den Mitgliedern der Bundesregierung zur Unterstützung bei der Erfüllung ihrer Regierungaufgaben „beigegeben" (§ 1 ParlStG; vgl. auch § 14a GO BReg). Diese müssen Mitglieder des Bundestages sein; Ausnahme: §§ 1, 4 ParlStG.

Die **Regierungsbildung** erfolgt verfassungsrechtlich in zwei Schritten: Zunächst durch die Wahl des Bundeskanzlers (→ Rn. 29), der dann dem Bundespräsidenten die Bundesminister zur Ernennung vorschlägt (→ Rn. 34). **Politisch** hingegen beginnt sie bereits vor der Wahl des Bundeskanzlers mit der Führung der Koalitionsverhandlungen.

Koalitionsvereinbarungen sind politische Absprachen zwischen zwei oder mehreren Parteien (ohne Rechtsverbindlichkeit), welche vor allem die Bildung einer gemeinsamen Regierung, das Regierungsprogramm und die Verteilung der Ministerien auf die Regierungsparteien regeln.

Mangels Rechtsverbindlichkeit stellt die Koalitionsvereinbarung nach überwiegender Auffassung eine informelle Absprache dar, die nicht justiziabel ist.

I. Richtlinienkompetenz (Art. 65 S. 1 GG) (und Ressortprinzip)

📖 *Austermann*, DÖV 2013, 865 ff.; *Windisch*, JuS 1995, 527 ff.

28 Nach Art. 65 S. 1 GG bestimmt der Bundeskanzler die Richtlinien der Politik. Dies gilt allerdings nur im Verhältnis zu den Ministern, nicht im Verhältnis zum Bundestag. Der Begriff der „Richtlinie" lässt vermuten, dass hierunter nur allgemeine Vorgaben und generelle Weisungen fallen. Jedoch kann die Richtlinienkompetenz auch den Erlass von Einzelweisungen erfassen, wenn die Entscheidung zugleich Grundsatzcharakter hat.

(P) Besteht die Richtlinienkompetenz des Bundeskanzlers auch im Hinblick auf die der Bundesregierung zugewiesenen Kollegialentscheidungen?

h.M.: Es besteht ein Vorrang des Kanzlerprinzips, so dass auch das Kabinett an die Richtlinien des Bundeskanzlers gebunden ist. **Begrün-**

dung: Andernfalls würde dem Bundeskabinett in Fragen grundsätzlicher politischer Natur die Befugnis zur richtlinienunabhängigen Entscheidung zugestanden. Die Richtlinienkompetenz des Bundeskanzlers würde hierdurch in den wichtigsten Bereichen politischer Staatsleitung entwertet.

a.A.: In diesen Fällen besteht der Vorrang des Kollegialprinzips; der Kanzler hat also nur die Funktion eines „primus inter pares". **Begründung: a)** Wortlaut des Art. 65 GG, wonach nur Bundesminister an die Richtlinien des BKanzlers gebunden sind. **b)** Zuweisung an Bundesregierung ist gegenüber allgemeiner Richtlinienkompetenz spezieller und daher vorrangig. **c)** Die Kollegialentscheidungen der Bundesregierung sind von einer Koordinierungsfunktion geprägt, die durch die Richtlinienkompetenz umgangen wird. **d)** Praktisch fragwürdig ist daher auch die Umsetzbarkeit der Richtlinienkompetenz (im Abstimmungsverfahren; siehe auch § 24 II 2 GOBReg).

II. Der Bundeskanzler

Der Bundeskanzler formuliert die **Richtlinien** der Politik, er leitet **29**
die Geschäfte der Regierung, führt im Kabinett den Vorsitz und hat bei Stimmengleichheit das Letztentscheidungsrecht (Art. 65 S. 4, §§ 1, 22, 24 II 2 GOBReg). Der Bundeskanzler schlägt dem Bundespräsidenten die Ernennung oder Entlassung von Bundesministern oder Parlamentarischen Staatssekretären vor. Im Verteidigungsfall geht die Befehls- und Kommandogewalt über die Streitkräfte vom Bundesminister der Verteidigung auf den Bundeskanzler über (Art. 115b GG).

Die **Kanzlerwahl** ist in Art. 63 GG geregelt:

1. Der Kanzlerkandidat wird vom Bundespräsidenten vorgeschlagen und vom Bundestag gewählt. Vereinigt dieser die absolute Mehrheit der Stimmen auf sich, so **ist** er vom Bundespräsidenten zu **ernennen** (Art. 63 II GG).
2. Erhält der Kanzlerkandidat nicht die absolute Mehrheit der Stimmen, so geht das Vorschlagsrecht an den **Bundestag**, der innerhalb der nächsten vierzehn Tage einen Bundeskanzler mit der absoluten Mehrheit der Stimmen wählen kann (Art. 63 III GG).
3. Nach erfolglosem Ablauf dieser Frist ist ein neuer Wahlgang durchzuführen, in dem grundsätzlich eine **relative** Mehrheit der Stimmen genügt. Der Bundespräsident ist zur Ernennung allerdings nur verpflichtet, wenn der Gewählte eine absolute Mehrheit erringen kann. Andernfalls hat der Bundespräsident die **Wahl** zwischen der Ernennung des mit relativer Mehrheit Gewählten und der Bundestagsauflösung (Art. 63 IV GG).

Die **Wiederwahl** des Bundeskanzlers ist – anders als die Wiederwahl des Bundespräsidenten – unbegrenzt zulässig. Die Amtszeit des Bundeskanzlers **endet** mit Ablauf (Art. 69 II GG), mit Abwahl (Art. 67 GG), mit Bundestagsauflösung nach negativer Beantwortung der Vertrauensfrage (Art. 68 GG) sowie mit freiwilligem Rücktritt.

Die **Abwahl** des Bundeskanzlers kann nur durch ein konstruktives Misstrauensvotum erfolgen. Sie ist also von der gleichzeitigen Wahl eines neuen Kanzlers abhängig. Hierdurch soll verhindert werden, dass sich im Bundestag zwar eine Mehrheit für die Ablehnung des amtierenden Kanzlers, jedoch keine Mehrheit zur Neuwahl eines Nachfolgers findet.

III. Die Bundesminister

30 Prinzipiell haben die Bundesminister zwei Wirkungskreise: Sie sind **erstens** Mitglieder der Bundesregierung, sind also an den Entscheidungen des Kollegialorgans beteiligt, und **zweitens** Leiter oberster Bundesbehörden und in dieser Eigenschaft verwaltend tätig (Art. 65 S. 2 GG). Im Hinblick auf letzteres gewinnt das Ressortprinzip Bedeutung. Hiernach leitet jeder Minister seinen Geschäftsbereich in den Grenzen der Richtlinien des Bundeskanzlers eigenverantwortlich und selbständig.

Diese „Zweigleisigkeit" spiegelt sich auch in den Vertretungsregeln nach § 14 I, II, III GOBReg wieder: anderer Bundesminister oder Parlamentarischer Staatssekretär im *Kabinett*; beamteter Staatssekretär im *Ministerium*.

Die Bundesminister werden auf Vorschlag des Bundeskanzlers vom Bundespräsidenten ernannt. Zur Frage, ob diesem dabei ein Prüfungsrecht zukommt, vgl. →Rn. 34.

Die Amtszeit des Bundesministers **endet** mit Ende der Amtszeit des Bundeskanzlers, im Regelfall: Zusammentritt eines neuen Bundestags (Art. 69 II GG), mit Entlassung durch den Bundespräsidenten (Art. 64 I GG) oder mit Rücktritt. Die Möglichkeit eines „Misstrauensvotums" durch den Bundestag besteht nicht.

E. Der Bundespräsident

31 Zu den Kernfunktionen des Bundespräsidenten zählen: Die Mitwirkung an der **Regierungsbildung** (Art. 63 I, 64 I GG); weitere **Ernennungen** und Entlassungen nach Art. 60 I GG; die **Bundestagsauflösung** nach Art. 63 IV 3, Art. 68 I 1 GG (→ Rn. 9 ff.); die **Ausfertigung** und Verkündung der Gesetze (Art. 82 I 1 GG); **völkerrechtliche** Kompetenzen (Art. 59 I GG).

Daneben übt er im Wesentlichen Repräsentationsfunktionen aus. Schließlich gesteht Art. 60 II GG dem BPräs die Ausübung des Begnadigungsrechts für den Bund zu.

Im Falle seiner Verhinderung wird der Bundespräsident nach Art. 57 GG durch den Bundesratspräsidenten vertreten; hierzu BVerwG JuS 2010, 275.

Der Bundespräsident wird von der **Bundesversammlung** auf fünf Jahre gewählt (Art. 54 I 1, II 1 GG). Die Bundesversammlung besteht aus den Mitgliedern des Bundestags sowie einer gleichen Anzahl von Mitgliedern, die von den Volksvertretern der Länder nach den Grundsätzen der Verhältniswahl gewählt werden (Art. 54 III GG). Die Wahl des Bundespräsidenten ist ihre einzige Aufgabe.

Gemäß Art. 54 II 2 GG ist eine *anschließende* Wiederwahl nur einmal (!) zulässig. Str. ist, ob eine *spätere* Wiederwahl zulässig ist.

(P) Würde die Abschaffung des Art. 54 II 2 GG gegen das Republikprinzip verstoßen?

Exkurs: Das Republikprinzip beschränkt sich heute nach h.M. auf die Ablehnung monarchischer Herrschaftsformen. Andere Inhalte, die früher mit ihm verbunden wurden, werden mittlerweile dem Demokratie- oder Rechtsstaatsprinzip zugesprochen.

Das Republikprinzip verlangt, dass BPräs nur für bestimmte Amtszeit gewählt wird und nicht unabsetzbar ist. Diese Voraussetzung wäre auch erfüllt, wenn Art. 54 II 2 GG abgeschafft würde.

I. Gesetzesausfertigung

🕮 *Kahl/Benner*, Jura 2005, 869 ff.; *Schoch*, Jura 2007, 354 ff.; *Fallbeispiel: Barthel/Janik*, JA 2007, 519 ff.; *Winkler*, VR 2007, 166 ff.

Eine wichtige Aufgabe des Bundespräsidenten ist die Ausfertigung **32**
und Verkündung der Gesetze nach Art. 81 I GG. Ein **Standardproblem** des Staatsorganisationsrechts ist die Frage, ob dem Bundespräsidenten ein Recht oder eine Pflicht zur Prüfung von Gesetzen zukommt, die ihm zur Unterzeichnung vorgelegt werden. Er könnte dann gehalten sein, die Ausfertigung von Gesetzen, die nach seiner Einschätzung nicht nach den Vorschriften des Grundgesetzes zustande gekommen sind, zu verweigern. Eine solche Pflicht könnte sich aus Art. 82 I GG iVm Art. 1 III, 20 III, 56 GG ergeben.

Das Bestehen eines/r präsidialen Prüfungsrechts/pflicht im Hinblick auf die vorgebrachten verfassungsrechtlichen Einwände ist strittig.

(P) Normprüfungsrecht des BPräs?

e.A.: Ein Prüfungsrecht des Bundespräsidenten ist zu **verneinen**. Eine Weigerung des Bundespräsidenten, das vorgelegte Gesetz auszufertigen, kann unter keinen Umständen gerechtfertigt sein. **Begründung:** Wortlaut („**werden** ausgefertigt"). *Kritik:* Auszufertigen sind jedoch nur die „**nach den Vorschriften dieses Grundgesetzes** zustande gekommenen Gesetze", also jene Gesetze, die bestimmte Mindestvoraussetzungen einhalten.

Die erstgenannte Auffassung ist daher nahezu unvertretbar. Zu klären ist daher (lediglich), welche die in Art. 82 I 1 GG genannten „Vorschriften" sind, also nur Verfahrens- oder auch materielle Vorschriften. Hierzu der Diskurs der beiden folgenden Auffassungen:

a.A.: Dem Bundespräsidenten ist ein Prüfungsrecht im Hinblick auf **formelle Mängel** (Beachtung der Vorschriften über das Gesetzgebungsverfahren, die Mitwirkung des Bundesrates und die Zuständigkeit des Bundesgesetzgebers) zuzugestehen (*Friauf*, FS Carstens, 1984, 545 ff.). **Begründung: a)** Unter „Vorschriften" iSd Art. 82 I 1 GG sind nur Verfahrensvorschriften zu verstehen (vgl. **Wortlaut** „zustande gekommen"). **b) Historische Auslegung**: Im Vergleich zum Reichspräsidenten schwache Stellung des Bundespräsidenten, dem im Wesentlichen nur „staatsnotarielle Beurkundungsfunktion zukommt". *Allerdings* kann diese Verfassungstendenz im Einzelfall durchbrochen sein. **c) Funktionengliederung** des Grundgesetzes: Allein dem BVerfG ist eine Normverwerfungskompetenz zugesprochen (Art. 100 I GG). Der Bundespräsident ist kein Antragsberechtigter im Verfahren der abstrakten und konkreten Normenkontrolle.

H.M: Dem BPräs ist ein Prüfungsrecht auch im Hinblick auf **materielle Mängel** einzuräumen (von Mangoldt/Klein/Starck/*Brenner*, Art. 82 Rn. 25; *Jarass/Pieroth*, Art. 82 GG Rn. 3).

→ Reichweite des materiellen Prüfungsrechts (vgl. folgendes **(P)**)

Begründung: a) Wortlaut des Art. 82 I 1 GG („zustande gekommen") ist uneindeutig. **b) Historische Auslegung:** Übereinstimmung des Art. 82 I GG mit Art. 70 WRV, unter dessen Geltung dem Reichspräsidenten ein nahezu unangefochtenes Prüfungsrecht zugestanden wurde. **c) Systematik:** Ein inhaltlich mit dem Grundgesetz nicht vereinbares Gesetz ist formell nur dann ordnungsgemäß zustande gekommen, wenn es das Grundgesetz abändert (Art. 79 I GG). Die Prüfung einer bloß formellen Verfassungsmäßigkeit ohne materielle (inhaltliche) Prüfung ist nicht möglich, da ein materiell verfassungswidriges Gesetz zugleich den formellen Mangel aufweist, nicht als verfassungsänderndes Gesetz eingebracht worden zu sein. **Aber:** Systematisches Arg. trägt nicht, da die Verfassungsänderung nach Art. 79 I GG (anders als unter der Rechtslage der WRV) nur durch *ausdrückliche Textänderung* möglich ist. Nur die äußere Gestalt des Gesetzes, nicht sein Inhalt entscheidet daher darüber, in welcher Form es nur zustande kommen kann. **d) Position des BVerfG** wird auch unter dem Aspekt der Gewaltengliederung durch die Prüfungsbefugnis des Bundespräsidenten nicht geschwächt. Die Funktion des Bundespräsidenten ist präventiv, die Funktion des BVerfG ist repressiv ausgestaltet. **e) Amtseid** des Art. 56 GG und seine hiermit verbundene Verpflichtung zur Verteidigung und Wahrung des Grundgesetzes sowie seine durch Art. 61 GG (Präsidentenanklage) sanktionierte Verantwortlichkeit verlangen umfassende Prüfungsbefugnis. *Aber:* Argumentation ist zirkelschlüssig, da sie an bestehende Kompetenzen anknüpfen, nicht hingegen solche begründen. **f) Verfassungsbindung des Bundespräsidenten gem. Art. 1 III GG, Art. 20 III GG:** Anders als Art. 56, 61 GG stellen Art. 1 III GG, Art. 20 III GG nicht auf den Amtsinhaber, sondern auf die Amtstätigkeit ab. **Folge:** Der Bundespräsident darf nur solche Akte vornehmen und vollziehen, die mit dem Grundgesetz in Einklang stehen.

Ergebnis: Die h.M. nimmt eine materielle Prüfungskompetenz des BPräs an, deren Umfang jedoch **fraglich** ist. In der Literatur werden zu diesem Problemkontext drei Gesichtspunkte hervorgehoben. **Überwiegend** wird dem Bundespräsidenten eine Verweigerungsmöglichkeit (nur) bei *offenkundigen* Verfassungsverstößen zuerkannt (krit. *Schoch*, Jura 2007, 354 [360]). Darüber hinaus muss allerdings auch das *Ausmaß* der Verfassungswidrigkeit, d.h. der Umfang und die Intensität der Verfassungsverletzung, Berücksichtigung finden. Die Rede ist **zusammenfassend** von *schweren und offensichtlichen* materiellen Verfassungsverstößen (bspw. *Brenner*, a.a.O., Rn. 27; *Jarass/Pieroth*, a.a.O., Rn. 3). Schließlich sind die *Folgen* der Entscheidung über die Ausfertigung zu berücksichtigen (BK/*Maurer*, Art. 82 GG Rn. 47 f.). Dagegen für ein umfassendes materielles Prüfungsrecht *Nettesheim*, HStR III, § 62 Rn. 39.

Beachte: Diese Diskussion beschränkt sich auf die Frage nach der verfassungsrechtlichen Prüfungsbefugnis; zur unionsrechtlichen Prüfungsbefugnis *Neumann*, DVBl. 2007, 1335 ff.

II. Vorschlag und Ernennung des Bundeskanzlers

Nach Art. 63 I GG wird der Bundeskanzler *auf Vorschlag* des Bundespräsidenten vom Bundestag ohne Aussprache gewählt. **33**

(P) Kommt dem Bundespräsidenten bei seinem Vorschlagsrecht ein Ermessensspielraum zu?

e.A.: Ein eigener Ermessensspielraum ist abzulehnen. **Begründung:** Desintegrierende Wirkung eines eigenen präsidialen Vorschlagsrechts.

a.A.: Vorschlagsrecht steht grundsätzlich im Ermessen des Bundespräsidenten. Dieses ist allerdings an der Zielsetzung stabiler Mehrheitsverhältnisse zu orientieren. **Begründung: a)** Wortlaut der Verfassung, welcher Vorschlagsrecht nicht rechtlich begrenzt. **b)** Wahl des Bundeskanzlers als politisches Kräftespiel, welches sich rechtlicher Bindung entzieht.

Soweit der Bundeskanzler mit *absoluter Mehrheit* gewählt wird (Art. 63 II 1, 2, IV 2 GG), „ist" er vom Bundespräsidenten zu ernennen. Diesem kommt also kein Entscheidungsspielraum zu. Wird der Bundeskanzler hingegen nur mit *relativer Mehrheit* gewählt (Art. 63 IV 3 GG), so hat der Bundespräsident die Wahl zwischen seiner Ernennung und der Auflösung des Bundestags.

III. Ministerernennung

34 Der Bundespräsident ernennt auf Vorschlag des Bundeskanzlers die Bundesminister (Art. 64 I GG). Insoweit ist er berechtigt und verpflichtet, die **rechtlichen** Voraussetzungen für die Ernennung zu prüfen. Rechtliche Hinderungsgründe zur Ernennung könnten etwa sein:

- **Inkompatibilitäten** mit anderen Ämtern. Z.B. kann ein Landesminister nicht gleichzeitig zum Bundesminister ernannt werden; vgl. Art. 66 GG, § 4 BMinG. Hingegen stellt die Innehabung eines Abgeordnetenmandats keinen Hinderungsgrund dar.
- **Fehlende deutsche Staatsangehörigkeit** (Art. 38 III GG iVm § 15 BWahlG analog).

Fraglich ist jedoch, ob auch ein politisches Prüfungsrecht des Bundespräsidenten besteht:

(P) Politisches Prüfungsrecht bei der Ministerernennung?

e.A.: Ein politisches Prüfungsrecht des Bundespräsidenten ist zu bejahen. **Begründung: a)** Begriff des „Vorschlags" in Art. 64 I GG. **b)** Vergleich mit Art. 63 I GG, wonach der Bundeskanzler zu ernennen „ist". **c)** Vergleich mit Vorgängervorschrift des Art. 53 WRV, unter dessen Geltung allgemein anerkannt war, dass der Reichspräsident berechtigt ist, den Vorschlag abzulehnen und einen Alternativvorschlag zu verlangen. *Aber:* Die Stellung des Bundespräsidenten ist im

Verhältnis zur Stellung des Reichspräsidenten unter dem Grundgesetz wesentlich abgeschwächt. Letzterer hatte etwa die Befugnis zur Auswahl des Reichskanzlers.

h.M.: Ein politisches Prüfungsrecht ist abzulehnen. **Begründung:** **a)** Lediglich „Reservefunktion" des Bundespräsidenten. **b)** Politische Verantwortung des Bundeskanzlers für Regierungsbildung. **c)** Da der Bundeskanzler gem. Art. 65 S. 1 GG die Richtlinien der Politik bestimmt, muss er auch das Recht haben, die Personen zu bestimmen, welche diese Richtlinien umsetzen. **d)** Die Gegenzeichnungspflicht aus Art. 58 S. 1 GG soll eine eigene, die Regierungspolitik durchkreuzende Sach- und Personalpolitik des Bundespräsidenten verhindern. **e)** Die Eidesformel nach Art. 56 GG bedeutet keine Kompetenzerweiterung, sondern nur eine Konkretisierung bestehender Kompetenzen. **f)** Die Ernennung durch den Bundespräsidenten dient nicht dem Ziel, diesen in den politischen Prozess der Regierungsbildung einzubeziehen, sondern soll nur die politische Bedeutung der Ministerbestellung hervorheben.

IV. Gegenzeichnungspflicht

Gemäß Art. 58 S. 1 GG müssen „Anordnungen und Verfügungen" **35**
des Bundespräsidenten durch den Bundeskanzler oder den zuständigen Bundesminister gegengezeichnet werden (vgl. auch die in Art. 58 S. 2 GG genannten Ausnahmen), um Gültigkeit zu erlangen. Zweck der Regelung ist die Sicherstellung einer einheitlichen Regierungspolitik sowie eines parlamentarischen Legitimationszusammenhangs.

(P) Wie weit ist der Begriff der „Anordnungen und Verfügungen" zu verstehen?

e.A.: Gegenzeichnungsbedürftig sind lediglich alle auf **rechtliche Verbindlichkeit** angelegten Akte des Bundespräsidenten. **Begründung: a)** Der Wortlaut der Vorschrift, die nicht von „Amtshandlungen" spricht. **b)** Die Rechtsfolge (Gültigkeit) passt nur auf rechtsverbindliche Akte. **c)** Dem Bundespräsidenten kommt eine eigenständige Integrationsaufgabe zu; dieser darf daher nicht zum „Sprachrohr" der Bundesregierung verkümmern.

Aber: Ein explizites Abweichen von der Regierungspolitik verbietet sich auch nach dieser Auffassung vor dem Hintergrund des Grundsatzes der Verfassungsorgantreue.

a.A.: Gegenzeichnungsbedürftig sind alle präsidialen Amtshandlungen, also etwa auch Reden, Interviews usw. **Begründung: a)** Anknüpfung an die traditionellen Gegenzeichnungsvorschriften, die alle Amtshandlungen des Monarchen bzw. des Präsidenten erfassten. **b)** Verhinderung einer eigenständigen Politik des Bundespräsidenten (vgl. o.g. Zweck der Rechtsvorschrift). **c)** Dem Bundespräsidenten soll keine eigene politische Wirkungskraft zukommen; insbes. soll kein Dualismus zwischen dem Bundestag und dem Bundespräsidenten entstehen.

(P) Wie weit reicht die Gegenzeichnungskompetenz des Bundeskanzlers?

e.A.: Der BKanzler kann in allen Fällen *allein* gegenzeichnen.

a.A.: Der BKanzler kann nur dann *allein* gegenzeichnen, wenn die betreffende Angelegenheit seinem Kompetenzbereich, insbes. seiner Richtlinienkompetenz (Art. 65 S. 1 GG) unterfällt.

F. Die Parteien

I. Parteienbegriff und Parteienprivileg

36 Art. 21 I GG setzt den Begriff der Parteien voraus, konkretisiert ihn jedoch nicht. Eine Legaldefinition findet sich vielmehr in Art. 2 I PartG. Zwar kann der einfache Gesetzgeber nicht das Verfassungsrecht konkretisieren; die Begriffsbestimmung entspricht jedoch nach allg. Ansicht (weit gehend) dem Parteibegriff des Art. 21 I GG.

Parteien sind hiernach

(1) **Vereinigungen** von Bürgern,

(2) die **dauernd** oder für längere Zeit (vgl. § 2 II 1 PartG)

(3) für den Bereich des Bundes oder eines Landes auf die politische Willensbildung Einfluss nehmen und an der Vertretung des Volkes **im Deutschen Bundestag oder einem Landtag mitwirken** wollen,

⇔ Rathausparteien

⇔ Europaparteien (Art. 224 AEUV)

(4) wenn sie nach dem Gesamtbild der tatsächlichen Verhältnisse eine ausreichende Gewähr für die **Ernsthaftigkeit dieser Zielsetzung** bieten.

(5) *Rückausnahme*: Verstoß gegen Pflicht zur öffentlichen Rechtsschaftslegung (§ 2 II 2 PartG)

Maßgeblich für die Ernsthaftigkeit der Zielsetzung sind der Organisationsgrad, die Mitgliederzahl, die finanzielle Ausstattung usw. Siehe auch *Frenzel*, NVwZ 2009, 1349 ff.

Nach § 2 II 1 PartG besteht eine (bindende) gesetzliche Vermutung für das Fehlen der entsprechenden Ernsthaftigkeit, wenn eine Vereinigung sechs Jahre lang weder an einer Bundes- noch an einer Landtagswahl mit eigenen Wahlvorschlägen teilgenommen hat. Sie kann dann allerdings immer noch eine sog. Rathauspartei darstellen, die jedenfalls dem Schutz des Art. 28 II 1 GG unterfällt. Zweifelhaft ist, ob Rathausparteien und Europaparteien auch aus dem verfassungsrechtlichen „Partei"-Begriff herausgenommen werden können (hierzu *Ipsen*, StaatsR I, Rn. 144).

Soweit eine Vereinigung die genannten Voraussetzungen erfüllt, kann ihr eine (vermeintliche) verfassungsfeindliche Grundhaltung (vgl. Art. 21 II 1 GG) nicht entgegengehalten werden. Entsprechend der Regelung des Art. 21 II 2 GG (sog. **Parteienprivileg**) entscheidet über die Frage der Verfassungswidrigkeit allein das BVerfG im Rahmen eines **Parteiverbotsverfahrens** (Rn. 38). Hingegen ist das VereinsG (insbesondere dessen § 3 = Verbotsverfügung) nach § 2 II Nr. 1 VereinsG nicht anwendbar.

Vereinigungen, die **keine Parteien** sind, können nach § 3 II 1 Nr. 2 VereinsG durch den Innenminister verboten werden.

II. Demokratische Binnenstruktur

Nach Art. 21 I 3 GG muss die innere Ordnung der politischen Partei 37
demokratischen Grundsätzen entsprechen. Diese Bestimmung wird in §§ 6 ff. PartG konkretisiert. Diese Anordnung ist nicht selbstverständlich, da das Demokratieprinzip nur für den staatlichen Bereich gilt, während der Bereich der Gesellschaft von diesen Bindungen freigestellt ist. Ausnahmsweise gelten sie hier jedoch im außerstaatlichen Bereich. Der Grund ist darin zu sehen, dass die Parteien maßgeblich an der politischen Willensbildung des Volkes mitwirken und über die Wahlen Einfluss auf den staatlichen Bereich erlangen. Gefordert ist insbesondere, dass die Willensbildung innerhalb der Partei von unten nach oben verläuft. Diesen Forderungen entsprechen solche Parteien nicht, die sich dem „Führerprinzip" verpflichten.

Besondere Bedeutung gewinnt dieses Erfordernis im Rahmen der **Kandidatenaufstellung** für die Bundestagswahl; hierzu das *Fallbeispiel* bei *Seiler*, JuS 2005, 1107 ff.

III. Das Parteiverbot

1. Der prozessuale Rahmen: Das Parteiverbotsverfahren

🕮 *Stiehr*, JuS 2015, 994 ff.

Der Antrag auf Durchführung eines Parteiverbotsverfahrens nach Art. 21 II 2 GG, §§ 13 Nr. 2 iVm 43 ff. BVerfGG [mit dem Ziel, die Verfassungswidrigkeit einer Partei feststellen zu lassen] hat Erfolg, wenn er zulässig und begründet ist.

38 **Prüfungsschema 15: Parteiverbotsverfahren**

I. Zulässigkeit

1. Zuständigkeit des BVerfG (Art. 21 II 2 GG, §§ 13 Nr. 2 BVerfGG)
2. Antragsberechtigung: BT, BRat, BReg (§ 43 I BVerfGG), ggf. LandesReg (§ 43 II BVerfGG)
3. Antragsgegenstand: (Konstitutive) Feststellung der Verfassungswidrigkeit einer politischen Partei
4. Antragsgegner: Politische Parteien (vgl. § 3 PartG; §§ 44 BVerfGG iVm 11 PartG)
5. Form (§ 23 I 1, 2 Hs. 1 BVerfGG)
6. Vorverfahren nach § 45 BVerfGG

II. Begründetheit

Der Antrag ist begründet, wenn der Antragsgegner nach Art. 21 II 1 GG darauf ausgeht,

1. die freiheitliche demokratische Grundordnung zu beeinträchtigen oder zu beseitigen (Alt. 1) oder
2. den Bestand der Bundesrepublik Deutschland gefährdet (Alt. 2)

III. Entscheidung

Nach § 46 I BVerfGG ggf. Feststellung, dass die Partei verfassungswidrig ist (vgl. hierzu § 15 IV 1 BVerfGG(**!**): Erfordernis einer 2/3-Mehrheit des Senats). Zugleich nach § 46 III 1 BVerfGG: Auflösung der Partei und Verbot, eine Ersatzorganisation zu gründen; evtl. auch Einziehung des Parteivermögens (§ 46 III 2 BVerfGG).

Aus der Feststellung der Verfassungswidrigkeit resultiert der Mandatsverlust der dieser Partei zugehörigen Abgeordneten (§ 46 I Nr. 5,

IV 1 BWahlG). Art. 38 I 2 GG tritt in diesem Fall als nachrangig zurück.

Umgekehrt kann eine Partei nicht die Feststellung ihrer Verfassungskonformität erzwingen (BVerfGE 133, 100 [Rn. 17 ff.]).

2. Verfassungswidrigkeit von Parteien

a) Schutzgut des Art. 21 II 1 GG

Schutzgut des Art. 21 II 1 GG sind die „freiheitliche demokratische 39
Grundordnung" und „der Bestand der Bundesrepublik Deutschland". Prüfungsrelevant wird maßgeblich die erste Alternative sein. Sie umfasst die fundamentalen Prinzipien der Verfassung.

Nach Auffassung des BVerfG handelt es sich bei der **freiheitlichen demokratischen Grundordnung** um eine Ordnung, „die unter Ausschluß jeglicher Gewalt- und Willkürherrschaft eine rechtsstaatliche Herrschaftsordnung auf der Grundlage der Selbstbestimmung des Volkes nach dem Willen der jeweiligen Mehrheit und der Freiheit und Gleichheit darstellt." (BVerfGE 2, 1 [12 f.]).

Zu den **fundamentalen Prinzipien** i.d.S. sind zu rechnen (BVerfGE 2, 1 [12 f.]): Achtung vor den im Grundgesetz normierten Menschenrechten (v.a. Recht auf Leben und der freien Entfaltung der Persönlichkeit), Volkssouveränität, Gewaltenteilung, Recht, die Volksvertretung in allgemeiner, unmittelbarer, freier, gleicher und geheimer Wahl zu wählen, Verantwortlichkeit und Ablösbarkeit der Regierung, Gesetzmäßigkeit der Verwaltung, Unabhängigkeit der Gerichte, Mehrparteienprinzip, Chancengleichheit der Parteien.

Das **Bundesstaatsprinzip** wird durch die zweite Alternative „Bestand der *Bundes*republik Deutschland" geschützt.

Beeinträchtigung oder **Beseitigung** der freiheitlichen demokratischen Ordnung bedeutet die Abschaffung der oben genannten Strukturprinzipien des GG.

b) „Darauf ausgehen"

„Darauf ausgehen" bedeutet, dass die betreffende Partei eine aktiv- 40
kämpferische, aggressive Haltung gegenüber der bestehenden Ordnung zum Ausdruck bringen muss (BVerfGE 5, 85 [141 f.]).

Das BVerfG hat bislang erst zwei Parteienverbote ausgesprochen: gegen die *Sozialistische Reichspartei* (SRP), eine Nachfolgeorganisation der NSDAP, im Jahre 1952 sowie gegen die *Kommunistische Partei Deutschlands* (KPD) im Jahre 1956.

Aktuelle *Relevanz* gewinnt die Debatte um das NPD-Verbot, das bereits 2002 eingeleitet wurde, jedoch an Verfahrensfehlern scheiterte (hierzu *Ipsen*, NJW 2002, 866 ff.; *Lisken*, ZRP 2003, 45 ff.) und – in Folge der sog. NSU-Morde – mit einem Verbotsantrag der Länder im Jahre 2013 wiederaufgegriffen wurde (Az. 2 BvB 1/13). Zur verfassungsrechtlichen und –politischen Dimension der aktuellen Entwicklung *Hufen*, ZRP 2012, 202 ff.; *ders./Kumpf*, DVBl. 2013, 417 ff.; *Morlok*, ZRP 2013, 69 ff.; *Volp*, NJW 2016, 459 ff.

Im Umfeld dieses Verfahrens spielt auch folgender Fall 14:

Fall 14: Die NPD wird wiederholt von Seiten der Bundesregierung als verfassungsfeindlich bzw. nationalsozialistisch bezeichnet. Die NPD bringt vor, diese Bezeichnung greife massiv in den politischen Wettbewerb ein. Gegen die NPD werde ein öffentliches Klima der Feindseligkeit erzeugt. Kommunen stellten ihr öffentliche Einrichtungen für die Durchführung von Parteiveranstaltungen wie Parteitagen, die sie nach dem Parteienrecht abhalten müsse, nicht zur Verfügung, oder sie forderten für die Bereitstellung der Einrichtungen den Abschluss von Haftpflichtversicherungen, die die Antragstellerin nicht vorlegen könne, weil kein Versicherungsunternehmen mit ihr mehr Verträge schließe. Des Weiteren würden Konten der NPD und ihrer Mitglieder gekündigt. Ihre Mitglieder würden im Berufsleben, insbesondere im öffentlichen Dienst, faktisch benachteiligt und allein wegen ihrer Parteizugehörigkeit gemaßregelt oder gar entlassen. Private Dritte diskriminierten sie, und Vereine kündigten Mitgliedschaften. Politische Gegner übten Übergriffe auf sie aus, Linksextremisten behinderten Wahlkampfauftritte und andere Veranstaltungen der Antragstellerin. Die Medien lehnten es regelmäßig ab, ihre Werbung aufzunehmen. Die NPD erstrebt nun die verfassungsgerichtliche Feststellung, dass die Bundesregierung ihre Rechte aus Art. 21 I 1 GG dadurch verletze, dass sie fortwährend die Verfassungswidrigkeit behaupte, ohne jedoch einen Verbotsantrag nach Art. 21 II GG, § 13 Nr. 2, §§ 43 ff. BVerfGG zu stellen.

Lösung: Ein entsprechender Antrag ist zwar als Organklage statthaft, jedoch nur begründet, wenn der Antragsteller darlegt, durch eine Maßnahme oder Unterlassung des Antragstellers in seinem Parteistatus verletzt oder unmittelbar gefährdet zu sein (vgl. § 64 I BVerfGG; hierzu BVerfGE 133, 100 [Rn. 25 ff.]).

Bei der Bewertung der Äußerungen von Regierungsseite ist insbesondere darauf zu achten, dass die Bundesregierung dem **Neutralitätsgebot** verpflichtet ist. Es ist ihr daher versagt, parteiergreifend auf den Wettbewerb zwischen den politischen Parteien einzuwirken. Auch der einzelne Bundesminister hat bei der Ausübung seines Amtes entsprechend seiner Bindung an Gesetz und Recht das Neutralitätsgebot zu beachten. Nimmt er hingegen keine amtlichen Funktionen wahr, ist er an der Teilnahme am politischen Meinungskampf nicht gehindert (hierzu insgesamt BVerfGE 138, 102 [Rn. 38 ff.]). Die Geltung und Beachtung des aus Art. 21 I 1 GG iVm Art. 28 I 2 GG folgenden Neutralitätsgebots durch die Bundesregierung und ihre Mitglieder sind durch das BVerfG überprüfbar. Die Reichweite der zulässigen Maßnahmen geht jedoch weit; vom BVerfG akzeptiert wird bspw. die Aufforderung zur Nicht-Wahl der NPD (so in BVerfGE 138, 102 ff.). Die Grenze ist erst erreicht, soweit diffamierende – als Schmähkritik – zu wertende Äußerungen im Raum stehen, die dann tatsächlich die Chancengleichheit der NPD berühren.

Alternative: Bei einer Gesprächsrunde mit Schülern fordert der Bundespräsident die Schülerinnen und Schüler zu sozialem und politischem Engagement auf. Auf die Rückfrage einer Schülerin, die – von der NPD gelenkte – Proteste gegen die Errichtung eines Flüchtlingsheims in Berlin-Hellersdorf betreffen, äußert sich der Bundespräsident zur politischen Haltung der NPD dahingehend, dass diese „von allen politischen Irrtümern eigentlich am Widerlichsten" sei. Besonders vor dem historischen Hintergrund Deutschland bezeichnet er diese Haltung als „eklig" und alle Parteianhänger der NPD als „Spinner", „Ideologen", „Fanatiker". Auch hier erstrebt die NPD die Feststellung, dass der Bundespräsident durch seine Äußerungen die Rechtsposition der Partei verfassungswidrig beschränkt habe.

Lösung: In Abgrenzung zu dem ersten Fall betont das BVerfG, dass der Bundespräsident weder mit den politischen Parteien in direktem Wettbewerb um die Gewinnung politischen Einflusses steht noch dieser über die gleichen Mittel verfügt, die es ermöglichten, durch eine ausgreifende Informationspolitik auf die Meinungs- und Willensbildung des Volkes einzuwirken. Der Bundespräsident kann vor diesem Hintergrund weitgehend frei darüber entscheiden, bei welcher Gelegenheit und in welcher Form er sich äußert. Namentlich sind Äußerungen des Bundespräsidenten nicht zu beanstanden, solange sie erkennbar einem Gemeinwohlziel verpflichtet und nicht auf die Ausgrenzung oder Begünstigung einer Partei um ihrer selbst willen angelegt sind. Nicht mehr mit seiner Repräsentations- und Integrationsaufgabe in Einklang stehen Äußerungen, die keinen Beitrag zur sachlichen Auseinandersetzung leisten, sondern ausgrenzend wirken. Abgesehen davon können Äußerungen des Bundespräsidenten über eine Partei verfassungsgerichtlich nur daraufhin überprüft werden, ob er unter evidenter Vernachlässigung seiner Integrationsfunktion und damit willkürlich Partei ergriffen hat. Zum Ganzen BVerfGE 136, 323 ff.; 138, 102 ff. (Rn. 35 ff.).

IV. Rechte der Parteien (aus Art. 21 I 1 GG, Art. 38 I 2 GG)

41 Rechte der Parteien sind die Gründungs- und Betätigungsfreiheit sowie die Chancengleichheit. Die größte Prüfungsrelevanz erlangt das Recht der **Chancengleichheit der Parteien**, welches aus der Parteienfreiheit des Art. 21 I GG und dem der Verfassung zugrunde liegenden Mehrparteienprinzip abgeleitet und durch den Grundsatz der Gleichheit der Wahl in Art. 38 I 2 GG konkretisiert wird. Im Gegensatz zum allgemeinen Gleichheitsrecht des Art. 3 I GG, welches sachlichen Differenzierungen zugänglich ist, ist der Grundsatz der Chancengleichheit zwischen den Parteien formal zu verstehen; er öffnet sich aber zwingenden Differenzierungsgründen (in diesem Sinne § 5 I 2–4 PartG; dennoch krit. zu dessen Vereinbarkeit mit Art. 21 I GG *Ipsen*, StaatsR I, Rn. 167). Er bewegt sich damit zwischen dem allgemeinen Gleichheitssatz und der Wahlrechtsgleichheit. Der Grundsatz der Chancengleichheit gewinnt vor allem dann Bedeutung, wenn der Staat Leistungen oder Vergünstigungen gewährt.

Fall 15: Im Vorfeld der Bundestagswahl 2009 wird den politischen Parteien von den öffentlich-rechtlichen Rundfunkanstalten Sendezeit für Wahlwerbungen zur Verfügung gestellt. Dabei wird die Sendezeit je nach Größe der Parteien gestaffelt. Die beiden großen Volksparteien SPD und CDU erhalten täglich vier Minuten Sendezeit, die kleineren, im Bundestag vertretenen Parteien „Bündnis 90/Die Grünen“, die FDP sowie „Die Linke“ erhalten jeden zweiten Tag eine Sendezeit von vier Minuten. Sonstige Parteien, die bislang noch nicht im Bundestag vertreten sind, wie etwa „Die Partei der gläubigen Christen“, die „Autofahrerpartei“, die „Grauen Panther“ oder die „Atomkraftgegner“, werden mit einer Wahlwerbezeit von vier Minuten pro Woche ausgestattet. Die „Autofahrerpartei“, welche sich bereits bei den vergangenen Bundestagswahlen um Parlamentssitze beworben hat, jedoch bislang nicht mehr als 0,1 % der Wählerstimmen auf sich vereinigen konnte, sieht sich hierdurch in ihrem Recht auf Gleichbehandlung aus § 5 I 1 PartG verletzt. Sie verlangt eine Wahlwerbezeit von vier Minuten pro Tag. Wie ist die Rechtslage?

Lösung: Ein Rechtsanspruch der „Autofahrerpartei" auf Zuteilung von 4 Minuten Sendezeit pro Tag könnte sich aus § 5 I 1 PartG ergeben. Dafür müssten die Voraussetzungen des § 5 I 1 PartG gegeben sein und die abgeschwächte Beteiligung der „Autofahrerpartei" dürfte nicht durch § 5 I 2 PartG zugelassen sein. Vorliegend steht die Gewährung von Sendezeit einer öffentlich-rechtlichen Rundfunkanstalt im Raum, also eine öffentliche Leistung.

✍ Ein Sonderfall liegt vor, wenn die Leistungsgewährung einer **privaten Rundfunkanstalt** gegenüber geltend gemacht wird. Hier ergeben sich Fragen der mittelbaren Drittwirkung von Grundrechten (im vergleichbaren Fall: Art. 3 I iVm Art. 21 I GG). Vgl. hierzu in einer ähnlichen Konstellation („Elefantenrunde") Fall 1 (1. Teil) bei *Degenhart*, Klausurenkurs II; hierzu BVerfG NJW 2002, 2939.

Vorliegend stellen ARD und ZDF als öffentlich-rechtliche Rundfunkanstalten auch Träger öffentlicher Gewalt dar. Weiterhin müsste die „Autofahrerpartei" eine Partei iSd § 5 I 1 PartG darstellen. Insofern ist auf die obigen Ausführungen (→ Rn. 36) zu verweisen. Vorliegend hindert allein der Umstand, dass die „Autofahrerpartei" bislang noch nie in einem deutschen Parlament mit Abgeordneten vertreten war und dies auf absehbare Zeit auch nicht sein wird, ihre Qualifikation als Partei nicht. Es ist entsprechend der Angaben im Sachverhalt auch davon auszugehen, dass die „Autofahrerpartei" – da sie bereits in der Vergangenheit zahlreiche Wahlkämpfe bestritten hat – eine ausreichende Gewähr für die Ernsthaftigkeit ihrer Zielsetzung bietet. Nicht ausreichend wäre es allerdings, wenn die „Autofahrerpartei" lediglich für ein bestimmtes politisches Einzelinteresse (bspw. Abschaffung der Kfz-Steuer) eintreten würde (BerlVerfGH NVwZ-RR 2001, 5: Initiative zur Rechtschreibreform); tatsächlich ist jedoch davon auszugehen, dass die „Autofahrerpartei" zwar eine einseitige politische Richtung verfolgt, die jedoch mit verschiedenen Interessen einhergehen kann (bspw. neben der Abschaffung der Kfz-Steuer der Wunsch nach Ausbau der Autobahnen, Verhinderung der Einführung eines Tempolimits, Regulierung der Benzinpreise, Abschaffung von Fußgängerzonen usw.). Sie ist somit als Partei iSd § 5 I 1 PartG zu werten.

Fraglich ist, ob vorliegend gegen den Grundsatz der Gleichbehandlung verstoßen wurde. Dieser verbietet jede Ungleichbehandlung ohne sachlichen Grund. Insbesondere wird er durch § 5 I 2 PartG (Prinzip der abgestuften Chancengleichheit) modifiziert, wonach der Umfang der Leistungsgewährung nach der Bedeutung der Parteien bis zu dem für die Erreichung ihres Zwecks erforderlichen Mindestmaß abgestuft werden kann. (§ 5 I 2 PartG ist sowohl mit Art. 3 I GG als auch mit Art. 21 GG vereinbar, da ein sachlicher Grund für die unterschiedliche Behandlung [d.h. die unterschiedliche Bedeutung der Parteien für die Willensbildung des Volkes] besteht. Es würde gerade gegen Art. 3 I GG und Art. 21 GG verstoßen, wenn kleine, für die Willensbildung des Volkes weniger bedeutende Parteien den gleichen Anspruch auf Leistung hätten [BVerfGE 24, 300 (354 f.)].)

Die Bedeutung der Parteien bemisst sich insbesondere auch nach den Ergebnissen vorausgegangener Parlamentswahlen. Mit 0,1% der Stimmen konnte die „Autofahrerpartei“ in der Vergangenheit weniger als ein Hundertstel der Stimmen auf sich vereinigen, welche die großen Volksparteien im Durchschnitt erhalten. Eine Zuteilung von Wahlwerbezeit im Verhältnis 1:7 (4 Minuten pro Tag im Verhältnis zu 4 Minuten pro Woche) erscheint daher durchaus angemessen und begünstigt die „Autofahrerpartei“ sogar im Verhältnis zu ihrem Parlamentsergebnis.

Ergebnis: Die „Autofahrerpartei“ hat somit keinen Anspruch auf weitere Zuteilung von Wahlwerbezeit.

Sofern z.B. die Vergabe einer Stadthalle, also einer kommunalen öffentlichen Einrichtung, im Raum steht, kommen neben § 5 I 1 PartG die kommunalrechtlichen Vorschriften über das Recht zur Benutzung der öffentlichen Einrichtungen der Gemeinde zur Anwendung (vgl. etwa § 10 II GO BW, § 8 II GO NRW). Deren Regelungsbereich geht sogar weiter, da er nicht nur einen Gleichbehandlungsanspruch, sondern auch einen Zulassungsanspruch begründen kann.

V. Parteimitgliedschaft

🕮 *Kotzur*, JuS 2001, 54 ff.

42 Während die **Aufnahme** neuer Parteimitglieder nach § 10 I PartG weitgehend ungebunden erfolgt, ist der **Ausschluss** eines Parteimitglieds auf der Grundlage der §§ 6 II Nr. 4, 10 IV PartG nur dann zulässig, wenn das Mitglied vorsätzlich gegen die Satzung oder erheblich gegen die Grundsätze oder Ordnung der Partei verstößt und ihr damit schweren Schaden zufügt. Bei der Bewertung des Mitgliederverhaltens

ist auch die Grundrechtsbindung des parteiinternen Willensbildungsprozesses zu berücksichtigen. Relevanz erlangt hier insbesondere die Meinungsfreiheit nach Art. 5 I 1 Alt. 1 GG.

Fall 16: Der SPD-Politiker, vormalige Bundeswirtschaftsminister und Bundestagsabgeordnete C ist mit den energiepolitischen Leitlinien seiner Partei, die mit Blick auf den drohenden Klimawandel auf den Ausbau alternativer Energiekonzepte (wie etwa Wind- und Wasserenergie) setzt, nicht zufrieden. C selbst, der im Aufsichtsrat eines großen deutschen Stromkonzerns sitzt, sieht die Zukunft in dem Wiedererstarken der atomaren – aber CO_2-freien – Energieerzeugung, während die SPD aufgrund der verbleibenden Restrisiken auf den mittelfristen Ausstieg aus der Atomenergie setzt. Diese Position ist seit 1986 Gegenstand ihres Parteiprogramms. In der Wahlperiode 1998–2002 war der Atomausstieg daher auch Gegenstand der rot-grünen Koalitionsvereinbarung. Umgesetzt wurde diese Vereinbarung durch den sog. Atomkonsens, der die Vereinbarung der damaligen rot-grünen Bundesregierung mit der deutschen Atomindustrie über den geregelten Ausstieg aus der Atomkraft, die verbleibenden Restlaufzeiten der Kernkraftwerke sowie erforderliche Sicherheitsmaßnahmen umfasste. Auch in der Legislaturperiode 2005–2009 ist die Zukunft der Atompolitik Gegenstand der (diesmal) schwarz-roten Koalitionsvereinbarung. Trotz entgegenstehender Auffassung von CDU und CSU konnte die SPD ihr Kernanliegen durchsetzen, dass der Atomkonsens sowie die in dessen Umsetzung im Atomgesetz getroffenen Regelungen nicht angetastet werden. Eine deutliche Befürworterin dieser „Ausstiegspolitik" ist die SPD-Spitzenkandidatin im hessischen Wahlkampf Y. Aus diesem Grund bezeichnet C in einem Interview kurz vor der hessischen Landtagswahl Y indirekt als wegen ihrer Energiepolitik nicht wählbar. In der Folge verliert die SPD ihren prognostizierten Vorsprung und kann im hessischen Landtag hinter der CDU nur die zweitstärkste Fraktion stellen. Nachdem C auch nach Abmahnung und Androhung eines Parteiausschlusses auf seiner Position beharrt und insbesondere in der Öffentlichkeit die energiepolitische Position der CDU stärkt, berät die SPD im Rahmen eines Parteiordnungsverfahrens über die hieraus resultierenden Sanktionen. Wäre der Parteiausschluss des C zulässig?

Lösung: Die Zulässigkeit des Parteiausschlusses bemisst sich nach **§ 6 II Nr. 4 iVm § 10 IV PartG**. Ein Mitglied kann demnach nur dann aus der Partei ausgeschlossen werden, wenn es vorsätzlich gegen die Satzung oder erheblich gegen Grundsätze oder Ordnung der Partei verstößt und ihr damit schweren Schaden zufügt. In Betracht käme hier insbesondere ein Verstoß gegen die Grundsätze der Partei. Verstanden wird hierunter der „sachlich-politische Identitätskern einer Partei" (*Grawert*, Parteiausschluß und innerparteiliche Demokratie, 1987, S. 103). Hierunter fallen nur grundlegende programmatische Aussagen, nicht jedoch tagespolitische Einzelfragen. Aufgrund der im Sachverhalt geschilderten Vorgeschichte (Atomausstieg als Gegenstand des Parteiprogramms und der Koalitionsvereinbarungen) kann man hinsichtlich der Sachfrage wohl von einer grundlegenden programmatischen Aussage sprechen. Gegen diesen Parteigrundsatz verstößt C, indem er in der Öffentlichkeit eine dezidiert gegensätzliche Position bezieht. Allerdings ist § 10 IV PartG auch im Lichte der fundamentalen Wertentscheidungen der Verfassung auszulegen. Hierzu gehören in erster Linie die Grundrechte. Insbesondere ist hier das Grundrecht des C aus Art. 5 I 1 1. Hs. GG zu berücksichtigen. Dessen **Schutzbereich** ist eröffnet. Insbesondere handelt C nicht als Abgeordneter, der sich primär auf die Statusrechte aus Art. 38 I 2 GG berufen kann, sondern als „jedermann". In dieses Grundrecht müsste durch den Parteiausschluss eingegriffen worden sein. Als **Eingriff** wird allgemein jedes (zurechenbare) staatliche Handeln definiert, das dem Einzelnen ein Verhalten, das in den Schutzbereich eines Grundrechts fällt, unmöglich macht oder erschwert. Hierunter fällt auch die nachträgliche Sanktion der Grundrechtsausübung. Problematisch erscheint hier allerdings insbesondere die Frage des Grundrechtsadressaten. Dies ist jedenfalls der Staat als Grundrechtsverpflichteter (Art. 1 III GG). Private hingegen sind grundsätzlich nicht grundrechtsverpflichtet, sondern grundrechtsberechtigt. Hierunter fällt auch die Partei, welche – anders als die ihr zugehörige Fraktion – nicht dem staatlichen, sondern dem gesellschaftlichen Bereich zuzuordnen ist (vgl. auch § 2 I 1 PartG). Hier wirkt sie maßgeblich an der politischen Willensbildung des Volkes mit und ist Trägerin eines freiheitlichen politischen Prozesses, der sich außerhalb staatlich-institutioneller Bindungen abspielen muss. Dennoch könnte die Partei aufgrund ihrer in Art. 21 I 1, 3 GG angelegten Zwitterstellung unmittelbar grundrechtsverpflichtet sein. Hiernach sind die Parteien zwar Teil der Gesellschaft, wirken aber in den staatlichen Bereich hinein und nehmen Einfluss auf die parlamentarische Willensbildung. Sie sind daher z.T. staatlicher Bindung unterworfen; dies betrifft insbesondere ihre Verpflichtung zur Sicherstellung einer demokratischen Binnenstruktur nach Art. 21 I 3 GG. Teilweise wird hieraus eine unmittelbare Grundrechtsverpflichtung der Parteien abgeleitet. Diese Auffassung übersieht allerdings, dass

Art. 21 I 3 GG sich darauf beschränkt, die für eine freiheitliche Willensbildung erforderlichen Verfahrens- und Organisationsprinzipien zur Verfügung zu stellen, ohne hierdurch die Parteien bereits insgesamt in die staatliche Sphäre zu verschieben. Nichtsdestotrotz stellen die Grundrechte auch allgemeine Wertentscheidungen der Verfassung dar, welche das gesamte Gemeinwesen durchziehen. Vor diesem Hintergrund entwickelt sich der Gedanke der mittelbaren Drittwirkung, wonach die grundrechtlichen Wertungen Ausstrahlungswirkung besitzen und über die Interpretation des einfachen Rechts (insbes. Generalklauseln) mittelbar Niederschlag finden. In diesem Sinne sind bei der Auslegung des obigen Tatbestandsmerkmals die Interessen der Partei und der grundrechtliche Freiheitsanspruch des C miteinander in Ausgleich zu bringen. Dies bedeutet zugleich keine umfassende Grundrechtsbindung der Partei, der insbesondere das Interesse zugestanden werden muss, sich durch eigene programmatische Ansätze im pluralistischen Meinungskampf von anderen Partein abzugrenzen, was wiederum auch ein Mindestmaß an Geschlossenheit nach außen und die dafür notwendige Soldiarität und Identifikation von Seiten der Mitglieder erfordert. Auf Seiten des C ist andererseits zu beachten, dass das Grundrecht der Meinungsfreiheit nicht vorbehaltlos gewährleistet ist, sondern nach Art. 5 II GG unter dem Vorbehalt der Einschränkung durch „allgemeine Gesetze" steht. Hierunter fallen nach h.M. Gesetze, die nicht eine bestimmte Meinung als solche verbieten und zugleich dem Schutz wichtiger Rechtsgüter und Gemeinschaftswerte dienen (Abwägungs- und Sonderrechtslehre). Diesen Voraussetzungen entspricht § 10 IV PartG, indem er eine Ausschlussmöglichkeit (nur) bei Grundsatzverstößen vorsieht. Auch die Abwägung der Interessen des C und der Partei im Sinne der Wechselwirkungstheorie lässt den beschriebenen Eingriff nicht unverhältnismäßig erscheinen. Der Verstoß des C ist aufgrund der zeitlichen Konnotation („heißer" Wahlkampf in Hessen und unmittelbare negative Einflussnahme auf das Wahlverhalten), seiner Beharrlichkeit sowie der Stärkung der energiepolitischen Position der CDU auch als erheblich einzustufen. [Das Vorsatzerfordernis des § 10 IV PartG bezieht sich nach h.M. nur auf den Satzungsverstoß. Andernfalls wäre es vorliegend auch zu bejahen.] Ein schwerer Schaden liegt insbesondere vor, wenn aufgrund des Verhaltens des Parteimitglieds ein Glaubwürdigkeitsverlust der Partei und damit sinkende Wahlchancen zu konstatieren sind. Ein Glaubwürdigkeitsverlust der Partei ist vorliegend insbesondere aufgrund der Stellung des C in der SPD zu bejahen. Als vormaliger Bundesminister wird er in besonderer Weise mit den grundlegenden Zielen der Partei in Verbindung gebracht; seine dezidierte Abweichung hiervon lässt die Partei als gespalten erscheinen. Zugleich lässt das zeitnahe Absinken der Popularitätswerte der SPD auf Landesebene die Vermutung nahe liegen, dass die energiepolitische Kompetenz der Y durch die Äußerungen des C in Frage gestellt wird. Die daraus resultierenden Wählerverluste der SPD stellen einen „schweren Schaden" für die Partei dar. Die Entscheidung über den Ausschluss steht im Ermessen der Partei. Da C im Folgenden abgemahnt und sein Parteiausschluss angedroht wurde, ohne dass eine Revision seines Verhaltens zu erkennen ist, besteht nicht der Eindruck willkürlichen Verhaltens.

Ergebnis: Der Parteiausschluss war rechtmäßig.

VI. Die Parteienfinanzierung

43 Der Begriff der **Parteienfinanzierung** bezeichnet staatliche Zuwendungen an Parteien. Es ist zwischen unmittelbarer und mittelbarer Parteienfinanzierung zu unterscheiden. Die **unmittelbare** Parteienfinanzierung meint die Gewährung finanzieller Mittel durch den Staat an die Parteien „als Teilfinanzierung der allgemein ihnen nach dem Grundgesetz obliegenden Tätigkeit" (§ 18 I 1 PartG). Dabei bemisst sich der Umfang der den Parteien jeweils zukommenden Summe nach ihrem Erfolg bei den letzten Wahlen zum Europaparlament, zum Bundestag und zu den Landesparlamenten sowie nach der Summe ihrer Mitgliedsbeiträge und Spenden (im Einzelnen hierzu *Maurer*, StaatsR I, § 11 Rn. 51 f.). Die **mittelbare** Parteienfinanzierung ergibt sich demgegenüber aus der steuerlichen Begünstigung der Mitgliedsbeiträge und Spenden, wodurch der Staat Anreize zur „privaten Parteienfinanzierung" schafft. Die steuerliche Begünstigung nach § 34g S. 1 Nr. 1 EStG ist unabhängig davon, mit welchem Steuersatz das Einkommen des Spenders versteuert wird und entspricht daher idealtypisch dem formalen Gleichheitssatz.

Nach Art. 21 I 4 GG müssen die Parteien über die Herkunft und Verwendung ihrer Mittel sowie über ihr Vermögen öffentlich Rechenschaft ablegen; vgl. hierzu §§ 23 ff. PartGG.

Testfragen zum 5. Kapitel:

A. Sind Abgeordnete parteifähig im Organstreitverfahren? **44**

B. Ist die Bundestagsauflösung nach Art. 68 GG von einem materiellen Tatbestandsmerkmal abhängig?

C. Was sind die Aufgaben der Bundesversammlung?

D. Erörtern Sie die unterschiedlichen Voraussetzungen von Fraktions- und Parteiausschluss! Welche Bedeutung gewinnt in diesen Konstellationen der Grundsatz des freien Mandats?

Kapitel 6: Das Wahlrecht

A. Der prozessuale Rahmen

I. Wahlprüfungsverfahren (Art. 41 GG, § 48 BVerfGG)

📖 *Lackner*, JuS 2010, 307 ff.

Das Wahlprüfungsverfahren ist ein **objektives** Überprüfungsverfahren, das nur dann erfolgreich ist, wenn ein Wahlfehler sich auf das konkrete Wahlergebnis ausgewirkt hat bzw. auswirken konnte. Das Verfahren verläuft **zweistufig:** als Wahlprüfung durch den Bundestag (Art. 41 I GG) sowie als Nachprüfung durch das BVerfG (Art. 41 II GG, §§ 13 Nr. 3, 48 BVerfGG). 1

Die Wahlprüfung des Bundestags beschränkt sich auf die Frage, ob die Durchführung der Wahl mit dem geltenden Recht vereinbar ist; das BVerfG prüft hingegen im Wege der inzidenten Normenkontrolle auch, ob das der Wahl zugrunde liegende Wahlgesetz mit der Verfassung vereinbar ist.

Der Antrag auf Durchführung einer Wahlprüfungsbeschwerde nach Art. 41 II GG, §§ 13 Nr. 3, 48 BVerfGG hat Erfolg, wenn er zulässig und begründet ist.

Prüfungsschema 16: Wahlprüfungsbeschwerde

I. Zulässigkeit

1. Zuständigkeit des BVerfG, Art. 93 I Nr. 5, Art. 41 II GG, §§ 13 Nr. 3, 48 BVerfGG
2. Beschwerdeberechtigung: § 48 I BVerfGG
   [Kein Erfordernis einer Beschwerdebefugnis!]
3. Statthaftigkeit der Beschwerde: Zurückweisender BT-Beschluss
4. Beschwerdegegenstand: Gültigkeit der Wahl – in dem Umfang, in dem der BT über den Wahleinspruch entschieden hat
5. Form (§ 23 I 1; 2 Hs. 1 BVerfGG, § 48 I Hs. 2 BVerfGG)
6. Frist (§ 48 I Hs. 1 BVerfGG): 2 Monate seit Beschlussfassung des BT
7. Rechtsschutzbedürfnis

   kein Ablauf der Legislaturperiode; Ausnahme bei klärungsbedürftigen Grundsatzfragen (BVerfG, 2 BvC 6/04)

II. Begründetheit

Der Antrag ist begründet, wenn die Behandlung des Einspruchs durch den Bundestag formell fehlerhaft erfolgt ist oder die Wahl materiell gegen verfassungsrechtliche Wahlgrundsätze oder gegen einfaches Wahlrecht verstößt und sich dies auf die Mandatsverteilung ausgewirkt haben kann. Das BVerfG prüft hierbei auch, ob das maßgebliche Wahlgesetz materiell mit dem Grundgesetz vereinbar ist.

1. Formell ordnungsgemäßes Wahlprüfungsverfahren

   Insbesondere Zuständigkeit des BT nach § 1 WahlPrG iVm Art. 41 II GG, Vorbereitung der Entscheidung durch Wahlprüfungsausschuss nach § 3 WahlPrG, ordnungsgemäßer Beschluss des BT mit einfacher Mehrheit nach § 13 I WahlPrG.

   Mängel nur beachtlich, wenn sie wesentlich sind und der Entscheidung des BT die Grundlage entziehen (BVerfGE 89, 243 [249]).

2. Vorliegen eines Wahlfehlers

   a) Wahlrecht verfassungswidrig (Verstoß gegen Art. 38 I 1 GG)

   b) Wahlrecht fehlerhaft angewendet (insbesondere Verstoß gegen BWG, BWO, ParteiG)

III. Rechtsfolge: Verstöße führen nur zur Ungültigkeit der Wahl bei

1. Mandatsrelevanz (Erheblichkeit) und
2. nach Abwägung mit Bestandsschutz des Parlaments (Demokratieprinzip)

II. Verfassungsbeschwerde wegen Verletzung des Art. 38 I 1 GG

2 Ein Verstoß gegen den Grundsatz der Wahlrechtsgleichheit nach Art. 38 I 1 GG kann von dem Stimmberechtigten im Wege der Verfassungsbeschwerde nach Art. 93 I Nr. 4a GG geltend gemacht werden.

Der Antrag auf Durchführung einer Verfassungsbeschwerde nach Art. 93 I Nr. 4a GG, §§ 13 Nr. 8a, 90 ff. BVerfGG [mit dem Ziel, eine Rechtsverletzung durch die öffentliche Gewalt in dem grundrechtsgleichen Recht aus Art. 38 I 1 GG feststellen zu lassen] hat Erfolg, wenn er zulässig und begründet ist.

Prüfungsschema 17: Verfassungsbeschwerde nach Art. 93 I Nr. 4a GG, §§ 13 Nr. 8a, 90 ff. BVerfGG

I. Zulässigkeit

1. Parteifähigkeit (Art. 93 I Nr. 4a GG, § 90 I GG): „Jedermann", d.h. vorliegend: jeder Wahlberechtigte.
2. Beschwerdegegenstand (Art. 93 I Nr. 4a GG, § 90 I BVerfGG): Sämtliche Maßnahmen der öffentlichen Gewalt.
3. Beschwerdebefugnis (Art. 93 I Nr. 4a GG, § 90 I BVerfGG): Möglichkeit einer Grundrechtsverletzung oder der Verletzung grundrechtsgleicher Rechte; hier: Art. 38 I 1 GG.

   Bei einer Verfassungsbeschwerde gegen Rechtsnormen ist zu prüfen, ob der Beschwerdeführer selbst, gegenwärtig und unmittelbar betroffen ist.
4. Rechtswegerschöpfung (§ 90 II 1 BVerfGG)
5. Grundsatz der Subsidiarität der Rechtssatzverfassungsbeschwerde (§ 90 II 1 BVerfGG analog)

   Als denkbare Rechtsschutzmöglichkeit kommt die Durchführung eines Wahlprüfungsverfahren nach Art. 41 II GG, §§ 13 Nr. 3, 48 BVerfGG in Betracht. In diesem Verfahren kann grundsätzlich auch überprüft werden, ob der Wahl ein verfassungsmäßiges Wahlgesetz zu Grunde liegt.

   Nach § 49 BWahlG sind als Antragsgegenstand Maßnahmen ausgeschlossen, die sich „unmittelbar auf das Wahlverfahren beziehen". Hiervon wird jedoch eine Verfassungsbeschwerde, die sich unmittelbar gegen das Bundeswahlrecht richtet, nicht erfasst. Andernfalls würde die Nennung des Art. 38 GG in Art. 93 I Nr. 4a GG weitgehend leerlaufen.

   Auch im Übrigen greift der Subsidiaritätsgedanke nicht: a) Auch die Durchführung des Wahlprüfungsverfahrens führt zur Inanspruchnahme des BVerfG. b) Das Wahlprüfungsverfahren steht einem Wahlberechtigten nur zu, wenn diesem hundert weitere Wahlberechtigte beitreten.
6. Form (§ 23 I 1, 2 Hs. 1 BVerfGG)
7. Frist (§§ 92 f. BVerfGG)

II. Begründetheit

Die Verfassungsbeschwerde ist begründet, wenn der Beschwerdegegenstand gegen Art. 38 I 1 GG verstößt.

B. Repräsentative Demokratie: Wahlen und Abstimmungen

🕮 *Frotscher/Faber*, JuS 1998, 820 ff.

3 Nach Art. 20 II 2 GG wird die Staatsgewalt vom Volk in **Wahlen** und **Abstimmungen sowie durch besondere Organe der Gesetzgebung, der vollziehenden Gewalt und der Rechtsprechung** ausgeübt. Hiermit wird das sog. Repräsentationsprinzip (= mittelbare Demokratie im Gegensatz zur unmittelbaren Demokratie) beschrieben. Es handelt sich hierbei („Wahlen und Abstimmungen") um eine prozedurale Konkretisierung des Art. 20 II 1 GG, wonach alle **Staatsgewalt** (Legitimationsobjekt) vom **Volke** (Legitimationssubjekt) ausgeht (= Demokratieprinzip).

Die im Grundgesetz **enumerativ** aufgezählten **Abstimmungen** betreffen Fragen der Neugliederung des Bundesgebiets (Art. 29 II–VI, VIII, Art. 118 S. 2, 118a GG), die Einrichtung von Gemeindeversammlungen mit Entscheidungsbefugnis (Art. 28 I 4 GG) sowie den Beschluss über eine neue Verfassung (Art. 146 GG). Dabei ist ein dreigliedriges Vorgehen vorgesehen:

Das **Volksbegehren** beschreibt den aus dem Volk kommenden Antrag auf Durchführung eines Volksentscheids.

Der **Volksentscheid** ist diesem nachgelagert die *verbindliche* Entscheidung des Wahlvolks über ein Einzelvorhaben.

Hingegen ist die **Volksbefragung** die *unverbindliche* Erkundung der Volksmeinung zu einem Gegenstand von allgemeinem Interesse.

(P) Ist eine einfachgesetzliche Erweiterung der Abstimmungen darüber hinaus mit Art. 20 II 2 GG vereinbar?

H.M.: Eine solche Erweiterung würde gegen Art. 20 II 2 GG verstoßen. **Begründung: a)** Einer Erweiterung der Abstimmungen über die explizit genannten Fälle hinaus steht das im Grundgesetz verfolgte Prinzip **repräsentativer Demokratie** entgegen. **b)** Die unbegrenzte Ausdehnung der unmittelbaren Demokratie wurde durch den Parlamentarischen Rat bewusst abgelehnt. **c)** Tlw. wird darauf verwiesen, dass andernfalls die in Art. 79 III 2. Alt. GG geforderte „grundsätzliche Mitwirkung der Länder an der Gesetzgebung des Bundes" nicht gewahrt sei.

Diese Beschränkung gilt wegen ihrer *politischen* Verbindlichkeit auch für (rechtlich unverbindliche) Volksbefragungen.

M.M.: Eine Erweiterung durch einfaches Gesetzesrecht ist möglich. **Begründung: a)** Art. 29 und Art. 28 I 4 GG betreffen nur Volksentscheide für *Teile* des bundesdeutschen Wahlvolks. Mit den in Art. 20 II 2 GG genannten Abstimmungen sind hingegen solche des Bundes, also ein aliud, gemeint. **b)** Systematischer Zusammenhang von Art. 20 II 2 GG und Art. 28 I 1 GG: Nach dem Homogenitätsgebot müssen die Länder den in Art. 20 GG niedergelegten Grundsätzen entsprechen. Da die meisten Landesverfassungen Elemente direkter Demokratie enthalten, wäre darin ein Verstoß gegen das Homogenitätsgebot zu sehen, wenn Art. 20 II 2 GG eine Festlegung auf rein repräsentative Formen der Demokratie enthalten würde. **c)** Die behutsame Zulassung direktdemokratischer Elemente würde die Funktionsfähigkeit der mittelbaren Demokratie nicht beeinträchtigen.

C. Das Wahlrechtssystem

🕮 *Lechleitner*, Jura 2002, 602 ff.; *Shirvani/Schröder*, Jura 2007, 143 ff.

Dem BWahlG liegt ein sog. **personalisiertes Verhältniswahlrecht** 4
zu Grunde (ausf. *Lenski*, AöR 134 [2009], 473 ff.), welches Aspekte von Mehrheits- und Verhältniswahlrecht miteinander verbindet (zu diesen Wahlsystemen *Ipsen*, StaatR I, Rn. 63 ff.). Es differenziert zwischen der (kandidatenbezogenen) Erststimme (§§ 4, 5 BWahlG) und der (parteienbezogenen) Zweitstimme (§§ 4, 27 BWahlG). Letztere entscheidet über die proportionale Zusammensetzung des Parlaments, während die Erststimme lediglich die personelle Besetzung der Hälfte der zu vergebenden Sitze beeinflusst, ohne den Parteienproporz zu berühren.

Das Wahlrechtssystem des BWahlG wurde in den vergangenen Jahren verschiedenen Änderungen unterzogen. Im Jahre 2008 erklärte das BVerfG in der Entscheidung BVerfGE 121, 266 – Landeslisten – die Verfassungswidrigkeit derjenigen Regelungen des Bundeswahlgesetzes, aus denen sich der Effekt des negativen Stimmgewichts ergibt (konkret: § 7 III 2 iVm § 6 IV, V BWahlG 2005). Dies bedeutet, dass aufgrund des gewählten Berechnungsverfahrens ein Zuwachs an Zweitstimmen zu einem Verlust an Sitzen und umgekehrt ein Verlust an Zweitstimmen zu einem Sitzzuwachs führen kann; vertiefend *Pukelsheim*, DVBl. 2008, 889 ff. Das BVerfG stellte dem Gesetzgeber eine Frist bis zum 30. Juni 2011, um eine verfassungsgemäße Regelung zu treffen. Mit Entscheidung vom 25. Juli 2012 (BVerfGE 131, 316 ff.) stellte das BVerfG fest, dass auch die gefundene Neuregelung in § 6 I, IIa BWahlG verfassungswidrig und daher nichtig war. Unanwendbar war entsprechend dieser Entscheidung zugleich die Regelung der Überhangmandate in § 6 V BWahlG (→Rn. 6). Als Reaktion hat der Gesetzgeber mit Wirkung vom 3.5.2013 das Wahlgesetz in Teilen neu gefasst. Wesentlicher Inhalt der Reform ist die Abschaffung des negativen Stimmgewichts und der Ausgleich sog. Überhangmandate. Hierzu *Hettlage*, DÖV 2015, 329 ff.; *ders.*, DÖV 2015, 704 ff.; *Meyer*, DÖV 2015, 700 ff.

5 Die zu vergebenden 598 Bundestagsmandate (§ 1 I BWahlG) werden in folgendem Verfahren verteilt: Die Parteien bewerben sich um diese Mandate mit Landeslisten. Diese werden von den Wählern mit ihrer **Zweitstimme** gewählt. Die Verteilung der 598 Mandate auf die Landeslisten (der einzelnen Parteien) erfolgt in zwei Schritten:

In einem ersten Schritt wird die jeder Landesliste zustehende Abgeordnetenzahl ermittelt. Hierzu wird nach § 6 I 1, II 2–7 BWahlG im **Sainte-Lague/Schepers-Verfahren** errechnet, wieviele der 598 Bundesmandate auf jedes Bundesland entfallen. Dies bestimmt sich im Wesentlichen nach der Zahl der Wähler in jedem Land. Von der ermittelten Anzahl der Landessitze sind die erfolgreichen Wahlkreisbewerber abzuziehen, die keiner Landesliste zuzuordnen sind, etwa weil ihre Partei nicht die 5%-Hürde erreicht hat (zu Einzelheiten siehe § 6 I 2, 3 BWahlG). Die danach verbleibenden Sitze werden nach § 6 II BWahlG in Anwendung des Divisorverfahrens nach Sainte-Lague/Schepers (S. 2–7) den zu berücksichtigenden Landeslisten zugeteilt. Von den ermittelten Sitzen werden die Direktmandate wiederum abgezogen (§ 6 IV BWahlG).

Dann werden nach § 6 V BWahlG Zusatzmandate vergeben, bis jede Partei mindestens die ihr nach der ersten Verteilung zukommenden Sitze sowie die diese Anzahl überschreitende Anzahl an Direktmandaten erhält (§ 6 V BWahlG).

In einem zweiten Schritt erfolgt dann die endgültige Mandatsverteilung nach § 6 VI BWahlG. Die im ersten Schritt ermittelten Sitze werden bundesweit nach der Zahl der zu berücksichtigenden Zweitstimmen im Sainte-Lague/Schepers-Verfahren (Abs. 2 S. 2-7) auf die berücksichtigungsfähigen Parteien verteilt. Innerhalb der Parteien werden die Sitze nach der Zahl der zu berücksichtigenden Zweistimmen im Sainte-Lague/Schepers-Verfahren (Abs. 2 S. 2–7) auf die Landeslisten verteilt. Von der Landesliste werden zunächst die Direktmandate abgezogen (§ 6 VI 3 BWahlG); die restlichen Sitze werden aus der Landesliste in der dort festgelegten Reihenfolge besetzt (§ 6 VI 4 BWahlG). Entfallen auf eine Landesliste mehr Sitze, als Bewerber benannt sind, so bleiben diese Sitze unbesetzt (§ 6 VI 5 BWahlG).

6 Grundsätzlich wird das Stärkeverhältnis der Parteien durch die vergebenen Direktmandate nicht berührt. Die Erststimme dient nach der gesetzlichen Zielsetzung also (nur) dazu, einen gewissen Einfluss auf die personelle Zusammensetzung des Bundestags, nicht jedoch auf seine Mitgliederzahl zu erhalten. Die errungenen **Direktmandate** verblieben einer Partei bislang aber auch dann, wenn ihre Zahl die Zahl der auf die Landesliste entfallenden Sitze überstieg (§ 6 V 1 BWahlG a.F.). Es handelt sich um sog. Überhangmandate. Mit Neuregelung des BWahlG sieht § 6 V BWahlG nunmehr eine Anhebung der Gesamtmandate vor, bis jede Partei die ihr zukommenden Mandate plus die diese Anzahl überschreitenden Direktmandate erhält. Die zusätzlichen Mandate bezeichnet man als **Ausgleichsmandate**, die dem Ziel dienen, das in der Zweitstimme zum Ausdruck kommende Stärkeverhältnis der Parteien sicherzustellen. Dieses Verfahren wurde bereits bei der letzten Bundestagswahl praktiziert.

Fraglich ist, welche Rechtsfolge aus dem Ausfallen eines Direktmandats resultiert (Mandatsverlust durch Parteiaustritt, -ausschluss oder Tod). Nach Auffassung des BVerfG scheidet eine Mandatsnachfolge aus (BVerfGE 97, 317 [328]). Nach a.A. (*Ipsen*, StaatsR I, Rn. 118) sind Nachwahlen im Wahlkreis vorzusehen.

D. Wahlrechtsgrundsätze

🕮 *Burkiczak*, JuS 2009, 805 ff.; *Erichsen*, Jura 1983, 635 ff.; *Morlok*, NVwZ 2012, 913 ff.; *Fallbeispiel: Kammermeier/Hornung*, JuS 2012, 931 ff.

Das gewählte Wahlrechtssystem (unter C.) muss sich an den Wahl- 7
rechtsgrundsätzen des Art. 38 I 1 GG messen lassen. Die Wahl muss hiernach **allgemein, unmittelbar, frei, gleich und geheim** verlaufen.

Über Art. 28 I 2 GG werden diese Grundsätze auch auf Wahlen für Landtage, Kreistage und Gemeindevertretungen erstreckt.

> Die folgenden Wahlrechtsgrundsätze sind gemäß Art. 79 III GG der Änderung durch den Verfassungsgeber entzogen, soweit sie das Demokratieprinzip als „in Art. 20 GG niedergelegten Grundsatz" berühren.

I. Allgemeinheit

Der Grundsatz der **Allgemeinheit** der Wahl bedeutet Gleichheit der 8
Staatsbürger beim **Zugang** zur Wahl. Hier dürfen keine Diskriminierungen aus Gründen der Rasse, der Religion, des Geschlechts oder der politischen Anschauung vorgenommen werden.

Da das „Staatsvolk" Legitimationssubjekt iSd Art. 20 II 1 GG ist, bedeutet eine **allgemeine** Wahl iSd Art. 38 I 1 GG die Wahlberechtigung aller Inhaber **deutscher Staatsangehörigkeit** (vgl. Art. 116 GG; BVerf-

GE 83, 37 [51 f.]). Die Regelung der Staatsangehörigkeit erfolgt im StAG.

Ausnahmen bestehen im Übrigen nur in eng begrenzten Ausnahmefällen: Mindestalter von 18 Jahren (Art. 38 II Hs. 1 GG; § 12 I Nr. 1 BWahlG); Wohnhaftigkeit im Bundesgebiet seit drei Monaten (§ 12 I Nr. 2 BWahlG; vgl. aber auch die weitreichenden Rückausnahmen in § 12 II 1, 3 BWahlG); besondere Ausschlussgründe bestehen für betreute Personen (§§ 12 I Nr. 3, 13 Nr. 2 BWahlG), unter engen Voraussetzungen bei psychischen Erkrankungen (§§ 12 I Nr. 3, 13 Nr. 3 BWahlG) und nach bestimmten strafrechtlichen Verurteilungen (§§ 12 I Nr. 3; 13 Nr. 1 BWahlG iVm § 45 V StGB).

Die Anknüpfung des Wahlrechts an das Demokratieprinzip verbietet zugleich eine **Erweiterung** der Wahlberechtigung über das „Staatsvolk", d.h. die deutschen Staatsangehörigen iSd Art. 116 GG hinaus (ganz h.M.; vgl. nur *Maurer*, StaatsR I, § 7 Rn. 23; a.A. *Bryde*, StW 1994, 305 ff.; *ders.*, Sonderheft KJ, 2000, 59 ff.: Einbeziehung in Deutschland lebender Angehöriger fremder Staaten).

Diese Beschränkung gilt auch auf Landes- sowie grundsätzlich auch auf Kommunalebene, da sowohl Länder als auch Gemeinden resp. Kreise in den Staatsverband integriert sind (Art. 28 I 1, 2 GG). Eine Ausnahme besteht für die Kommunen über Art. 28 I 3 GG, Art. 22 I AEUV. Hiernach ist wahlberechtigt, wer Unionsbürger ist, nach Art. 20 I 2 AEUV also jeder, der die Staatsangehörigkeit eines Mitgliedstaates besitzt.

II. Unmittelbarkeit

9 Der Grundsatz der **Unmittelbarkeit** der Wahl bedeutet die maßgebliche Bestimmung der Abgeordneten **direkt** durch den Wähler, verbietet also die Einführung eines Wahlmännersystems.

Dies bedeutet auch die Unzulässigkeit des **„ruhenden Mandats"** (umfassend hierzu *Maurer*, StaatsR I, § 13 Rn. 16): In diesem Fall ist das Mandat nicht nur vom Wählerverhalten, sondern auch vom dazwischen geschobenen Verhalten Dritter abhängig, konkret: der Erklärung des zeitweise ausgeschiedenen Abgeordneten zur Wiederaufnahme des ruhenden Mandats. Keinen (!) Verstoß gegen den Grundsatz der Unmittelbarkeit der Wahl stellt hingegen die vorgelagerte „Ruhenserklärung" dar, da diese mit dem (unstreitig zulässigen) Mandatsverzicht vergleichbar ist.

Problematisch könnte insoweit der Grundsatz der „Listenwahl" nach § 6 BWahlG (vgl. hierzu →Rn. 5) sein. Allerdings geht die

Entscheidung über die Liste der Wahl voraus (§§ 27, 28 I 1 BWahlG) und die festgelegte Reihenfolge ist unabänderlich (§ 6 VI 3 BWahlG). Bei Erschöpfung der Liste müssen gegebenenfalls freigewordene Sitze (§ 48 I 4 BWahlG) oder freibleibende (§ 6 VI 6 BWahlG) daher auch unbesetzt bleiben. **Bedenken** könnten sich nur in Fällen ergeben, in denen eine Listenanwartschaft durch einen Beschluss von Parteigremien vernichtet werden kann. Ein solcher Fall findet sich etwa in § 48 I 2 BWahlG, wonach die Listenanwartschaft an die Parteianwartschaft geknüpft ist. Diese Regelung lässt sich im Fall des **Parteiaustritts** noch mit der freiwilligen Entscheidungen gegen die Partei begründen, welche auf dieser Grundlage natürlich auch nicht verpflichtet sein kann, den Austretenden durch ihre Wählerstimmen in den BT zu bringen. Wie verhält es sich aber beim **Parteiausschluss**?

(P) Verstößt § 48 I 2 BWahlG im Falle des Partei*ausschlusses* gegen den Grundsatz der Unmittelbarkeit der Wahl?

e.A. (BVerfGE 7, 63, 72 f.)**:** Es ist auch in diesem Fall kein Verstoß gegen den Grundsatz der Unmittelbarkeit der Wahl ersichtlich. **Begründung: a)** Die Parteizugehörigkeit ist eine vom Gesetzgeber festlegbare objektive Bedingung gleich den sonstigen Wählbarkeitsvoraussetzungen, die erfüllt werden müssen, um über eine Listenverbindung in das Parlament gewählt zu werden. **b)** Das Ausschlussverfahren ist formalisiert (§ 10 V PartG); seine Überprüfung auf dem Rechtsweg steht offen. Die Instrumentalisierung des Verfahrens zum Ausschluss missliebiger Mitglieder ist hierdurch ausgeschlossen. **Andererseits** ist es unzulässig, einem Abgeordneten das bereits erhaltene Mandat im Zuge eines Parteiausschlusses wieder zu entziehen.

a.A. (*Erichsen*, Jura 1983, 635 [640]): In diesem Fall ist ein Verstoß gegen den Grundsatz der Unmittelbarkeit der Wahl anzunehmen, da ein fremder Wille zwischen Wähler und Abgeordneten geschaltet wird.

III. Freiheit

Nach dem Grundsatz der **Freiheit** der Wahl ist jeder Wähler berechtigt, seine Wahlentscheidung **ohne Zwang** und **unzulässigen Druck** im Rahmen eines freien und offenen Meinungsbildungsprozesses auszuüben. 10

Entscheidend ist im Einzelfall die **Abgrenzung zur zulässigen Wahlbeeinflussung**. Grundsätzlich zulässig (weil: grundrechtliche Freiheitsausübung) ist die Wahlbeeinflussung durch Private (Grenze: Zwang, Täuschung oder Missbrauch wirtschaftlicher Macht).

(P) Verstößt die Einführung einer *Wahlpflicht* gegen den Grundsatz der Freiheit der Wahl?

H.M.: Die Einführung einer Wahlpflicht würde gegen den Grundsatz der Freiheit der Wahl verstoßen. **Begründung:** Die Freiheit der Wahl schützt den Wähler nicht nur hinsichtlich des Inhalts der Stimmabgabe, sondern auch hinsichtlich der Teilnahme an der Stimmabgabe. Auch das Fernbleiben von der Wahl kann einen politischen Willen, etwa die Ablehnung der etablierten Parteien, ausdrücken.

IV. Gleichheit

🕮 *Lege*, Jura 1998, 462 ff.

11 Die **Gleichheit** der Wahl meint die Ausübung des Wahlrechts in möglichst gleicher Weise. Sie setzt sich aus der Zählwertgleichheit und der Erfolgswertgleichheit zusammen.

Der Grundsatz der Gleichheit der Wahl ist wie der Grundsatz der Allgemeinheit der Wahl ein Anwendungsfall des allgemeinen Gleichheitssatzes. Die erste bezieht sich auf die gleiche Stimmberechtigung, die zweite auf die Gleichheit der Stimmwertung.

1. Zählwertgleichheit

12 Die **Zählwertgleichheit** verlangt, dass jede Stimme gleich viel zählt.

Hierdurch ist bspw. ein Klassenwahlrecht – wie es etwa im Deutschen Reich bekannt war – ausgeschlossen. Das Gebot der Zählwertgleichheit enthält ein **absolutes Diskriminierungsverbot**.

Fall 17: Geplant ist die Einführung eines Familienwahlrechts, welches die Belange der Familie stärken und in der demoskopischen Wählerstruktur stärker berücksichtigen will. Hierzu werden folgende Optionen diskutiert: a) Eltern erhalten für jedes minderjährige Kind eine zusätzliche Stimme. b) Das Wahlrecht besteht ab Geburt, wird jedoch bis zum 18. Lebensjahr von den Eltern ausgeübt.

Es stellt sich die Frage, ob diese Optionen mit den Wahlrechtsgrundsätzen des Art. 38 I 1 GG vereinbar sind.

Lösung: Zu a) Die Zuerkennung einer zusätzlichen Stimme verstößt gegen den Grundsatz der Wahlrechtsgleichheit, in Form der

Zählwertgleichheit. Dieser Grundsatz ist streng formal zu verstehen und formuliert ein absolutes Diskriminierungsverbot. Option 1 ist daher verfassungswidrig.

Zu b) Die Annahme eines Wahlrechts ab Geburt führt zwar formal betrachtet nicht zu einem Verstoß gegen den Grundsatz der Wahlrechtsgleichheit. Tatsächlich haben aber die Entscheidungen der Eltern ein höheres Gewicht, da sie in der Sache auch die Wahlentscheidung der Kinder treffen (a.A. vertretbar). Zudem verstößt diese Ausgestaltung im Hinblick auf das Wahlrecht der Kinder gegen den Grundsatz der Unmittelbarkeit der Wahl. Die Minderjährigen sind zugleich in ihrer Wahlfreiheit beeinträchtigt, da sie das Wahlergebnis nicht beeinflussen können. Der Grundsatz der Geheimhaltung der Wahl ist verletzt, da der Inhalt der Wahlentscheidung den Eltern bekannt ist. Die Regelung verstößt schließlich gegen die verfassungsrechtliche Anordnung eines Mindestwahlalters in Art. 38 II GG. Option II ist daher ebenfalls verfassungswidrig (ausführlich hierzu *Otto*, JuS 2009, 925 ff.).

Ergebnis: Die Einführung eines Familienwahlrechts ist in den vorgeschlagenen Ausgestaltungen nicht mit der Verfassung vereinbar.

2. Erfolgswertgleichheit

Die **Erfolgswertgleichheit** verlangt, dass jeder abgegebenen gültigen Stimme gleiches Gewicht für die Zusammensetzung des Parlaments zukommt. 13

Das Gebot der Erfolgswertgleichheit erlaubt eine Diskriminierung nur bei Vorliegen **zwingender Gründe**.

Dennoch gehen die h.M. und das BVerfG (BVerfGE 1, 208 [244]; 13, 127 [129]; 47, 253 [277]; krit. hingegen Dreier/*Morlok*, Art. 38 GG Rn. 95) von der prinzipiellen Zulässigkeit der Einführung eines Mehrheitswahlrechts aus. In dessen Rahmen werden nur die Stimmen der überlegenen Partei gezählt, so dass die für die unterlegene Partei abgegebenen Stimmen keinen Erfolgswert haben. Trotzdem soll Art. 38 III GG dem einfachen Gesetzgeber die nähere Ausgestaltung des Wahlrechts überlassen haben. Die verfassungsrechtlichen Anforderungen werden insoweit eingeschränkt, dass im Falle des Mehrheitswahlrechts nur die Zählwertgleichheit erfüllt sein muss.

14 **(P) Verfassungsrechtliche Zulässigkeit der sog. Sperr- oder 5%-Klausel (§ 6 III 1BWahlG)**

🕮 *Kramer*, JuS 2003, 966 ff.; *Morlok/Kühr*, JuS 2012, 385 ff.

Problem: (Zweit-)Stimmen, die auf eine Partei entfallen, die im Ergebnis keine 5% der abgegebenen Stimmen enthält, bleiben bei der Mandatsverteilung im Ergebnis unberücksichtigt (§ 6 III 1 BWahlG); dies betrifft nicht die erworbenen Direktmandate (§ 5 BWahlG). Die **Erfolgswertgleichheit** ist insoweit nicht gegeben (= Ausnahme vom Gleichheitsgrundsatz). Die ungleichgewichtige Wertung der Stimmen ist nur zulässig, wenn sie zur Wahrung anderer Güter von Verfassungsrang erforderlich ist.

e.A.: Die Differenzierung im Rahmen der Erfolgswertgleichheit ist vorliegend gerechtfertigt. **Begründung: a)** Legitimer[4] Differenzierungsgrund ist die **Funktionsfähigkeit des Parlaments** und die **Sicherung stabiler Regierungsverhältnisse;** *denn*: Das Parlament braucht für die Erfüllung seiner Kreationsfunktion (Wahl einer handlungsfähigen Regierung und Unterstützung derselben) eine stabile Mehrheit (BVerfGE 51, 222 [237]; 95, 408 [418 ff.]). 5%-Hürde bietet den dazu notwendigen Schutz vor übermäßiger Parteienzersplitterung (vgl. den Rechtszustand unter der Weimarer Republik). **b)** Integrationsfunktion des Parlaments. **c)** Auch neue Parteien (in der Parlamentsgeschichte bspw. *Bündnis 90/Die Grünen; Die Linke*; auf Landtagsebene auch die *Piraten* und jüngst die *AfD*) vermögen dennoch den Parlamentseinzug zu schaffen.

Eine **Ausnahme** stellte die erste Bundestagswahl nach der deutschen Wiedervereinigung (1990) dar, weil sie unter besonderen Umständen stattfand, die eine unveränderte Aufrechterhaltung der 5%-Klausel nicht erlaubte (BVerfGE 82, 322 [338 ff.]). Die Zulässigkeit der 5%-Klausel ist also auch immer von den politischen Besonderheiten des Einzelfalls abhängig.

a.A.: Ein legitimer Differenzierungsgrund ist nicht ersichtlich. **Begründung: a)** Fehlende Eignung zur Sicherstellung der Funktionsfähigkeit des Parlaments nach 50 Jahren stabiler politischer Verhältnisse. **b)** Ein solcher tiefgreifender Eingriff in die Wahlrechtsgleichheit bedürfte zumindest einer grundgesetzlichen, nicht nur einer einfachgesetzlichen Grundlage.

[4] Nicht legitim wäre hingegen das Ziel, verfassungsfeindliche Parteien aus dem Parlament auszuschließen; vgl. Art. 21 II GG.

Entsprechende Sperrklauseln sind auch im Landtagswahlrecht, im Kommunalwahlrecht und im Europawahlrecht bekannt und wurden zunächst durch das BVerfG gestützt.

Für das **Kommunalwahlrecht** hat das BVerfG (BVerfGE 120, 82 ff.; anders noch BVerfGE 6, 104 [114 ff.]) jedoch die Verfassungswidrigkeit einer Sperrklausel festgestellt. Prüfungsmaßstab ist hier Art. 28 I 2 GG (!). **Begründung:** **a)** Argument der „Regierungsstabilität" entfällt, da Gemeinderat keine wesentliche „Kreationsfunktion" (iSd Bildung eines weiteren Organs; bspw. einer Regierung) zukommt; insbesondere: Direktwahl der hauptamtlichen Bürgermeister und Landräte. **b)** Keine wirklichen Parlamente, sondern Teile der Landesverwaltung. **c)** Abstimmungen mit häufig relativen Mehrheiten.

Hinsichtlich des im Hinblick auf die Wahl zum Europäischen Parlament geltenden **§ 2 VII EuWG**, der zunächst eine 5%-Hürde, jetzt in Reaktion auf verfassungsgerichtliche Rechtsprechung eine 3%-Hürde vorsieht, verstößt nach neuer Rechtsprechung auch in dieser Gestalt gegen den Grundsatz der Wahlrechtsgleichheit und den Grundsatz der Chancengleichheit der politischen Parteien (BVerfG NVwZ 2014, 439 (hierzu *Will*, NJW 2014, 1421 ff.) im Anschluss an BVerfG NVwZ 2012, 33, 37 (noch zur 5%-Hürde); hierzu *Ehlers*, Jura 2012, 45 ff.; *Hillgruber*, JA 2012, 316 ff.; *Schönberger*, JZ 2012, 80 ff.; anders noch BVerfGE 51, 222 ff.). Aufgrund der andersartigen Struktur und Aufgabe sei die Funktionsfähigkeit des Europäischen Parlaments auch bei Wegfall der Sperrklausel und anwachsender Parteienzersplitterung nicht gefährdet. **Begründung: a)** Es liegt in der Natur des EP, dass es unterschiedlichste nationale Parlamente unter einem Dach vereinigen muss; dies ist bisher zufriedenstellend gelungen. **b)** Keine Kreationsfunktion i.e.S. (siehe Art. 17 VII UAbs. 1, 3 EUV); **c)** Abstimmungsverfahren: Rechtsakte kommen nach Art. 289 I i.V.m. Art. 294 AEUV auch ohne Unterstützung der Parlamentsmehrheit zustande. **d)** Ohnehin nur begrenzte Reichweite der nationalen Regelung; siehe Art. 3 des Direktwahlaktes, der die Entscheidung über eine Sperrklausel in das mitgliedstaatliche Ermessen legt.

Wichtig: Das BVerfG hat in beiden Entscheidungen festgestellt, dass die Ausgestaltung des Wahlrechts einer **besonders strengen** verfassungsgerichtlichen Kontrolle unterliegt, da die parlamentarische Mehrheit hierüber die (Existenz-)Bedingungen ihrer politischen Konkurrenz definiert.

(P) Verfassungsrechtliche Zulässigkeit der sog. Grundmandatsklausel (§ 6 III 1 Alt. 2 BWahlG)

Problem: Hiernach sind Parteien mit mind. 3 Direktmandaten von der 5%-Schranke ausgenommen (= Rückausnahme). D.h. es kommt zu einer Ungleichbehandlung im Vergleich zu anderen Parteien, die ebenfalls weniger als 5% der Stimmen auf sich vereinigen konnten. In der Folge erhält etwa eine Partei, die 4,9 % der Zweitstimmen, jedoch nur 2 Direktmandate erringt, weniger Parlamentssitze als eine Partei, die bspw. nur 4,4 % der Zweitstimmen, aber 3 Direktmandate erringt.

e.A.: Diese Ungleichbehandlung ist verfassungsrechtlich gerechtfertigt (BVerfGE 1, 208 [258 ff.]; 95, 408 [422]; 96, 264 [279]). **Begründung: a)** Hinreichende politische Integrationskraft der betroffenen Parteien, die einen Einzug in den Bundestag rechtfertigt. **b)** Hinreichende parlamentarische Präsenz lokaler Schwerpunktparteien. **Aber:** politische Integrationskraft/lokaler Bezug einer Partei wird bereits durch die – über die Erststimmen erlangten – Direktmandate sichergestellt. **c)** „Rückausnahme"-Charakter der Vorschrift, welche die Zahl der Stimmen mit gleichem Erfolgswert insgesamt erhöht, also zur Sicherung der Wahlrechtsgleichheit beiträgt.

a.A.: Eine verfassungsrechtliche Rechtfertigung der Ungleichbehandlung ist nicht ersichtlich. **Begründung: a)** Die Gegenauffassung führt zu einer unzulässigen Vermischung von Mehrheits- und Verhältniswahlelementen. **b)** Unbewiesener Zusammenhang zwischen Direktmandaten und politischer Integrationskraft der Parteien. **c)** Die Gegenauffassung eröffnet der Möglichkeit des institutionellen Missbrauchs Tür und Tor: So kann eine größere Partei in drei Wahlkreisen auf eigene Direktkandidaten zugunsten einer kleineren Partei verzichten, damit deren Zweitstimmen im Interesse der gemeinsamen Sache nicht verloren gehen (Huckepackverfahren).

15 **Fall 18:** Am 20. September 2009 finden die Wahlen zum Deutschen Bundestag statt. Kurz zuvor verstirbt die Direktkandidatin des Wahlkreises Y. Der Landeswahlleiter setzt daher gemäß § 43 I Nr. 2 BWahlG eine Nachwahl für den 11. Oktober an. Noch am Tag der Bundestagswahl wird das vorläufige amtliche Endergebnis verkündet. Ausgenommen ist natürlich das Ergebnis des Wahlkreises Y. Wäre hierdurch der Grundsatz der Wahlrechtsgleichheit betroffen?

Lösung: Der aus Art. 38 I 1 GG ableitbare Grundsatz der Wahlrechtsgleichheit verbürgt die Aspekte der Zählwertgleichheit und der Erfolgswertgleichheit. Der Grundsatz der **Zählwertgleichheit** verlangt, dass jede Stimme gleich viel zählt. Nach § 43 III BWahlG erfolgt die Nachwahl nach denselben Vorschriften und auf denselben Grundlagen wie die Hauptwahl. Ein Verstoß gegen den Grundsatz der Zählwertgleichheit ist daher nicht ersichtlich. Die **Erfolgswertgleichheit** verlangt, dass jeder abgegebenen gültigen Stimme gleiches Gewicht für die Zusammensetzung des Parlaments zukommt. Deren Gewährleistung könnte insoweit zweifelhaft sein, als die Wahlberechtigten in einem von einer Nachwahl betroffenen Wahlkreis ihre Stimme in Kenntnis des bisherigen Wahlergebnisses abgeben. Es ist somit nicht auszuschließen, dass sie in dieser

Kenntnis ihre Wahlentscheidung treffen bzw. ändern, also letztlich ihre Stimme strategisch abgeben. Damit kann ihrer Stimme im Einzelfall ein besonderes Gewicht für die Bundestagszusammensetzung zukommen (so auch *Szczekalla*, JuS 2006, 901 [902 f.]; zur Gegenansicht: *Schreiber*, ZRP 2005, 252). Eine solche Beeinträchtigung des Grundsatzes der Erfolgswertgleichheit ist jedoch bei Vorliegen zwingender Gründe gerechtfertigt. Ein zwingender Grund könnte darin liegen, dass die Herstellung der Erfolgswertgleichheit unter keinen Umständen möglich ist und mit der vorliegenden Lösung noch am geringstmöglichen beeinträchtigt wird.

Insoweit muss zunächst festgestellt werden, dass auch im Wahlkreis Y eine Wahl stattfinden muss, da die hier ansässigen Wähler andernfalls (nicht rechtfertigungsfähig) in ihrer Zählwertgleichheit beeinträchtigt würden. Diese Wahl könnte am Tag der Bundestagswahl durchgeführt werden. An die Stelle des direkt zu wählenden Wahlkreiskandidaten könnte der nächste Kandidat der Landesliste nachrücken. Dies würde in diesem Wahlkreis die Erststimme jedoch zu einer Art „zweiten Zweitstimme" machen. Der Charakter der Persönlichkeitswahl würde hierdurch missachtet. Einem kurzfristig einspringenden Direktwahlkandidaten muss die Gelegenheit gegeben werden, sich im Wahlkreis ausreichend bekannt zu machen. Eine Verschiebung der Hauptwahl scheidet aus organisatorischen Gründen aus. Es verbleibt jedoch die Möglichkeit, das Ergebnis der bisherigen Auszählung bis zur Nachwahl nicht bekanntzugeben. Hiergegen könnte man gegebenenfalls den „Grundsatz der Wahlöffentlichkeit" anführen (so BVerfG, JuS 2009, 253 mit Anm. *Sachs*; *Szczekalla*, JuS 2006, 901 [904]), obwohl im Einzelnen fraglich sein mag, ob dieser Verfassungsgrundsatz nicht möglicherweise in der Abwägung zum Grundsatz der Wahlrechtsgleichheit zurücktreten muss. Als Kompromiss lässt sich jedenfalls die Möglichkeit ansehen, nur die Abgabe der Erststimme im betroffenen Wahlkreis zu verschieben. Hinsichtlich der (im Gesamtergebnis ohnehin deutlich spürbareren) Zweitstimme würde dann das oben beschriebene taktische Wahlverhalten weitest möglich ausgeschlossen. Alternativ ergebe sich die Möglichkeit der zwingenden Benennung von Ersatzbewerbern. Zwingende Gründe für die Beeinträchtigung der Erfolgswertgleichheit sind daher nicht gegeben. Die Nachwahlregelung in § 43 I Nr. 2 BWahlG stellt somit einen unzulässigen Verstoß gegen Art. 38 I 1 GG dar (a.A. hingegen BVerfG JuS 2009, 253).

V. Geheimhaltung

16 Der Grundsatz der **geheimen Wahl** verlangt die ausschließliche Kenntnisnahmemöglichkeit des Wählers von dem Inhalt seiner Wahlentscheidung.

Der Grundsatz der geheimen Wahl soll jeden offenen oder verdeckten Zwang bei der Wahlentscheidung unterbinden und ist daher auch Ausfluss des Grundsatzes der freien Wahl.

Da sich der Grundsatz der Geheimhaltung nur auf den Wahlvorgang, nicht jedoch auf die Wahlvorbereitung bezieht, ist § 27 I 2 BWahlG, wonach Parteien vor der erstmaligen Kandidatur zum Bundestag ein Quorum von 2000 Unterschriften vorbringen müssen, mit Art. 38 I 2 GG vereinbar (mit anderer Begr. *Erichsen*, Jura 1983, 635 [646]).

VI. Öffentlichkeit der Wahl

Eine ungeschriebene Voraussetzung des Art. 38 I 2 GG ist zudem der Grundsatz der Öffentlichkeit (mithin: der Transparenz) der Wahl. Im Hinblick auf die Verwendung elektronischer Wahlgeräte („Wahlcomputer") stellt das BVerfG daher die Forderung auf, dass „die wesentlichen Schritte der Wahlhandlung und der Ergebnisermittlung vom Bürger zuverlässig und ohne besondere Sachkenntnis überprüft werden können" müssen (BVerfG NVwZ 2009, 708; hierzu *Will*, NVwZ 2009, 700 ff.; *Rolfsen*, DÖV 2009, 348 ff.; *Patella*, Jura 2009, 776).

Testfragen zum 6. Kapitel:

A. Beschreiben Sie das im Grundgesetz geregelte Wahlsystem! **17**

B. Wäre die Einführung eines Mehrheitswahlrechts zulässig?

C. Welche Aspekte umfasst der Grundsatz der Gleichheit der Wahl? Hinsichtlich welcher Wahlrechtsregelungen ergeben sich Zweifel an deren Einhaltung?

D. Arbeitgeber A wirbt bei seinen Angestellten für die Wahl der CDU. Er droht, bei einem Wahlverlust der Partei seine Firma ins Ausland zu verlagern. Liegt ein Verstoß gegen den Grundsatz der Freiheit der Wahl vor?

Kapitel 7: Europarechtliche Bezüge

A. Übertragung von Hoheitsrechten

🕮 *Engels*, JuS 2012, 210 ff.; *Fiebelkorn/Jans*, NWVBl. 2009, 338 ff.

Grundlage für die Übertragung von Hoheitsrechten auf die Europäische Union ist Art. 23 I 2 GG. *Formell* ist die Übertragung von Hoheitsrechten durch ein Bundesgesetz mit Zustimmung des Bundesrates vorzunehmen. *Materiell* müssen die Strukturvorgaben des Art. 23 I 1 GG sowie die Schranken des Art. 79 III GG eingehalten sein. Es ergibt sich also folgendes Prüfungsschema. 1

Prüfungsschema 18: Übertragungsgesetz nach Art 23 I 2 GG

I. Formelle Voraussetzungen

1. Erlass eines Bundesgesetzes mit Zustimmung des BR
2. im Fall des Art. 23 I 3 GG: Zustimmungsquoren nach Art. 79 II GG

II. Materielle Voraussetzungen

1. Wahrung der Strukturvorgaben des Art. 23 I 1 GG
2. im Fall des Art. 23 I 3 GG: Einhaltung der Schranken des Art. 79 III GG

Zweifel an der Einhaltung der Vorgaben des Art. 79 III GG bestehen, wenn den europäischen Organen eine Kompetenz-Kompetenz zugestanden wird, welche nicht mehr sicherstellt, dass dem BT als demokratisch legitimiertem Organ wesentliche Entscheidungselemente verbleiben. Hiernach ist nur eine begrenzte und im Vorhinein bestimmbare Übertragung von Hoheitsrechten verfassungsrechtlich möglich. Andernfalls wäre nicht sichergestellt, dass das Element der Staatlichkeit und das Demokratieprinzip der Bundesrepublik erhalten bleiben. Diese Anforderungen hat zuletzt das **Lissabon-Urteil** des BVerfG (NJW 2009, 2267; hierzu *Frenz*, VerwArch 2009, 475 ff.; *Ohler*, AöR 2010, 153) konkretisiert.

Die Anwendung solcher Vorschriften, die eine immanente Vertragsänderung ermöglichen, ist daher von einem vorhergehenden Gesetz nach Art. 23 I 2 GG abhängig. S. bspw. Art. 48 VII AEUV, der einen Übergang vom Einstimmigkeitserfordernis bei Abstimmungen im Rat zu Mehrheitsentscheidungen ermöglicht.

Das BVerfG hat in dieser Entscheidung zudem klargestellt, dass unter Berufung auf **Art. 38 I 1 GG** von jedermann gerügt werden kann, dass die Übertragung von Hoheitsrechten zu einer Entstaatlichung der Bundesrepublik führe, dass diese die Entscheidungsbefugnisse des BT (und damit zugleich das Wahlrecht) aushöhle oder dass die EU nicht hinreichend demokratisch legitimiert ist.

Konkret die nationale Haushaltsautonomie/die Budgetfunktion des BT (Art. 110 II 1 GG) ist im Hinblick auf Maßnahmen zur **EURO-Rettung** betroffen (ausf. *Kube*, AöR 2012, 205 ff.). In der Entscheidung BVerfG NJW 2011, 2946 hat das BVerfG festgestellt, dass der BT sich keinen finanzwirksamen Mechanismen ausliefern darf, die zu nicht überschaubaren haushaltsbedeutsamen Belastungen führen können (hierzu noch BVerfGE 135, 317 ff.). Dies bedeutet auch, dass keine dauerhaften völkervertragsrechtlichen Mechanismen begründet werden dürfen, die auf eine Haftungsübernahme für Willensentscheidungen anderer Staaten hinauslaufen. Die finanzielle Hilfeleistung muss nicht nur *im Einzelnen* vom BT bewilligt werden; es muss zudem gesichert sein, dass auch hinreichender parlamentarischer Einfluss auf die Art und Weise des Umgangs mit den zur Verfügung gestellten Mitteln besteht.

Zur notwendigen demokratischen Rückkoppelung der Bundesregierung siehe auch BVerfGE 131, 152 ff., insbes. Ls. 2–4.

Zur haushaltspolitischen Gesamtverantwortung des Parlaments und den Grenzen der Schaffung von Sondergremien BVerfGE 130, 318 ff.

B. Vollzug des Europarechts

2 Die Europäische Union besitzt nur in wenigen Fällen eigene Verwaltungskompetenzen in Form eines gemeinschaftsunmittelbaren Vollzugs. In den meisten Fällen wird Europarecht daher von den Verwaltungen der Mitgliedstaaten (evtl. in gegenseitiger Kooperation; zu verschiedenen Kooperationsformen *Sydow*, DÖV 2006, 66 ff.) – nach Umsetzung europarechtlicher Richtlinien (Art. 288 III AEUV) oder im direkten Vollzug von Verordnungen (Art. 288 II AEUV) – ausgeführt.

Aufgrund der föderalen Struktur der Bundesrepublik stellt sich hier die Frage, ob das europäische Recht als Landesrecht, also nach Art. 30 GG, oder als Bundesrecht, also nach Art. 83 ff. GG, vollzogen wird. Die Beantwortung dieser Frage ist eindeutig, soweit es sich um europäisches Recht handelt, welches zur Begründung seiner Vollzugsfähigkeit und -bedürftigkeit der nationalen Umsetzung bedarf (vgl. Richtlinien nach Art. 288 III AEUV). Diese Umsetzung erfolgt in Form eines Gesetzgebungsaktes, dessen Träger sich nach den nationalen Kompetenzvorschriften (Art. 70 ff. GG) bemisst. Aus der Zuordnung der Gesetzgebungskompetenz leitet sich dann auch die Zuordnung der Verwaltungskompetenz ab. Daneben gibt es jedoch auch unmittelbar vollzugfähiges Europarecht (vgl. Verordnungen nach Art. 288 II AEUV).

(P) Woraus ergibt sich die bundesstaatliche Verwaltungskompetenz von unmittelbar vollzugsfähigem Europarecht?

e.A.: Die bundesstaatliche Verwaltungskompetenz ergibt sich aus der analogen Anwendung der Art. 83 ff. GG. **Begründung: a)** Geltung des Europarechts ist ebenso wie Geltung von Bundesrecht auf Entscheidung des Bundesgesetzgebers zurückzuführen (vgl. Art. 23 I 2, Art. 24 I GG); daher: Vergleichbarkeit der Sachverhalte. **b)** Sicherstellung der Ingerenzrechte des Bundes, welche die europarechtliche Pflicht des Bundes fordert, einen ordnungsgemäßen und effektiven Vollzug des Europarechts sicherzustellen.

a.A.: Es ist danach zu differenzieren, ob die europarechtliche Norm innerstaatlich vom Bund oder von den Ländern zu erlassen gewesen wäre. Dementsprechend sind Art. 83 ff. GG oder Art. 30 GG anwendbar. **Begründung: a)** Die Gegenauffassung begründet eine Kompetenzverlagerung zu Lasten der Länder. **b)** Die Verpflichtung der Länder, Europarecht ordnungsgemäß zu vollziehen, resultiert unmittelbar aus Art. 23 I GG bzw. aus dem Prinzip der Bundestreue. **c)** Nur so ist sichergestellt, dass sich die Zuständigkeiten bei der Ausführung des unmittelbaren und des mittelbaren Vollzugs von Europarecht entsprechen (vgl. oben).

Kapitel 8: Völkerrechtliche Bezüge

A. (Auslands-)Einsätze der Bundeswehr

🕮 *Baldus*, NVwZ 2004, 1278 ff.; *Jochum,* JuS 2006, 511 ff.; *Fischer-Lescano*, NVwZ 2003, 1474 ff.; *Hölscheidt/Limpert*, JA 2009, 86.

1 Grundgesetzliche und völkerrechtliche Vorgaben verknüpfen sich bei der Frage der Zulässigkeit des Streitkräfteeinsatzes im Ausland:

Prüfungsschema 19: Zulässigkeit des Streitkräfteeinsatzes im Ausland

I. Formelle Voraussetzungen

1. Einsatzkompetenz: BReg gem. Art. 35 III, 87a IV, 91 II GG; § 15 I GO BReg
2. Konstitutiver Parlamentsvorbehalt

II. Materielle Voraussetzungen: Art. 87a II GG

Nach der Rspr. des BVerfG besteht ein **konstitutiver Parlamentsvorbehalt** für den *„Einsatz bewaffneter Streitkräfte"* (BVerfGE 90, 286, 381 ff.) im Ausland (s. BVerfGE 126, 55 ff.). Dies ist zwar im Verfassungsrecht nirgends ausdrücklich normiert, ergibt sich aber aus einer Gesamtschau aller grundgesetzlichen Vorschriften über die „Wehrverfassung" (Art. 45a, 45b, 87a I, II, IV 2 sowie Art. 115a I GG), die eine Beteiligung des Parlaments in militärischen Angelegenheiten vorsehen. Diese Regelungen sind darauf angelegt, dem Parlament einen rechtserheblichen Einfluss auf Aufbau und Verwendung der Streitkräfte zu sichern. Diese verfassungsrechtliche Forderung wird nun im Rahmen des § 2 ParlamentsbeteiligungG deklaratorisch einfach-gesetzlich festgestellt.

Fraglich ist allerdings, wieweit dieser Parlamentsvorbehalt reicht. Hierzu hat das BVerfG (BVerfGE 121, 135 ff.; AWACS-Entscheidung) nunmehr entschieden, dass der wehrverfassungsrechtliche Parlamentsvorbehalt bereits eingreift, **wenn** nach dem jeweiligen Einsatzzusammenhang und den einzelnen rechtlichen und tatsächlichen Umständen **die Einbeziehung deutscher Soldaten in bewaffnete Auseinandersetzungen konkret zu erwarten** ist. Dies gilt unabhängig davon, ob diese einen kriegerischen oder kriegsähnlichen Charakter haben (BVerfG NVwZ 2015, 1593 ff.). Daneben besteht eine vorläufige Eilentscheidungskompetenz der Bundesregierung (BVerfG a.a.O.).

Die materiellen Voraussetzungen des Streitkräfteeinsatzes bestimmt Art. 87a II GG. Danach dürfen die Streitkräfte außer zur **Verteidigung** (unter Verwendung militärischer Mittel) nur **eingesetzt** werden, soweit es das Grundgesetz **ausdrücklich** zulässt.

Diese Vorschrift beansprucht also nur im Falle des Bundeswehr*einsatzes* Anwendbarkeit. Weitgehend einig ist man sich dahingehend, dass der Begriff des „Einsatzes" jedes regelnde und eingreifende Handeln bezeichnet, welches die besondere militärische Organisationsstruktur der Streitkräfte nutzt und damit die innenpolitische Neutralität der Streitkräfte in Frage stellt. **Kein Einsatz** i.d.S. sind daher etwa das Ehrengeleit bei Begräbnissen, die Mitwirkung bei Ernsteinsätzen, technische Hilfeleistungen, Aufklärungsflüge bei Demonstrationen (str.).

Im Falle der Verteidigung ist der Einsatz auch ohne **explizite** grundgesetzliche Zulassung verfassungsgemäß. Die Ermächtigung zum Streitkräfteeinsatz muss sich dann aber immer noch implizit aus dem Grundgesetz ergeben.

Nach einem weiten Verständnis versteht man unter **Verteidigung** „jede völkerrechtskonforme Wahrung oder Wiederherstellung der äußeren Sicherheit der Bundesrepublik Deutschland mit militärischen Mitteln".

„Verteidigung" ist **nicht** identisch mit dem Begriff des „Verteidigungsfalls" i.S.v. Art. 115a I GG! Art. 87a GG unterscheidet selbst zwischen diesen beiden Begriffen in Abs. 1, 2 und Abs. 3.

Der Verteidigungsbegriff sieht sich in jüngerer Zeit verschiedenen Schwierigkeiten ausgesetzt: Soweit man unter Verteidigung die Abwehr eines *von außerhalb der Landesgrenzen kommenden*, bewaffneten Angriffs versteht, ist fraglich, wie mit „inneren" terroristischen Angriffen umzugesehen ist. Str. ist weiterhin, ob hierunter auch ein terroristischer Angriff iSd 11. September zu verstehen ist. Dies wäre nur der Fall, wenn der Verteidigungsbegriff auch „entstaatlichte" Angriffe umfassen würde. Vgl. hierzu auch den folgenden Fall:

Fall 19: In Anlehnung an die Ereignisse des 11. September 2001 sollen mit Inkrafttreten des Gesetzes zur Neuregelung von Luftsicherheitsaufgaben (Luftsicherheitsgesetz) die für einen wirksamen Schutz des Luftverkehrs gegen Flugzeugentführungen, Sabotageakte und sonstige gefährliche Eingriffe erforderlichen Regelungen geschaffen bzw. in einem eigenen Gesetz zusammengefasst werden. Das Luftsicherheitsgesetz enthält insbesondere die Befugnis, dass die Streitkräfte zur Verhinderung eines schweren Unglücksfalls im Luftraum Luftfahrzeuge abdrängen oder zur Landung zwingen können. Als ultima ratio ist sogar der Einsatz von Waffengewalt erlaubt. Hiermit soll die Möglichkeit eröffnet werden, dem Einsatz eines Flugzeugs durch Terroristen als Waffe zu begegnen und ein Szenario – wie das des 11. September – im Notfall durch vorherigen Flugzeugabschuss zu verhindern. Ist der Streitkräfteeinsatz verfassungsgemäß?

Lösung: Gemäß Art. 87a II GG dürfen die Streitkräfte zur „Verteidigung" eingesetzt werden. Ein Einsatz iSd Art. 87a II GG ist jedes hoheitliche Handeln der Bundeswehr, welches dessen militärische Organisationsstruktur nutzt. Die im Luftsicherheitsgesetz normierten Verhaltensweisen sind als Einsatz in diesem Sinne zu verstehen. Der Begriff der „Verteidigung" iSd Art. 87a II GG, der weder mit dem Begriff des „Verteidigungsfalls" in Art. 115a I GG noch mit dem Begriff der „Verteidigung" in Art. 73 Nr. 1 GG identisch ist, bedeutet – unter Rückgriff auf den allgemeinen Sprachgebrauch – jedenfalls die „Abwehr eines Angriffs". Konkreter ist das Vorliegen einer „Verteidigung" an der Art des Angriffs wie an der Art seiner Abwehr zu messen. Fraglich ist zunächst, ob auch der Angriff „im Innern" eine Verteidigung iSd Art. 87a II GG begründet. Ein Angriff von außen kann bei der beschriebenen Konstellation schließlich allenfalls dann angenommen werden, wenn mit einem Zivilflugzeug ein Angriff von außerhalb der Bundesrepublik auf ein Großgebäude oder eine Massenveranstaltung unmittelbar droht und dieser Angriff auch von außen gesteuert ist. Für eine Beschränkung des „Verteidigungsbegriffs" auf die Abwehr „äußerer" Gefahren spricht zum einen die Funktion des Art. 87a II GG, welcher die Abwehr innerer Gefahren den Polizeikräften zuordnen möchte, zum anderen die systematische Stellung der Vorschrift neben Art. 87a IV GG, welcher mit dem inneren Notstand einen Fall des Angriffs im Innern beschreibt.

Des Weiteren ist der Begriff der „Verteidigung" als Unterfall des „Einsatzes" auch an der Art der Angriffsabwehr zu messen und hinsichtlich des Einsatzes im Inland auf militärische Maßnahmen zu beschränken. Auch dies leitet sich aus der Funktion der Vorschrift ab, eine Grenze zwischen militärischem und polizeilichem Vorgehen zu ziehen. Maßnahmen „militärischer Natur" sind demzufolge nur solche, welche der Abwehr militärischer Angriffe von Seiten einer regulären staatlichen Armee oder eines entsprechend gefährlichen Angreifers dienen.

Zwischenergebnis: Das Abfangen oder der Abschuss eines von Terroristen mit Bomben ausgerüsteten Fluggeräts oder eines Passagierflugzeugs, das als Tatmittel zum Massenmord benutzt werden soll, lässt sich regelmäßig nicht als „Verteidigung" definieren und damit auch nicht über Art. 87a II GG legitimieren. Erforderlich ist vielmehr eine ausdrückliche Zulassung durch andere Vorschriften des Grundgesetzes.

Über die Auslegung des Verteidigungsbegriffs in Art. 87a II GG ist jedenfalls dann nicht weiter zu rätseln, wenn das Grundgesetz den Streitkräfteeinsatz **ausdrücklich** zulässt. Beispielhaft sei hier auf Art. 24 II GG („Bündnisverteidigung"), Art. 87a II, III GG (äußerer und innerer Notstand) sowie Art. 35 II, III GG (Einsatz bei Naturkatastrophen und besonders schweren Unglücksfällen) verwiesen. Ausnahmsweise erlauben diese expliziten Regelungen auch den Einsatz im *Inland.*

Lösung zu Fall 20 (Fortsetzung): Der Streitkräfteeinsatz könnte auch aufgrund einer sonstigen ausdrücklichen Zulassung durch das GG erlaubt sein. In Betracht kommen Art. 35 II 2, III GG, die einen Streitkräfteeinsatz zur Unterstützung der Polizeikräfte bei einer Naturkatastrophe oder einem besonders schweren Unglücksall zulassen. Das BVerfG hat in einer Plenarentscheidung vom 3.7.2012 (BVerfGE 132, 1 ff.) entschieden, dass diese Bestimmungen eine **Verwendung spezifisch militärischer Waffen nicht ausschließt**. Das Plenum ist damit von der Annahme des Ersten Senats abgerückt, dass der Streitkräfteeinsatz im Rahmen des Art. 35 GG auf Mittel begrenzt ist, die nach dem Gefahrenrecht des Einsatzlandes der Polizei zur Verfügung stehen (BVerfGE 115, 118 ff.).

Die Plenarentscheidung hat jedoch zugleich festgestellt, dass bei der Auslegung und Anwendung der Voraussetzungen, unter denen Art. 35 II, III GG einen Einsatz der Streitkräfte erlaubt, der Zweck des Art. 87a II GG und das Verhältnis der den Katastrophennotstand betreffenden Bestimmungen zu den verfassungsrechtlichen Vorgaben für den Einsatz der Streitkräfte im inneren Notstand (Art. 87a IV GG) zu berücksichtigen ist. Art. 87a II GG zielt darauf, die Möglichkeiten für einen Einsatz der Streitkräfte im Innern zu begrenzen. Art. 87a IV GG unterwirft vor dem Hintergrund historischer Erfahrungen den Einsatz der Streitkräfte zur Bewältigung innerer Auseinandersetzungen besonders strengen Beschränkungen. Diese Beschränkungen dürfen nicht dadurch umgangen werden, dass der Einsatz statt auf der Grundlage des Art. 87a IV GG auf der des

Art. 35 II, III GG erfolgt. Das gilt erst recht für die Verwendung spezifisch militärischer Kampfmittel im Rahmen eines solchen Einsatzes.

Aus der normativen Parallelisierung von Naturkatastrophen und besonders schweren Unglücksfällen in Art. 35 II, III GG wird deutlich, dass der hier verwendete Begriff des besonders schweren Unglücksfalls nur Ereignisse von **katastrophischen** Dimensionen erfasst (vgl. BVerfGE 115, 118 [143]).

Die Voraussetzungen des besonders schweren Unglücksfalls gemäß Art. 35 II, III GG bestimmen sich zugleich in Abgrenzung zu den verfassungsrechtlichen Vorgaben für den Einsatz der Streitkräfte im inneren Notstand (Art. 87a IV GG iVm Art. 91 II 1 GG). Die Regelung der Abwehr innerer Unruhen, die von nichtstaatlichen Angreifern ausgehen, hat damit ihren Platz in Art. 87a IV in Verbindung mit Art. 91 GG gefunden. Insoweit entfaltet daher diese Vorschrift grundsätzlich eine Sperrwirkung für den Einsatz der Streitkräfte nach anderen Bestimmungen. Der Annahme eines besonders schweren Unglücksfalls steht bei einem Ereignis von katastrophischem Ausmaß nicht entgegen, dass es **absichtlich** herbeigeführt ist (BVerfGE 115, 118 [143 f.]). Angesichts der in Art. 87a IV iVm Art. 91 GG getroffenen Regelung der militärischen Bekämpfung nichtstaatlicher Gegner können die Streitkräfte auf der Grundlage von Art. 35 II, III GG jedoch zur Bekämpfung eines Angreifers nur in Ausnahmesituationen eingesetzt werden, die nicht von der in Art. 87a IV GG geregelten Art sind. So stellen namentlich Gefahren für Menschen und Sachen, die aus oder von einer demonstrierenden Menschenmenge drohen, keinen besonders schweren Unglücksfall im Sinne des Art. 35 GG dar, der es rechtfertigen könnte, Streitkräfte auf der Grundlage dieser Bestimmung einzusetzen. Denn nach Art. 87a IV 1 (iVm Art. 91 II 1 GG) dürfen selbst zur Bekämpfung organisierter und militärisch bewaffneter aufständischer Streitkräfte auch dann, wenn das betreffende Land zur Bekämpfung der Gefahr nicht bereit oder in der Lage ist, nur unter der Voraussetzung eingesetzt werden, dass Gefahr für den Bestand oder die freiheitliche demokratische Grundordnung des Bundes oder eines Landes besteht.

Der Unglücksfall muss bereits vorliegen, damit zu seiner Bekämpfung oder zur Bekämpfung seiner Schadensfolgen Streitkräfte eingesetzt werden dürfen. Das bedeutet nicht, dass auch Schäden notwendigerweise bereits eingetreten sein müssen. Von einem Unglücksfall kann auch dann gesprochen werden, wenn zwar die zu erwartenden Schäden noch nicht eingetreten sind, der Unglücksverlauf aber bereits begonnen hat und der Eintritt katastrophaler Schäden unmittelbar droht. Ist die Katastrophe bereits in Gang gesetzt und kann sie nur noch durch den Einsatz der Streitkräfte unterbrochen werden, muss nicht abgewartet werden, bis der Schaden sich realisiert hat.

Der Einsatz der Streitkräfte wie der Einsatz spezifisch militärischer Abwehrmittel ist zudem auch in einer solchen Gefahrenlage nur als ultima ratio zulässig. Art. 35 III 1 GG sieht für den Fall des überregionalen Katastrophennotstandes ausdrücklich vor, dass die Streitkräfte nur eingesetzt werden dürfen, soweit es zur wirksamen Bekämpfung der durch eine Naturkatastrophe oder einen besonders schweren Unglücksfall veranlassten Gefahr erforderlich ist. Die Erforderlichkeitsklausel des Art. 35 III 1 GG zielt auf die Subsidiarität der Bundesintervention im Verhältnis zu den Ländern. Im Übrigen entspricht die strenge Beschränkung auf das Erforderliche – sowohl was das Ob als auch was das Wie, einschließlich der konkreten Einsatzmittel, angeht – für Einsätze nach Art. 35 II 2, III 1 GG dem in Art. 87a II GG zum Ausdruck gebrachten Willen des Verfassungsgebers zur engen Begrenzung des zulässigen Streitkräfteeinsatzes im Innern.

Entsprechend dieser Annahmen ist das Plenum (BVerfGE 132, 1 [2. Ls.]) zu der Auffassung gelangt, dass Art. 35 GG differenzierte Möglichkeiten einer Verwendung der Streitkräfte zur Gewährleistung der Luftsicherheit vorsieht. Allerdings betont die Plenumsentscheidung zugleich, dass der Einsatz der Streitkräfte nach Art. 35 II, III 1 GG, auch in Eilfällen, allein auf Grund eines **Beschlusses der Bundesregierung als Kollegialorgan** zulässig ist (3. Ls.). Dies widerspricht § 13 III 2 LuftSiG, der im Eilfall eine Entscheidungskompetenz des Verteidigungsministers vorsieht. Die Regelung ist daher nichtig (BVerfGE 133, 241 ff.).

B. Auswärtige Gewalt

🕮 *Warg*, Jura 2002, 806 ff.

Prüfungsschema 20: Vertragsschlusskompetenzen 2

I. Verbandskompetenz (Art. 32 GG; sog. vertikale Gewaltenteilung)

1. Grundsatz: Bund (Art. 32 I GG)

   Art. 30 GG findet im Bereich der Außenkompetenzen keine Anwendung, sondern betrifft ausschließlich die Hoheitsausübung nach innen.

2. Ausnahme: Länder (Art. 32 III GG); hierdurch wird jedoch Bundeskompetenz nicht aufgehoben (vgl. unten).

II. Organkompetenz (Art. 59 GG, sog. horizontale Gewaltenteilung)

Nach Art. 59 I GG: umfassende Repräsentationsbefugnis des BPräs; zugleich völkergewohnheitsrechtliche Übertragung auf BReg

III. Innerstaatliche Willensbildung (Art. 59 II 1 GG)

1. BT als Träger auswärtiger Gewalt (Art. 59 II 1 Alt. 1 GG): Erlass des Zustimmungsgesetzes
2. Beteiligung des BRat (Art. 59 II 1 Alt. 2, 2 GG)

Im Bereich des Art. 32 III GG stellt sich die Frage, ob die Bundeskompetenz weiterbesteht. Entsprechend dem Lindauer Abkommen anerkennen die Länder jedoch auch in diesem Bereich eine grds. Vertragsschlusskompetenz des Bundes, wobei in diesen Fällen frühzeitig das Einverständnis der Länder herbeigeführt werden soll. Vgl. auch Wortlaut des Art. 32 III GG, der den Ländern nur eine ergänzende Zuständigkeit einräumt.

Annex: Lösung der Testfragen

Testfragen zum 2. Kapitel (Legislative)

A. Was bedeutet konkurrierende Gesetzgebungszuständigkeit des Bundes und wo ist diese geregelt?

Lösung: Der Bund hat die Befugnis zur Gesetzgebung unter den Kompetenztiteln des Art. 74 GG, soweit ein Erfordernis bundesgesetzlicher Regelung besteht oder angenommen wird (Art. 72 II GG). Die Länder haben die Befugnis zur Gesetzgebung, solange und soweit der Bund von seiner Gesetzgebungszuständigkeit nicht durch Gesetz Gebrauch gemacht hat.

B. In welchen Normen ist das Verfahren der abstrakten Normenkontrolle geregelt?

Lösung: Art. 93 I Nr. 2 GG, §§ 13 Nr. 6 BVerfGG, 76 ff. BVerfGG.

C. Wie unterscheidet sich die abstrakte von der konkreten Normenkontrolle?

Lösung: Im Rahmen der **abstrakten Normenkontrolle** wird ein Rechtssatz unabhängig von seiner konkreten Entscheidungserheblichkeit auf seine Verfassungsmäßigkeit überprüft. Im Gegensatz hierzu gewährt die **konkrete Normenkontrolle** nur in Fällen der einzelfallbezogenen Entscheidungserheblichkeit der Norm, also aus Anlass eines **konkreten** Prozessstreits, ein Verwerfungsmonopol.

D. Kennt die abstrakte Normenkontrolle einen Antragsgegner?

Lösung: Nein, da es sich um ein abstraktes Kontrollverfahren handelt.

E. Wer ist zur Einbringung von Gesetzesvorlagen beim Bundestag ermächtigt? Norm?

Lösung: Das Gesetzesinitiativrecht steht gemäß Art. 76 I GG der Bundesregierung, der „Mitte des Bundestages" (d.h. Fraktion oder 5 % der BT-Mitglieder; § 76 I GO BT) und dem Bundesrat zu.

F. Unter welchen Voraussetzungen wäre der Bund befugt, ein Gesetz auf dem Gebiet der Staatshaftung zu erlassen? Inwieweit dürfte hier ein Land gesetzgeberisch tätig werden?

Lösung: a) Bei der Staatshaftung handelt es sich gemäß Art. 74 I Nr. 25 GG um einen Bereich der konkurrierenden Gesetzgebungskompetenz des Bundes. Der Bund wäre daher zur Gesetzgebung befugt, wenn und soweit die Herstellung gleichwertiger Lebensverhältnisse im Bundesgebiet oder die Wahrung der Rechts- oder Wirtschaftseinheit im gesamtstaatlichen Interesse eine bundesgesetzliche Regelung erforderten (Art. 72 II GG). Dies ist im Einzelfall zu prüfen.

b) Die Bundesländer dürften gesetzgeberisch tätig werden, wenn die Voraussetzung des Art. 72 II GG nicht erfüllt ist (d.h. keine Gesetzgebungsbefugnis des Bundes besteht) oder wenn und soweit der Bund von seiner Gesetzgebungszuständigkeit keinen Gebrauch gemacht hat, d.h. soweit keine erschöpfende bundesgesetzliche Regelung vorliegt. Letzteres wäre der Fall, wenn der Regelungsgegenstand bereits Gegenstand einer bundesrechtlichen Normierung ist oder der Bund in einem Bereich nur bestimmte Fragen regelt, er aber erkennbar den gesamten Regelungsbereich abschließend regeln wollte (sog. „absichtsvoller Regelungsverzicht“).

G. Dürfte ein Land eine gesetzliche Regelung auf dem Gebiet der Raumordnung treffen? Norm?

Lösung: Ja, entsprechend der Abweichungskompetenz gemäß Art. 72 III 1 Nr. 4 GG.

H. Woraus ergibt sich die Zustimmungspflichtigkeit eines Gesetzes? Nennen Sie drei Beispiele.

Lösung: Explizite Anordnung im GG: Art. 73 II, Art. 74 II, Art. 84 I 6.

Testfragen zum 3. Kapitel (Exekutive)

A. Welche Formen der Gewaltenteilung unterscheidet man? Was ist hierunter zu verstehen?

Lösung: Horizontale und vertikale Gewaltenteilung. Die erste meint die Unterscheidung der judikativen, legislativen und exekutiven Gewalt. Die zweite meint die Unterscheidung zwischen den verschiedenen Ebenen im föderalen System: Bund und Länder.

B. Was versteht man unter funktionaler Selbstverwaltung? Nennen Sie Beispiele!

Lösung: Unter funktionaler Selbstverwaltung versteht man die organisierte Beteiligung sachnaher Betroffener an sie berührenden Entscheidungen. Beispielhaft sind dies Hochschulen, Ärzte- resp. Handwerkskammern.

C. Sind Formen funktionaler Selbstverwaltung mit dem Demokratieprinzip vereinbar?

Lösung: Nach der Rspr. des BVerfG sind auch Formen funktionaler Selbstverwaltung mit dem Demokratieprinzip vereinbar, wenn die organisatorische Ausgestaltung mit dem Grundgedanken autonomer interessengerechter Selbstverwaltung einerseits und effektiver öffentlicher Aufgabenwahrnehmung andererseits vereinbar ist. Insgesamt muss ein ausreichendes Legitimationsniveau sichergestellt sein.

D. Welche Ebenen umfasst die Garantie der kommunalen Selbstverwaltung?

Lösung: Unter die Garantie kommunaler Selbstverwaltung nach Art. 28 II 1 GG fällt die institutionelle Rechtssubjektsgarantie, die objektive Rechtsinstitutionsgarantie sowie die subjektive Rechtsstellungsgarantie.

E. Was kann als charakteristischer Unterschied zwischen Rechtsverordnungen und Satzungen herausgearbeitet werden.

Lösung: Während Rechtsverordnungen Normen zur Regelung *staatlicher* Angelegenheiten darstellen, dienen Satzungen der Regelung *eigener* Angelegenheiten des Normgebers (i.d.R. Selbstverwaltungskörperschaften).

F. Wird im Normenkontrollverfahren die Vereinbarkeit der Rechtsverordnung mit (formellem) Bundesrecht geprüft?

Lösung: Nach h.M. nicht, da die Formulierung „Vereinbarkeit mit Bundesgesetzen" sich nur auf die gleichfalls mitgenannten Landesgesetze, nicht aber auf gleichfalls (materielles) Bundesrecht bezieht.

Testfragen zum 4. Kapitel (Das föderale System)

A. Wer ist antragsberechtigt im Bund-Länder-Streit?

Lösung: Nach Art. 93 I Nr. 3 GG, § 68 BVerfGG sind im Bund-Länder-Streit Bundesregierungen und Landesregierungen antragsberechtigt. Sie treten in Prozessstandschaft für den Bund bzw. das Land auf.

B. In welcher Form können Bundesgesetze ausgeführt werden?

Lösung: Durch die Länder als eigene Angelegenheit (Art. 84 GG), durch die Länder in Bundesauftragsverwaltung (Art. 85 GG), in bundeseigener Verwaltung (Art. 86 GG).

C. Nennen Sie ein Beispiel für fakultative Bundesauftragsverwaltung?

Lösung: Formen fakultativer Bundesauftragsverwaltung sind in Art. 87b II GG (Bundeswehrverwaltung), Art. 87c GG (Kernenergieverwaltung), Art. 87d II GG (Luftverkehrsverwaltung), Art. 89 II 3 GG (Wasserstraßenverwaltung), Art. 120a I 1 GG (Lastenausgleich) geregelt.

D. Worin unterscheiden sich Sach- und Wahrnehmungskompetenz? Wem sind diese jeweils zugewiesen?

Lösung: Die **Sachkompetenz** meint die Sachbeurteilung und Sachentscheidung im Innern, die **Wahrnehmungskompetenz** hingegen das (rechtsverbindliche) Handeln nach außen im Verhältnis zu Dritten. Sie können im Einzelfall auseinanderfallen. Sach- und Wahrnehmungskompetenz kommen im Fall der bundeseigenen Verwaltung dem Bund zu. Im Übrigen (Verwaltung von Bundesgesetzen durch die Länder als eigene Angelegenheit oder in Bundesauftragsverwaltung) liegt die Wahrnehmungskompetenz bei den Ländern. Genauso verhält es sich mit der Sachkompetenz im Fall der Verwaltung als eigene Angelegenheit der Länder (Ausnahme: Art. 84 V GG), im Falle der Bundesauftragsverwaltung nur, soweit der Bund die Sachkompetenz nicht durch Ausübung seines Weisungsrechts nach Art. 85 III GG an sich zieht.

E. Hat der Bund im Falle der Bundesauftragsverwaltung die Befugnis, das Verwaltungsverfahren zu regeln? Wäre ein entsprechendes Gesetz zustimmungsbedürftig?

Lösung: Nach h.M. besteht eine entsprechende Befugnis: Die Nichtbenennung der „Regelung des Verwaltungsverfahrens" in Art. 85 I GG ist demnach als Redaktionsversehen zu werten. Dies lässt sich als „Erst-recht-Schluss" aus Art. 84 I 2, 5, 6 GG ableiten, wonach dem Bund „sogar" im Falle der Ausführung der Bundesgesetze durch die Länder als eigene Angelegenheiten die Regelungen des Verwaltungsverfahrens zustehen.

Die Zustimmungspflichtigkeit einer solchen Regelung ist str.; sie ist nach h.M. zu bejahen, die Anordnung in Art. 84 I 6 GG ist somit entsprechend anzuwenden. Die Gegenauffassung, der nunmehr auch das BVerfG zuneigt, wendet hingegen ein, dass die Zustimmungsbedürfigkeit von Gesetzen nach der Grundgesetzsystematik die Ausnahme ist und daher enumerativ angeordnet sein muss.

F. Greift eine rechtswidrige Weisung nach Art. 85 III GG in Rechte des angewiesenen Landes ein?

Lösung: Nach Auffassung des BVerfG greift eine rechtswidrige Weisung nach Art. 85 III GG nicht in die Rechte des angewiesenen

Landes ein, da die Sachkompetenz im Bereich der Bundesauftragsverwaltung zwar grundsätzlich eine Landeskompetenz ist, die aber von vornherein nur unter dem Vorbehalt ihrer Inanspruchnahme durch den Bund entsteht. Indem der Bund eine rechtswidrige Weisung erteilt, übt er seine Kompetenz (rechtsfehlerhaft) aus. Das Land hat hiermit (rechtlich betrachtet) nicht mehr zu tun. Eine Ausnahme soll nur dann bestehen, wenn die zuständige oberste Bundesbehörde „unter grober Missachtung der ihr obliegenden Obhutspflicht zu einem Tun oder Unterlassen" anweist, „welches im Hinblick auf die damit einhergehende allgemeine Gefährdung oder Verletzung bedeutender Rechtsgüter schlechterdings nicht verantwortet werden kann". In diesen Fällen wird die Verantwortung (auch der Länder) für den Bestand des Staates und seine Verfassungsordnung sowie die Abwehr kollektiver Existenzgefährdungen relevant.

Testfragen zum 5. Kapitel (Staats- und Verfassungsorgane)

A. Sind Abgeordnete parteifähig im Organstreitverfahren?

Lösung: Ja. Nach einer Ansicht ergibt sich die Parteifähigkeit unmittelbar aus § 63 BVerfGG als in GO BT „mit eigenen Rechten ausgestattete(s) Teil diese(s) Organ(s)", d.h. des Bundestags. Allerdings werden Abgeordnete überwiegend „nur" als Mitglieder, nicht als Organe des Bundestages eingestuft. In diesem Fall ergibt sich ihre Parteifähigkeit unmittelbar aus dem vorrangigen Art. 93 I Nr. 1 GG als „andere Beteiligte". Ihre Rechtsposition ergibt sich dann aus Art. 38 I 2 GG. In diesem Sinne hat das BVerfG Abgeordneten auch die Möglichkeit abgesprochen, Rechte des Bundestages in Prozessstandschaft geltend zu machen.

B. Ist die Bundestagsauflösung nach Art. 68 GG von einem materiellen Tatbestandsmerkmal abhängig?

Lösung: Das BVerfG nimmt als ungeschriebenes materielles Tatbestandsmerkmal eine materielle Auflösungslage an, welche durch „politische Instabilität" bzw. „politische Handlungsunfähigkeit" charakterisiert ist. Hinsichtlich der Beurteilung der Situation nimmt das Gericht sein eigenes Prüfungsrecht jedoch zurück und beschränkt sich auf eine Evidenzkontrolle.

C. Was sind die Aufgaben der Bundesversammlung?

Lösung: Ihre einzige Aufgabe besteht in der Wahl des Bundespräsidenten (Art. 54 I 1 GG).

D. Erörtern Sie die unterschiedlichen Voraussetzungen von Fraktions- und Parteiausschluss! Welche Bedeutung gewinnt in diesen Konstellationen der Grundsatz des freien Mandats?

Lösung: Die Voraussetzungen des **Parteiausschlusses** sind in § 6 II Nr. 4 iVm § 10 IV PartG geregelt. Ein Parteimitglied kann demnach nur dann aus der Partei ausgeschlossen werden, wenn es vorsätzlich gegen die Satzung oder erheblich gegen Grundsätze oder Ordnung der Partei verstößt und ihr damit schweren Schaden zufügt.

Für den **Fraktionsausschluss** gibt es keine entsprechende Regelung. Auch eine analoge Anwendung des § 10 IV PartG ist nicht möglich: Während es sich bei Parteien um privatrechtliche, im Bereich der Gesellschaft angesiedelte Vereinigungen handelt, stellen Fraktionen als Parlamentsgliederungen Teile der organisierten Staatlichkeit dar. Allerdings kann § 10 IV PartG als gedanklicher Anhaltspunkt herangezogen werden, um festzustellen, ob ein ausreichend wichtiger Grund das Interesse des Abgeordneten aus Art. 38 I 2 GG hinter dem entsprechenden Fraktionsinteresse zurückstehen lässt. Anders als bei dem Parteiausschluss steht allerdings nicht eine vergangenheitsgerichtete Schadensbewältigung, sondern eine zukunftsgerichtete Prognose im Raum.

Aufgrund des Grundsatzes des freien Mandats behält der Abgeordnete sein Mandat trotz Partei-/Fraktionsausschluss.

Testfragen zum 6. Kapitel (Wahlrecht)

A. Beschreiben Sie das im Grundgesetz geregelte Wahlsystem?

Lösung: Dem BWahlG liegt ein sog. **personalisiertes Verhältniswahlrecht** zu Grunde, welches Aspekte des Mehrheits- und des Verhältniswahlrechts miteinander verbindet. Dem Wähler kommen daher eine (kandidatenbezogene) Erststimme und eine (parteienbezogene) Zweitstime zu. Letztere entscheidet über die proportionale Zusammensetzung des Parlaments, während die Erststimme Einfluss auf die personelle Besetzung hat.

B. Welche Aspekte umfasst der Grundsatz der Gleichheit der Wahl? Hinsichtlich welcher Wahlrechtsregelungen ergeben sich Zweifel an deren Einhaltung?

Lösung: Der Grundsatz der Gleichheit der Wahl umfasst die Aspekte der Zählwertgleichheit und der Erfolgswertgleichheit. Danach müssen alle Stimmen gleich zählen und gleiches Gewicht für die Zusammensetzung des Parlaments gewinnen. Hinsichtlich ihrer Vereinbarkeit mit dem Grundsatz der Gleichheit der Wahl werden – nach der Neugestaltung des BWahlG – weitgehend nur noch die gesetzlichen Vorgaben zur 5%-Klausel und zur Grundmandatsklausel diskutiert.

C. Wäre die Einführung eines Mehrheitswahlrechts zulässig?

Lösung: Dennoch wird überwiegend davon ausgegangen, dass die grundgesetzliche Ordnung auch die Einführung eines Mehrheitswahlrechts zulassen würde. In diesem Fall müsste nur die Zählwertgleichheit eingehalten werden.

D. Arbeitgeber A wirbt bei seinen Angestellten für die Wahl der CDU. Er droht, bei einem Wahlverlust der Partei seine Firma ins Ausland zu verlagern. Liegt ein Verstoß gegen den Grundsatz der Freiheit der Wahl vor?

Lösung: Ein Verstoß des A gegen den Grundsatz der Freiheit der Wahl würde vorliegen, wenn A unzulässigen Druck gegen seine Mitarbeiter ausgeübt hätte. Da A als Privater tätig wird, besteht allerdings zunächst die Vermutung, dass es sich bei seinen Äußerungen um eine zulässige Wahlbeeinflussung handelt, die sich in den Grenzen grundrechtlicher Freiheitsausübung bewegt. Vorliegend ist diese Grenze jedoch überschritten, da A bewusst und zielgerichtet seine wirtschaftliche Macht nutzt, um seine Arbeitnehmer bei der Wahlentscheidung unter Druck zu setzen.

Liste der Prüfungsschemata

Stichwortverzeichnis